NHK出版 これならわかる
スペイン語文法
入門から上級まで

廣康 好美
Hiroyasu Yoshimi

NHK出版

はじめに

外国語の学習を始めるということは、未知の世界への扉を開けること。誰もがわくわく感と不安、そして大きな期待が入り混じった思いで学習を始めることでしょう。例えばスペイン語でコミュニケーションできたらどんなに楽しいだろう、と考えながら。しかし勉強を始めてはみたけれど、途中でいやになってやめてしまう人が多いことも確かです。

せっかくスペイン語に興味を持ったのに、途中でやめてしまうのはもったいない。ましてやその理由が「文法が難しいから」だとしたら、何か良い方法があるのではないか。私はそう考え、スペイン語文法の体系をどうすれば分かりやすく学習者に伝えることができるだろうかと悩みながら教壇に立ってきました。どんなにきれいに説明したつもりでも、次々と沸いてくる疑問。その答え方をずっと模索してきました。

私はこの本を、授業をしているような気持ちで書きました。授業では、黒板に図を書いて文の構造を説明しますが、それをそのまま本に載せました。どんな文でも主語と動詞が見つかれば骨組みが分かります。図はそれを視覚的に表したものです。図の1段目には主語、2段目には、動詞とその付帯要素としての目的語等の語句、3段目には意味上必要なら付け加えることのできる要素が置かれています。

多くの学習者が持つ疑問や特に気を付けたい内容は、**FAQ** のような感覚で、**¡OJO!** の欄にまとめてみました。そのほか便宜上使っている記号があります。*m.* は男性名詞、*f.* は女性名詞です。例文のイタリック部分は、書名、もしくは置き換え可能な語句になっています。

この本は参考書ですから、最初から順番に読んでいく必要はありません。何か調べたいことがあったらまず、索引で探してみてください。また本文中の随所に参照マークが付いていますので、そのページもめくってみましょう。そして読んだページは是非印を付けておきましょう。たくさん印が付いて本が汚れたころ最初から順に読み直してみると良いかもしれません。それぞれの項目

のはじめには、その節で学ぶ内容が俯瞰できるようにまとめてありますので、その部分も簡単な目次として使うことができます。

　スペイン語の例文はすべて Josefa Vivancos Hernández 先生の手によるものです。文法説明のための例文ではなくネイティブによる自然な文を載せたいという強いこだわりからです。またこの本は、非常に多くの人の助けがあって書き上がりました。まず最大の貢献者は、授業中に「先生、その説明、全然分からない！」と文句を言ってくれた学生たちです。また授業前に、昼食を食べながらいつも「これはどう説明したらいい？」という話題で盛り上がる同僚の教員たちからは、多くのヒントをいただきました。そして、友人たちは私のしつこいほどの質問に「また文法を考えているね」と笑いながら、辛抱強く相手をしてくれました。

　一方この本をまとめるにあたっては、NHK 出版語学編集部の石浜哲士編集長に「伴走の準備はできています」と乗せられて、のろのろと走りだしてみたら、いっしょに伴走をしてくれたのは編集者の片桐侑哉さんで、数多くの鋭いコメントをいただきました。そしてできた原稿に細かく目を通しさまざまな貴重なご意見をくださった木越勉先生。本当にお世話になりました。こういった方々が皆そろってこの本を作り上げることができました。

　ともかく文法書の形になりましたが、まだ完成はしていません。なぜならばこの本は、これを読み利用してくださる皆さんが、使えるスペイン語を身に着けるために活用してくださって、初めて完成するものだからです。今度は皆さんの番です。どうぞよろしくお願いします。

廣康 好美

目次

はじめに ……………………………………………… 2, 3

第1章 表記と発音
1.1 アルファベット ……………………………………… 6
1.2 発音 ………………………………………………… 8
1.3 大文字小文字と文の符号 …………………………… 18

第2章 名詞と名詞句
2.1 名詞 ………………………………………………… 22
2.2 名詞句 ……………………………………………… 31
2.3 冠詞 ………………………………………………… 35
2.4 人称代名詞 ………………………………………… 48
2.5 所有詞 ……………………………………………… 58
2.6 指示詞 ……………………………………………… 64
2.7 不定語 ……………………………………………… 68
2.8 疑問詞 ……………………………………………… 82
2.9 数詞 ………………………………………………… 96

第3章 形容詞句と副詞句
3.1 形容詞 ……………………………………………… 111
3.2 形容詞句 …………………………………………… 116
3.3 副詞 ………………………………………………… 123
3.4 副詞句 ……………………………………………… 128
3.5 比較 ………………………………………………… 134
3.6 最上級 ……………………………………………… 149

第4章 動詞と動詞句
4.1 動詞の活用 ………………………………………… 153
4.2 動詞の役割:つなぎ動詞、自動詞、他動詞 ………… 174
4.3 代名動詞 …………………………………………… 180
4.4 動詞の非人称形 …………………………………… 190
4.5 いろいろな動詞 …………………………………… 203

第5章 文の成り立ち

- 5.1 文の要素 …… 224
- 5.2 属詞と目的語 …… 227
- 5.3 補語 …… 237
- 5.4 単文、複文、重文 …… 241
- 5.5 前置詞 …… 245
- 5.6 接続詞 …… 268
- 5.7 関係詞 …… 277

第6章 動詞の時制

- 6.1 動詞の法と時制 …… 287
- 6.2 直説法現在と現在完了 …… 294
- 6.3 直説法点過去、線過去と過去完了 …… 300
- 6.4 直説法未来と未来完了 …… 313
- 6.5 直説法過去未来と過去未来完了 …… 318
- 6.6 命令 …… 324
- 6.7 接続法の時制 …… 329
- 6.8 接続法:単文 …… 335
- 6.9 接続法:名詞節 …… 339
- 6.10 接続法:形容詞節 …… 351
- 6.11 接続法:副詞節 …… 355

文法事項索引 …… 364
スペイン語索引 …… 369
付録 …… 374
主要参考文献 …… 380

第1章 表記と発音

言語は、話し、書くことで表現されます。母音や子音の発音だけではなく、語や文の強勢や抑揚にも気を付けて話したり聞いたりすることは非常に大切です。また読み書きする際は、大文字、小文字や文の符号にも注意しましょう。

1.1 アルファベット

> **この項目の内容**
>
> スペイン語のアルファベット　　¡OJO! アルファベットの覚え方

スペイン語のアルファベットは次の27文字です。

大文字	小文字	文字の名前	発音記号	大文字	小文字	文字の名前	発音記号
A	a	a	[á]	Ñ	ñ	eñe	[éɲe]
B	b	be	[bé]	O	o	o	[ó]
C	c	ce	[θé]	P	p	pe	[pé]
D	d	de	[dé]	Q	q	cu	[kú]
E	e	e	[é]	R	r	erre	[ére]
F	f	efe	[éfe]	S	s	ese	[ése]
G	g	ge	[xé]	T	t	te	[té]
H	h	hache	[átʃe]	U	u	u	[ú]
I	i	i	[í]	V	v	uve	[úbe]
J	j	jota	[xóta]	W	w	uve doble	[úbe dóble]
K	k	ka	[ká]	X	x	equis	[ékis]
L	l	ele	[éle]	Y	y	ye	[ɟé]
M	m	eme	[éme]	Z	z	zeta	[θéta]
N	n	ene	[éne]				

以下の点に注意しましょう。

a) スペイン語のアルファベットの文字の名前は、2010年にスペイン王立アカデミー（**Real Academia Española**）及びスペイン語アカデミー協会（**Asociación de Academias de la Lengua Española**）によって、左頁の表の名称を標準とする提案がなされましたが、次のような名称も使われています。

B   be alta, be grande, be larga 等
V   ve baja, ve chica, ve corta 等
Y   i griega*
W   doble uve, doble u, doble ve, u doble, ve doble

* i griega は「ギリシャのi」という意味で、それに対して i を i latina「ラテンのi」と呼ぶこともあります。

b) ch と ll は、以前はそれぞれ che, elle という、アルファベットの独立した文字でした。そのため、スペイン王立アカデミーの辞書 **Diccionario de la lengua española** 第22版（2001年）までは、例えば d は a, b, c, ch に次ぐ「5番目の文字」と記述されていましたが、DRAE 23版（2014年）*からは「4番目の文字」に変更されています。アルファベット表からなくなっても、この名称を使う人は多くいます。

* 本書では以下 DRAE23版（2014）と記します。

¡OJO! アルファベットの覚え方

文字の名前は次のように分類すると覚えやすいでしょう。

ローマ字読み	a	e	i	o	u		
文字の後にe	be	ce	de	ge	pe	te	ye
文字の前後にe	efe	ele	eme	ene	eñe	erre	ese
そのほか	ka	cu	uve	jota	zeta	hache	equis
2語で成り立つもの	uve doble			（i griega）			

1.2 発音

> **この項目の内容**
>
> 1. 母音
>   1) 単母音　¡OJO! 日本語の「う」とスペイン語のu
>   2) 2重母音　3) 3重母音
> 2. 子音
>   1) 特に注意したい子音　¡OJO! lとrの区別
>   2) 日本語と似た子音
> 3. 語の強勢
>   1) 語の強勢の規則
>   2) 意味や機能を区別するためのアクセント記号
> 4. 強勢語と弱勢語　¡OJO! 強勢語と弱勢語の区別
> 5. 文のイントネーション
>   1) 平叙文　2) 疑問文　3) 感嘆文　4) 命令文

　スペイン語圏はスペインとイスパノアメリカ*等広域にわたり、地域によって発音の違いがあります。この本では、主にスペイン国内で標準とされる発音を扱います。

* アメリカ大陸でスペイン語を話す地域をイスパノアメリカと呼びます。

1. 母音

1) 単母音

　スペイン語には、a, e, i, o, uの5つの母音があります。uは唇を丸め、はっきりと発音する音ですが、u以外は日本語とほぼ同じ音なので特に意識する必要はありません。また英語のように語によって異なった音になることもありません。

> **¡OJO!　日本語の「う」とスペイン語のu**
>
> 　ローマ字で書かれた次の文を1文字1文字ゆっくりはっきりと発音してみましょう。Uma ni nori masu.　次に「馬に乗ります」と言ってみましょう。実際に日本語を話すとき、最初の「う」や、特に最後の「す」のuは聞こえにくいことに気付くでしょう（関西出身の方は「す」のuをはっきりと発音したかもしれません）。日本語では強く発音されないことの多い [u] の音をスペイン語では、はっきり発音する、と考えれば良いのです。

2) 2重母音

　i /uを含む2つの異なる母音の組み合わせで、i /uが低く（弱く）発音

される母音を2重母音と呼び、1つの母音として数えます。ある単語でどの母音が高く（強く）発音されるかを知るためには、母音の数を数える必要があるので、2重母音を知っておく必要があります。下の表の例では2重母音を斜字で、強勢を太字で示してあります。☞ P.14 3. 1)

	i		u		2重母音を含む語の例
a	a*i* (a*y*)	*i*a	a*u*	*u*a	h*ay* 〜がある　p*i*ano ピアノ p*au*sa 間　c*u*ando 〜のとき
e	e*i* (e*y*)	*i*e	e*u*	*u*e	ac*ei*te 油　l*ey* 法律　p*ie*dra 石 d*eu*da 借金　ab*ue*lo 祖父
o	o*i* (o*y*)	*i*o	o*u*	*u*o	b*oi*na ベレー帽　h*oy* 今日 pr*ec*io 値段　monstr*uo* 怪物
i			*i*u	*u*i (*uy*)*	v*iu*da 未亡人(女性) c*ui*dado 注意　m*uy* とても

＊ スペリングにより強勢の位置が異なります。uiはiが強くuíのように、úyはuが強くuiのようになります。

3) 3重母音

　i, uの間にa, e, oの内の1つが挟まれた3つの母音の組み合わせを**3重母音**と呼びます。

　　　　　estud*iái*s 勉強する　　ag*uái*s 水を加える　　Parag*uay**＊ パラグアイ
　　　　　camb*iéi*s 変える　　habit*uéi*s 慣れる　　b*uey* 牛

＊ 2重母音、3重母音では強勢の規則を当てはめる際に、yは子音字とみなします。そのためParaguayは3重母音［uai］で終わりますが、アクセント記号は必要ありません。
☞ P.14 3.1)

2. 子音

　スペイン語には、日本語にないいくつかの子音がありますが、特に気を付けなければいけない子音の数は多くはありません。

　日本語では、**ma, me, mi, mo, mu**のように、子音は母音を伴って使われますが、スペイン語では次の3種類があります。2と3の場合に、母音を入れて発音してしまわないように気を付けましょう。

1. 次に母音を伴う	ma, me, mi, mo, mu 等
2. 2重子音	br, bl, cr, cl, dr, fr, fl, gr, gl, pr, pl, tr
3. 1つの子音が単独で使われる	
	relojの最後のj、diccionarioの最初のc等

1.2 発音

1）特に注意したい子音

a）jとg

jの文字の名前jotaは[xóta]、gの文字の名前geは[xé]と発音されます。[x]の音は、日本語のハ行音に似た音をのどの奥から出す音ですが、水を口に含まずにうがいをするようにしながら、ハ行音を発音してみると良いでしょう。

下の表にあるように、jはすべてこの音になりますが、gを用いたge, giも[x]の音になります。従ってjeとge、jiとgiは全く同じ音ですので、この音を含んだ語を覚えるときにはjで書くか、gで書くかを覚える必要があります。

発音記号	子音字	母音を伴う場合	2重子音	子音単独
[x]	j	ja je ji jo ju		j
	g	ge gi		

Japón [xapón] 日本　página [páxina] ページ　reloj [r̃elóx] 時計

ga, go, gu及び母音を伴わないgは、日本語のガ行音に似た音になります。「ゲ」「ギ」にあたる音はgue, guiと書かれます。

[g]	g	ga　　　　　go　gu	gr, gl	g
		gue　gui		

gato [gáto] ネコ　gota [góta] 滴り　águila [ágila] 鷲
grado [gráđo] 段階　diagnóstico [djagnóstiko] 診断

uを伴うgua, guoは「グァ」「グォ」のような音になりますが、「グェ」「グィ」はgüe, güiのように、üを用いて綴られます。

[gw]	g	gua　güe　güi　guo

agua [ágwa] 水　lingüística [liŋgwístika] 言語学
cigüeña [θigwéɲa] コウノトリ

b）zとcとq

zの文字の名前zetaは[θéta]、cの文字の名前ceは[θé]と発音されます。[θ]の音は英語の*Thank you.*の最初の子音で、舌の先に軽く上の前歯を当てて出される音です。下の表にあるように、zはすべてこの音になりますが、cを用いたce, ciも[θ]の音になります。しかし、実際には、ze, ziはほとんど使われず、[θé][θí]の音は、ほとんどの

場合 ce, ci と書かれます。

発音記号	子音字	母音を伴う場合					2重子音	子音単独
[θ]	z	za	ze	zi	zo	zu		z
	c		ce	ci				

zapato [θapáto] 靴　cero [θéro] ゼロ　luz [lúθ] 光

一方で、イスパノアメリカでは [θ] の音は使われず、すべて [s] と発音されますので、[se] [si] の音を含んだ語を覚える際に ce / ci と書くか se / si と書くかを覚える必要があります。

ca, co, cu 及び母音を伴わない c は、日本語のカ行音になります。ただし「ケ」「キ」は que, qui と書かれます。q の文字は、que, qui の組み合わせのみで使われます。

k は外来語にのみ使いますが、外来語でもスペイン語への定着度が高い語は、c や q が使われます。

[k]	c	ca			co	cu	cr, cl	c
	q		que	qui				
	k	ka	ke	ki	ko	ku		

Cuba [kúba] キューバ　club [klúb] クラブ　qué [ké] 何
quimono / kimono [kimóno] 日本の着物　kilo [kílo] キログラム

c）r と rr

スペイン語で一番特徴的な音は舌を震わせる巻き舌の r でしょう。次のような場合 r は巻き舌音になります。

語頭の r	restaurante レストラン　reina 女王
rr と書かれるとき	guitarra ギター　Tierra 地球
l, n, s の後	alrededor 周囲に　Enrique エンリケ (人名) Israel イスラエル

そのほかの位置では r は日本語のラ行音と同じように発音します。
pero [péro] しかし ⇒ perro [péřo] は犬、pelo [pélo] は髪の毛の意味
gracia [gráθja] 恵み

1.2 発音

¡OJO! lとrの区別

lとrの区別がない日本語の話者にとって、スペイン語で最も難しいのはlと、巻き舌ではないrを聞き分けることでしょう。しかし聞き分けるのが難しくても、lとrをはっきり区別して発音するのは簡単です。次のことを意識して発音しましょう。

l：必ず舌先を上の歯茎の後に付ける。
r：舌先を上の歯茎の後には付けない。意識して中のほうに置くようにする。

d) ll と y

llは単独のアルファベットの文字ではなくなりましたが、固有の音を持っています。llとyは地域や人によってさまざまな音のバリエーションがある子音です。この2つの子音を区別せず、どちらも日本語のヤ行音あるいはジャ行音に似た音で発音する話者も多くいますが、llをリャ行音、yをヤ行音で発音する人もいます。イスパノアメリカにはllをシャ行音で発音する地域もあります。

yが母音を伴わずに現れた場合は、[i]の音になります。

発音記号	子音字	母音を伴う場合	2重子音	単独
[ʝ]	ll	lla, lle, lli, llo, llu		
[ʝ]	y	ya, ye, yi, yo, yu		
[i]	y			y

llegar [ʝegár] 到着する　yate [ʝáte] ヨット　yo [ʝó] 私は
y [i] そして　muy [múi] とても

e) そのほか注意すべき子音

そのほか次の文字や子音に注意しましょう。

[なし]	h	全く発音されない	hotel [otél] ホテル
[f]	f	英語のように下唇に軽く上の歯を当てて発音する。2重子音 fr, fl	foto [fóto] 写真 flamenco [flaméŋko] フラメンコ
[w] [b]	w	外来語に使われるため、原語の音に合わせて [b] や [w] のように発音される	web [wéb] ウェブ wáter [báter] 手洗い
[ks]	x	基本的には [ks] になるが、[k] が非常に弱い場合も多い	taxi [táksi] タクシー fax [fáks] ファックス

2）日本語と似た子音

下の表には、日本語と似ているけれども、注意が必要な子音をまとめました。[b][d][p][t]の音は、特に英語が分かる方は、最初は英語的に発音してしまう場合がありますが、スペイン語では日本語と同じように柔らかく発音しましょう。例えば[ba]は、「バッバッバッ」と聞こえる破裂音ではなく柔らかいバビブベボの子音です。

[b]	b v	日本語のバ行音。スペイン語ではこの2つの音を全く区別しない。 2重子音 br, bl	bebé [beβé] 赤ちゃん blanco [bláŋko] 白
[d]	d	日本語のダ行音。語尾のdはほとんど聞こえない。ciudadのような語は最後に口をdの形にするけれども音は出さないで発音する。 2重子音 dr	dedo [déðo] 指 drama [dráma] ドラマ ciudad [θjuðá(d)] 町
[p]	p	日本語のパ行音。 2重子音 pr, pl	pan [pán] パン plan [plán] プラン
[t]	t	日本語のタ行音。 2重子音 tr	tomar [tomár] 取る tren [trén] 電車

日本語のヘボン式ローマ字では、タ行は ta, chi, tsu, te, to、サ行は sa, shi, su, se, so と書くことからも分かるように、同じ行でも違う子音が使われています。スペイン語では、それぞれ、ta, ti, tu, te, to、sa, si, su, se, so になります。特に[t]の音は、英語的な破裂音ではなく、日本語のような柔らかい音です。

[t]	t	日本語のタ行音。2重子音 tr	ti [tí] 君に
[s]	s	日本語のサ行音	sí [sí] はい

＊ イスパノアメリカでは、c, z も [s] になります。 ☞ P.10 1) b)

そのほか、日本語的に発音してしまって問題ないのは次の子音です。

[tʃ]	ch	日本語のチャ行音＊	techo [tétʃo] 屋根
[m]	m	日本語のマ行音に似た子音	mapa [mápa] 地図
[n]	n	日本語のナ行音に似た子音	nada [náða] 何も～ない
[ɲ]	ñ	日本語のニャ行音	niño [níɲo] 子ども

＊ アルファベットの文字ではなくなりましたが、固有の音を持ちます。

3. 語の強勢

1) 語の強勢の規則

語のどの母音が強く発音されるかは、単純な規則によって決まっています。

a) スペイン語で書かれた文を読むときの規則

次の規則を順番に当てはめると、高く（強く）発音される母音がどれかが分かります。ただし、母音の数を数えるときに、2重母音や3重母音を1つとして数えることが重要です。

> 規則1：アクセント記号が付いている語は、アクセント記号のある母音を高く（強く）発音する。
> 規則2：n, s または母音で終わっている語は、後から2番目の母音を高く（強く）発音する。
> 規則3：n, s 以外の子音で終わっている語は、1番後の母音を高く（強く）発音する。

b) アクセント記号を付けるときの規則

スペイン語を書くときは、次の規則を当てはめ、必要な場合は高く（強く）発音されている母音にアクセント記号を付けます。

> 規則1：1番後の母音が強く発音されている語で、n, s または母音で終わっている場合、アクセント記号を付ける。
> 規則2：後から2番目の母音が強く発音されている語で、n, s 以外の子音で終わっている場合、アクセント記号を付ける。
> 規則3：後から3番目あるいはそれよりも前の母音が強く発音されている語はアクセント記号を付ける。

c) 具体例

b) の規則を具体的な例に当てはめてみましょう。

- **cafetería** ➡ 規則 b-1

    1番後の母音 ia は2重母音でアクセント記号がないと、cafeteria のように r の前の e が高く（強く）なる。i を高く（強く）発音するためにはアクセント記号が必要。

- **piano** ➡ 規則 b-2

    後から2番目の母音 ia は、2重母音で ia は a が高い（強い）。母音で終わっているのでアクセント記号は不要。

- **jóvenes** ➡ 規則 b-3

    強く発音される母音 o は後から3番目。アクセント記号が必要。

2）意味や機能を区別するためのアクセント記号

　発音上では不要なはずのアクセント記号が付いている語があります。アクセント記号のある語とない語のペアになっていて、文中での役割や意味の違いをアクセント記号の有無で区別します。

cómo	疑問詞 どのように	como	接続詞 〜なので
cuál(es)	疑問詞 どれ	cual(es)	関係詞
cuándo	疑問詞 いつ	cuando	接続詞 〜のとき
cuánto/a(s)	疑問詞 いくつの	cuanto/a(s)	関係詞
por qué	疑問詞 なぜ	por que	前置詞+関係詞
qué	疑問詞 何	que	接続詞/関係詞
quién(es)	疑問詞 誰	quien	関係詞
porqué	名詞 理由	porque	接続詞 なぜならば
aún	副詞 まだ＝todavía	aun	副詞 〜でさえ
dé	動詞dar接続法現在	de	前置詞
él	主語人称代名詞	el	定冠詞
más	副詞 もっと	mas	接続詞 しかし
mí	人称代名詞前置詞後置形	mi	所有詞 私の
sé	動詞saber直説法現在	se	弱形人称代名詞
sí	副詞 はい 人称代名詞前置詞後置形	si	接続詞 もし
té	名詞 紅茶	te	弱形人称代名詞
tú	主語人称代名詞	tu	所有詞 君の

4. 強勢語と弱勢語

　文中では高く（強く）発音される語（強勢語）と、低く（弱く）発音される語（弱勢語）があります。この区別を間違えずに話すことは非常に重要です。ある語が強勢語であるか、弱勢語であるかは、品詞によってだいたい決まっています。ただし、特に強調したい場合に、弱勢語であるべき語を強く発音することもよくあります。

1.2 発音

	強勢語		弱勢語
名詞	libro 本		
動詞	comer 食べる		
形容詞	rojo 赤い		
主な副詞	hoy 今日		
指示詞	este これ		
不定冠詞	un	定冠詞	el
所有詞強形	suyo 彼の	所有詞弱形	mi 私の
疑問詞	cuándo いつ	接続詞	cuando 〜するとき
主語人称代名詞	tú 君は	弱形人称代名詞	lo
人称代名詞前置詞後置形	mí 私		
主な不定語	mucho たくさん		
数詞	cuatro 4	10の位の数詞*	ochenta 80
一部の前置詞	según 〜によると	主な前置詞	en
一部の関係詞	cual	主な関係詞	que

* ochenta y cuatro「84」のように、端数が付いた場合ochentaは弱勢語に、ochenta libros「80冊の本」のように端数がない場合ochentaは強勢語になります。

次の文では黒字が強勢語、色で示した語が弱勢語になっています。強勢語では太字と下線で示したように、強勢が置かれる母音が高く（強く）発音されます。

Desde mil novecientos ochenta y siete, el reconocimiento a la calidad en el cine español tiene su manifestación anual en la concesión de los Premios Goya. Instituidos por la Academia de las Artes y las Ciencias Cinematográficas de España, estos galardones se otorgan a los mejores profesionales en cada* una de las veintiocho categorías establecidas, que van desde mejor película o mejor director novel a mejor vestuario o mejor sonido.

【訳】1987年から、スペイン映画の質の認知はゴヤ賞の授賞によって毎年表明されている。スペイン映画芸術科学アカデミーが制定するこれらの賞は、28部門それぞれの最高のプロたちに与えられるもので、それは最優秀作品賞、最優秀新人監督賞、最優秀衣装デザイン賞、最優秀音響賞などである。

* ここでは不定語cadaは弱勢語。

> **¡OJO!** 強勢語と弱勢語の区別
>
> 次の2つの文を読み比べてみてください。
>
> No quiero comer.　私は食事をしたくない。
> Lo quiero comer.　私はそれを食べたい。
>
> **no**は強勢語、**lo**は弱勢語です。nとlの音の違いは、聞き手が気にならない程度かもしれませんが、強勢語か弱勢語かは、聞き手ははっきりと分かります。間違えて、例えばNo quiero comer. のnoを低く（弱く）発音してしまった場合、nとlの差に気付かれず、Lo quiero comer. と解釈されてしまう場合があります。

5. 文のイントネーション

　文のイントネーションは、文の途中や語尾を上げ調子、下げ調子で言う等の抑揚や、断言したり、感情を表したりする音調等を指します。これは、話し手の意図を正確に伝えるために大変重要です。文は、相手にどのような働きかけをするかを基準に分類すると次の4つに分けられます。

1) 平叙文

　相手に何かを伝える、ピリオドで終わる普通の文。上げ調子のイントネーションで言うと疑問文になるので、必ず下げ調子になります。

　a) 肯定文

　　Hokkaido está en el norte de Japón.　北海道は日本の北部にある。

　b) 否定文

　　Tampoco pudo contestar a esa pregunta.
　　その質問にも答えることができなかった。

2) 疑問文

　相手に何かを尋ねる文。疑問符で始まり疑問符で終わる。

　a) sí, no で答えられる疑問文

　疑問文であることを伝える唯一の方法がイントネーションなので必ず上げ調子になります。

　　¿Habéis hecho la tarea?　君たち宿題やったの？

b）疑問詞のある疑問文

上げ調子でも下げ調子でもかまいませんが、上げ調子のほうが若干柔らかい印象を与えます。

¿Quién te va a ayudar? 誰が君を手伝うんだい？

3）感嘆文

強い感情を込めて使われる文。感嘆符で始まり感嘆符で終わります。多くの場合、感嘆文を疑問文や肯定文と区別する唯一の方法がイントネーションです。

a）感嘆詞を伴う文

¡Qué bonito! なんてすてきなの！

b）平叙文に感嘆符を付けたもの

¡No sabes lo difícil que era! どんなに難しかったか分からないだろう。

4）命令文

相手に何かをするように働きかける文。強い感じの命令か、柔らかい調子での依頼かは、イントネーションによって表現されます。

a）肯定命令文

Ve a lavarte las manos. 手を洗いに行きなさい。

b）否定命令文

No pongas la tele. テレビを付けないで。

c） tú や vosotros 等を主語にした普通の疑問文でも、上げ調子に言うことにより、依頼の意味になることもあります。

¿Vienes aquí por favor? ここに来てくれる？

1.3 大文字小文字と文の符号

> **この項目の内容**
>
> **1. 大文字と小文字**　1）大文字の使い方　2）小文字の使い方
> **2. 符号**　¡OJO! 逆向きの疑問符の意味

大文字や小文字の区別、またカンマやピリオド等の文の符号はそれぞれ大切な意味を持っています。話し言葉ではイントネーションによっ

て表される疑問文や感嘆文であること等も、書き言葉では符号で表します。

1. 大文字と小文字

1）大文字の使い方
大文字は次のような場合に使われます。

a）文の始まり

　　Gracias por tu carta. お手紙ありがとう。

b）引用された部分の始まり

　　Juan dijo:《Volveré tarde.》 ファンは「遅く帰るよ」と言った。

c）固有名詞

- 人の姓名等

　　Antonio アントニオ　Gómez ゴメス

- 地名等

　　Japón 日本　Alcalá de Henares アルカラデエナレス *
　　El Salvador エルサルバドル　los Andes アンデス山脈 **

　　＊　前置詞 de 等が固有名詞の一部になっている場合でも前置詞は小文字で書かれます。
　　＊＊　定冠詞が地名の一部の場合は大文字で書かれます。☞ P.41 2) (1)

- 組織等

　　el Ministerio de Educación, Cultura y Deporte 教育文化スポーツ省
　　el Partido Popular 国民党

d）学問

　　Historia 歴史　Literatura 文学　Ciencias Naturales 自然科学

e）敬称の省略形

　　Sr. 男性の敬称 señor の省略形　Sra. 既婚女性の敬称 señora の省略形
　　Srta. 未婚女性の敬称 señorita の省略形
　　D. 男性の敬称 don の省略形　D.ª, Dña. 女性の敬称 doña の省略形
　　Dr. 男性の博士、医師の敬称 doctor の省略形
　　Dra. 女性の博士、医師の敬称 doctora の省略形
　　Prof. 教師の敬称 profesor, profesora の省略形
　　P. 神父の敬称 padre の省略形

f）本などのタイトルの最初の文字

　　La sombra del viento 風の影

2）小文字の使い方

小文字は次のような場合に使われます。

a）文の途中

Gracias por tu carta. お手紙ありがとう。

b）文の途中の感嘆符や疑問符の後

María, ¿por qué no viniste el otro día?
マリア、どうしてこの前来なかったの？

Pero ¡qué bonito era! でもなんて美しかったんだろう。

c）曜日、月

lunes 月曜日　martes 火曜日　enero 1月　marzo 3月

d）固有名詞から派生した形容詞、名詞

japonés 日本人、日本語　canadiense カナダ人

e）省略されていない敬称等

el señor Gómez ゴメスさん　la señora Fernández フェルナンデスさん
el padre Rivera リベラ神父　el rey don Felipe VI 国王フェリペ6世

2. 符号

文には意味の理解を助けるためにさまざまな符号が使われます。文字だけでは表しきれない疑問や感嘆のニュアンスを加えたり、長い文の途中でポーズを置いたり、引用等を示したりするのに符号は欠かせません。符号には次のようなものがあります。

> **¡OJO!　逆向きの疑問符の意味**
>
> 例えば逆向きの疑問符はスペイン語の大きな特徴ですが、なぜ疑問文の前に、疑問符が必要なのでしょうか。スペイン語では疑問文特有の語順はありません。英語ではbe動詞や*do*で始まっている文は疑問文だろうと大体の見当を付けることができますが、スペイン語ではesで始まっていてもそれだけでは平叙文か疑問文かは分かりません。逆向きの疑問符には、これから疑問文が始まることを示す大切な役割があります。

1.3 大文字小文字と文の符号

符号	名称	説明
¿ ?	疑問符 signos de interrogación	疑問文全体あるいは文中で疑問を表す部分の前後に付ける。
¡ !	感嘆符 signos de exclamación	感嘆文全体あるいは強調して表したい部分の前後に付ける。
.	ピリオド punto	平叙文の終わりや、省略形であることを示す時（etc., Sr.）に用いられる。
,	カンマ coma	文の意味のまとまりを区切る、列挙する、前の語を説明する時や、小数点等に用いられる。☞ P.104 3)
:	コロン dos puntos	前に書かれた内容の例示をする時や、直接話法の前や、Querido Juan: のような手紙やメールのはじめの挨拶に使われる。
;	セミコロン punto y coma	長い文を意味のまとまりごとに区切る。
« »	引用符 corchetes	引用部分を示したり、語や表現を強調したりする。
" " ' '	引用符 comillas	引用部分を示したり、語や表現を強調したりする。
( )	括弧 paréntesis	途中に補助的な内容を加える。
…	連続符 puntos suspensivos	続きを省略するときや、余韻を残す時に使われる。文の途中を省略する場合は (...) のように書かれる。
-	ハイフン guion	語の途中で行を変える。
—	ダッシュ raya	会話文の始まりを示す。
/	スラッシュ barra	別のオプションを挙げたり、km/h（時速〜km）のような省略形を示したりする。

名詞と名詞句

文では、何について述べるのかを明確にすることが非常に重要です。それは文の主語となる要素で、名詞句で表します。名詞句は具体的な人や物、概念や出来事等を表し、主語をはじめ文中でさまざまな役割を果たします。

2.1 名詞

この項目の内容

1. 名詞の種類	1）固有名詞と普通名詞　2）可算名詞と不可算名詞
2. 名詞の性	1）普通名詞の性　2）固有名詞の性 3）外来語、略語の性　¡OJO! 名詞の性
3. 名詞の数	1）複数形の作り方　2）複数形とアクセント記号 3）複数形の意味
4. 縮小辞と増大辞	1）縮小辞　2）増大辞

　生物や物、事柄、抽象的な概念等を表す語を**名詞**と呼びます。スペイン語のすべての名詞は、文法的に**男性名詞、女性名詞**のどちらかに**分類することができます**。男性名詞、女性名詞は、名詞ひとつひとつに貼られたラベルのようなもので、生物を表す場合以外はその意味とは関係なく決められています。

1. 名詞の種類

　名詞は、**固有名詞**と**普通名詞**に分けることができます。また普通名詞は、**可算名詞**と**不可算名詞**に分けられます。

名詞の種類		例
固有名詞		Asia アジア　Tokio 東京　Ana アナ　Gómez ゴメス
普通名詞	可算名詞	libro 本　taza カップ　muestra 見本　fruta 果物
	不可算名詞	agua 水　dinero お金　fiebre 熱　verdad 真実

1）固有名詞と普通名詞

　固有名詞は、1つの個体に付けられた名前で、大文字で始まります。

例えば **Antonio** という固有名詞は、その名前を持った１人の人を指します。固有名詞は、一語で名詞句を構成することができます。普通名詞は、ある一定の特徴を持つ物事の共通の名前で、普通は小文字で始まります。例えば **ordenador** という普通名詞は、すべてのコンピューターの名前として使われます。一般に、限定詞や修飾語句を伴って名詞句を構成します。

ただし、固有名詞が普通名詞のように使われる場合は、修飾語句を伴うこともあります。

la Barcelona que conocí en aquella época
私がその時代に知ったバルセロナ

また、学科目としての **Literatura** 文学 のように普通名詞が固有名詞のような特徴を持つ場合は大文字で始まります。☞ P.19 1.1)

2) 可算名詞と不可算名詞

可算名詞は、**数えられる名詞**で、un, una といった不定冠詞や、dos, tres のような基数詞を伴うことができます。また複数形にもなります。

不可算名詞は、**数えられない名詞**で、不定冠詞や基数詞を伴うことができず、複数形にもなりません。

ただし、同じ名詞が可算名詞としても不可算名詞としても使われることがあります。

Hay mucho **café**. たくさんコーヒーがある。➡ 不可算名詞
Dos **cafés**, por favor. コーヒーを２杯お願いします。➡ 可算名詞
Tengo mucha **responsabilidad**.
私は大きな責任がある。➡ 不可算名詞
Tengo muchas **responsabilidades**.
私にはたくさんの (種類の) 責任がある。➡ 可算名詞

2. 名詞の性

スペイン語のすべての名詞には文法的な性があり、**男性名詞**と**女性名詞**に分類することができます。中性名詞はありません。

日本語では「先生」や「友人」と言うとき、その人が男性か女性かは必要がなければ言及しませんが、スペイン語では **amigo** *m.* 男性の友人 / **amiga** *f.* 女性の友人 のように言い分けますので、その人が男性か女性かを必ず表現することになります。また、**mesa** *f.* 机、**fútbol** *m.* サッカー、

2.1 名詞

tiempo *m.* 時、cantidad *f.* 量のように、自然の性がない名詞も、その意味とは関係なくすべて男性名詞と女性名詞に分類されます。

1）普通名詞の性

意味によって男性名詞か女性名詞かが分かるのは、人間や一部の動物など、自然の性のある名詞のみです。

a）自然の性のある名詞

動物等の一部の例外*を除いて自然の性と文法的な性は同じ。

profesor *m.* 男性教師　　profesora *f.* 女性教師

* 例えば **liebre**「野兎」は女性名詞。「オスの野兎」は **una liebre macho** となります。

b）自然の性のない名詞

意味と文法的な性は全く関係ありません。

lápiz *m.* 鉛筆　　　sol *m.* 太陽　　　cálculo *m.* 計算
luz *f.* 光　　　　　estrella *f.* 星　　estadística *f.* 統計

（1）自然の性のある名詞の男性形と女性形

男性形、女性形が異なる語

男性 -o ➡ 女性 -a

abuelo / abuela 祖父母　amigo / amiga 友人　médico / médica 医師
mexicano / mexicana メキシコ人　perro / perra 犬

それぞれ別の語を使う	男性形＋a ➡ 女性形	その他の語尾変化
padre / madre 父母	doctor / doctora 博士	-e ➡ -a jefe / jefa 上司
caballo / yegua 馬	español / española スペイン人	-tor ➡ -triz actor / actriz 俳優
toro / vaca 牛	colegial / colegiala 学生	＋-esa barón / baronesa 男爵

男性形、女性形が同じで、冠詞等で区別する語

| guía ガイド | astronauta 宇宙飛行士 | detective 探偵 | profesional プロ |
| pianista ピアニスト | soldado 兵隊 | cantante 歌手 | marroquí モロッコ人 |

男性名詞、女性名詞が決まっていて自然の性を区別できない語

男性名詞
familiar 家族親戚　　panda パンダ

女性名詞
persona 人　　liebre 野兎

(2) 自然の性のない語の語尾

自然の性のない物事を指す語が男性名詞か女性名詞かは、その意味には関係なく、語によって決まっています。

男性名詞	女性名詞
-oで終わる語はほとんどが男性名詞	**-aで終わる語はほとんどが女性名詞**
cuello 首　exceso 過剰 número 数字　salero 塩入れ	ensalada サラダ　época 時代 práctica 実践　roca 岩
例外 clima 天候　drama 演劇 idioma 言語　mapa 地図	**例外** foto (fotografía) 写真 mano 手

男性形、女性形特有の語尾	
-aje peaje 通行料(料金所)　viaje 旅	**-ción –sión** condición 状態　ocasión 状況
-án, -én, -ín, -ón, -ún huracán ハリケーン　jabón 石鹸	**-dad** felicidad 幸福　humanidad 人
-ate, -ete, -ote cohete ロケット　bigote 口ひげ	**-ie** especie 種　serie シリーズ
-és francés フランス語	**-tud** actitud 態度　similitud 類似

(3) 性によって意味が異なる語

同じ形の語でも、性によって意味が異なるものがあり、その場合は、冠詞や形容詞等で意味を区別します。例えば次のような語です。左側が男性名詞のときの意味、右側が女性名詞のときの意味です。

capital	資本	首都	cometa	彗星	凧
corte	切片	宮廷	cura	神父	治療(法)
parte	報告(書)	部分	orden	順序	命令

2）固有名詞の性

固有名詞にも性があります。川、海等の地形を表す固有名詞では、習慣的にカッコ内の語を使うもの、使わないもの、どちらでもよいものがあります。省略する場合、例えば el Amazonas, las Baleares のように言います。

川/海/湖/山	男性名詞	el (río) Amazonas アマゾン川 el (océano) Pacífico 太平洋 el (lago) Titicaca チチカカ湖 el (monte) Fuji 富士山
島	女性名詞	las (islas) Baleares バレアレス諸島 la isla de Awaji 淡路島
国	男性名詞	Japón 日本　Perú ペルー el Canadá de aquellos tiempos その当時のカナダ
国	女性名詞	Francia フランス　Costa Rica コスタリカ la España que he conocido 私が訪れたスペイン
都市	男性名詞 (女性名詞)*	Nueva York ニューヨーク　Londres ロンドン Madrid マドリッド　Tokio 東京
都市	女性名詞	Barcelona バルセロナ　Roma ローマ Osaka 大阪

* 例えば la ciudad de Nueva York の ciudad が省略された形として、都市名は女性名詞としても使われます。

3）外来語、略語の性

概ね次の様になっていますが、新しい語では用法に揺れがみられるものもあります。

（1）スペイン語の語尾が使われている外来語 ➡ スペイン語の性

　　ordenador *m.* コンピューター　　computadora *f.* コンピューター
　　fotocopiadora *f.* コピー機

（2）スペイン語の語尾が使われていない語

　a）自然の性のある外来語 ➡ 文法性は自然の性と同じ
　　amateur m.f. アマチュア　　*miss f.* ミス

b）名詞に性のある言語からの外来語 ➡ 原語の性がそのまま使われる
　　chalé *m.* 庭付きの戸建て　　menú *m.* メニュー　　élite *f.* エリート

c）名詞に性がない言語からの外来語 ➡ 一般に男性名詞
　　hobby* *m.* 趣味　　cómic *m.* 漫画　　*software m.* ソフトウェア
　　jazz m. ジャズ　　*sushi m.* 寿司（日本語）　　*manga m.* 漫画（日本語）
　　例外）web *f.* ウェブ　　internet *m.* または *f.* インターネット

（3）略語 ➡ メインとなる語の性
　　ONU（Organización de Naciones Unidas）*f.* 国際連合
　　➡ **organización** が女性名詞
　　UE（Unión Europea）*f.* 欧州連合
　　ADN（ácido desoxirribonucleico）*m.* DNA

* *software*「ソフトウェア」、*hobby*「趣味」のように、原語のスペリングとスペイン語の音韻体系に合わない発音をそのままスペイン語で使っている語は、一般にイタリックで書かれます。ここではDRAE 23版（2014）の記述に従いイタリックを使っています。

¡OJO!　名詞の性

　言葉は常に変化しています。新しい物や概念が生まれたとき、それを表す新しい言葉が必要ですし、社会通念に合わない場合に自然と言葉が修正されていくこともあります。
　新しい言葉の多くは外来語で、近年では特に英語の語彙が使われることが増えていますが、DRAE 23版（2014）には、日本語の寿司や、漫画が *sushi*, *manga* として加えられました。*manga* は「袖」という意味では女性名詞、「日本のコミック本」の意味では男性名詞として使われます。

3. 名詞の数

可算名詞には単数形、複数形があります。

1）複数形の作り方

（1）複数形の形

　複数形の作り方は次の表のようになります。単数、複数が同じ形を持つ語では、冠詞や形容詞などで単数、複数を区別します。

2.1 名詞

単数形／複数形が同じ形を持つ語

-sで終わる語で最後の母音に強勢がない語*

lunes 月曜日　　miércoles 水曜日　　paraguas 傘
lavavajillas 食器洗い機　　sacacorchos コルク抜き

単数形／複数形が別々の形を持つ語

-sを付けて複数形にする	-esを付けて複数形にする
強勢のない母音で終わっている語	子音で終わっている語
bolsas 袋　　trajes スーツ taxis タクシー　　toros 雄牛	relojes 時計　　señores 男性 lecciones レッスン　　exámenes 試験
強勢のある -á, -ó, -é で終わっている語	強勢のある -í, -ú で終わる語
sofás ソファ dominós ドミノ cafés コーヒー	marroquíes モロッコ人 hindúes ヒンドゥー教徒 tabúes タブー

外来語等の例外

jerséis（単数形はjersey）セーター　　*campings* キャンプ　　menús メニュー

* -sで終わっていても、最後の母音が強く発音される語は -es を付けます。
  autobús → autobuses

次の点に注意しましょう。

a) -zで終わる語の複数形の語尾は -zes ではなく -ces と書かれます。発音上はどちらも同じですが、複数形語尾や動詞の活用語尾等では -ze は使われず、必ず -ces になります。
lápices 鉛筆 ➡ 単数形は lápiz

b) -cで終わる語の複数形の語尾は、-quesになります。-ces[θes]では子音の発音が変わってしまうためです。
fraques 燕尾服 ➡ 単数形は frac

c) -ay, -ey, -oy, -uyで終わる語は、単数形では、[ai] [ei] [oi] [ui] のように、yは [i] と発音されますが、複数形では -yes は [jes] の音になります。
reyes 王と王妃 ➡ 単数形は rey

d) -dで終わる語は、単数形では最後の d はほとんど聞こえませんが、複数形では、[des] ははっきりと発音します。
universidades 大学 ➡ 単数形は universidad

（2）名詞2語からなる表現の複数形

名詞2語からなる表現は、2番目の名詞は単数形が使われることも複数形も使われることもあり、両者に意味の違いはありません。

　　estados miembro / estados miembros 加盟国
　　ciudades dormitorio / ciudades dormitorios ベッドタウン

2）複数形とアクセント記号

　一般に名詞は、単数形も複数形も強く発音される母音の位置は変わりませんが、語尾に -es が加わると、強く発音される母音が後から何番目であるかが変わる場合があります。そのため、アクセント記号の有無が単数形、複数形で異なる場合があります。

☞ P.14 3. 1)

・examen / exámenes 試験
➡ 単数形では、強勢のある a は後から2番目の母音なのでアクセント記号は不要、複数形では、後から3番目なのでアクセント記号が必要。

・japonés / japoneses 日本人
➡ 単数形では、強勢のある e は一番後の母音なのでアクセント記号が必要、複数形では後から2番目の母音なのでアクセント記号は不要。

・lección / lecciones レッスン
➡ 単数形では2重母音 io は一番後の母音なのでアクセント記号が必要。複数形では、後から2番目なのでアクセント記号は不要。

　なお数は少ないのですが、次のような語は、単数形、複数形で強勢の位置が異なります。

espécimen / especímenes 代表例　　　régimen / regímenes 政治体制

3）複数形の意味

　複数形は文字通り、同じ種類のものが複数あることを示しますが、**男性名詞の複数形は女性を含むことができますが、女性名詞の複数形は女性のみを表します**。例えば amigos は男性の友人3人、女性の友人2人等の可能性がありますが、amigas には男性の友人は1人も含めることはできません*。

　男女のペアを表す語は語によって意味が違ってくるので注意が必要です。例えば padres は普通は padre y madre、すなわち両親の意味ですが、複数の父親の集まりの意味にもなります。madres は複数の

madreの集まりの意味です。一方marido夫 は複数形にしても、夫婦の意味にはなりません。

* 近年は、人を表す男性名詞複数形に女性を含めることを好まず、amigos y amigasのように言う人も増えています。

4. 縮小辞と増大辞

　名詞*には、縮小辞や増大辞を使って語尾を変えると、大きさを表したり、ニュアンスが変化したりする語があります。

* 形容詞や副詞にも縮小辞や増大辞を付けられる語があります。

1) 縮小辞

　縮小辞は、主に物が小さいことを表したり、親しみを込めて言ったりする場合に使われます。一般に、母音で終わる語は、最後の母音をとって、子音で終わる語はそのまま縮小辞を付けますが、不規則な形の語もあります。また、語の性と数によって形を変えます。

　主な縮小辞には次のようなものがあります。

-ito	casa 家 ➡ casita　perro 犬 ➡ perrito
-illo	chica 女の子 ➡ chiquilla
-cito	joven 若者 ➡ jovencito
-ico	animal 動物 ➡ animalico
-ín, -ina	chico 小さい(子) ➡ chiquitín

次の点に注意しましょう。

a) どの縮小辞を使うかは、語によって決まっているのではなく、人や地域により異なります。
b) 人名に付けると、「〜ちゃん」のように親しみを表した表現になります。常に縮小辞を付けた通称を使う人もいます。
　Ana (女性名) ➡ Anita　　Pedro (男性名) ➡ Pedrito
c) 縮小辞を付けると別の意味を持つ語があります。
　carro 荷車 ➡ carrito カート　　coche 車 ➡ cochecito ベビーカー
　pescado 魚 ➡ pescadilla メルルーサの幼魚
　bolso ハンドバッグ ➡ bolsillo ポケット

2) 増大辞

増大辞は、主に物が大きいことを表しますが、不格好だというマイナスのイメージが加わる場合もあります。作り方は縮小辞と同様です。また、語の性と数によって形を変えます。

-azo	coche 車 ➡	cochazo
-ote, -ota	amigo 友人 ➡	amigote
-ón, -ona	mujer 女性 ➡	mujerona(太った女性)

2.2 名詞句

> **この項目の内容**
> 1. 名詞句の構造　1) 名詞とその付帯要素　2) 代名詞　3) 動詞の不定詞
> 2. 名詞句の働き

　名詞句は、名詞がほかの語句に伴われてひとまとまりの単位を構成し、文中で主語や目的語等の役割を果たしたり、ほかの語の補語として使われたりします。名詞に伴う要素には、冠詞、所有詞、指示詞、数詞のほか、名詞を修飾する形容詞等があります。また、人称代名詞等の代名詞や動詞の不定詞も名詞句として働くことができます。

1. 名詞句の構造

1) 名詞とその付帯要素

　名詞は単独、あるいはさまざまな付帯要素を伴いひとまとまりの単位として名詞句を構成します。

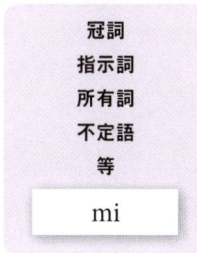

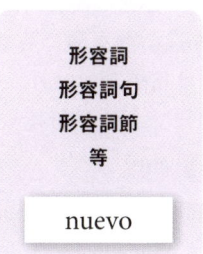

2.2 名詞句

　　　mi coche nuevo　私の新車　⇒　**所有詞＋名詞＋形容詞**
　　　un coche de gasolina　1台のガソリン車　⇒　**不定冠詞＋名詞＋前置詞句**
　　　el coche que compré　私が買った車　⇒　**定冠詞＋名詞＋形容詞節（関係節）**
付帯要素には次のような語句があります。

（1）冠詞

　以下のような語を冠詞と呼びます。**冠詞は聞き手がその名詞が何を指すかを特定できる（定冠詞）かできない（不定冠詞）かを示します。**位置は必ず名詞の前で、不定語 todo を伴う名詞句等の一部の例外を除いて、名詞句の最初に置かれます。☞ P.35 2.3　☞ P.79 8)

（2）所有詞

　「私の」「君の」等を表す所有詞には mi, tu, su といった弱形と mío, tuyo, suyo のような強形があります。弱形は必ず名詞の前に置かれます。強形は単独で代名詞として働くほか、名詞の後に置き、名詞を修飾することもできます。☞ P.58 2.5

（3）不定語

　「誰か」「何か」などを表す語や、「たくさんの（もの）」のような**数量を表す語**です。不定語の多くは名詞の前に置かれ、名詞の数量を示したりします。また代名詞として働く不定語は、単独で名詞句を構成することができます。☞ P.68 2.7

（4）指示詞

　この／これ、その／それ、あの／あれを表す este, ese, aquel のような語を指示詞と呼びます。指示詞は、「この、その、あの」の意味で名詞の付帯要素として働いたり、「これ、それ、あれ」の意味で、単独でも名詞句になったりします。☞ P.64 2.6

（5）数詞

　uno, dos, tres 1, 2, 3 のような基数詞や、**primero** 1番目、**segundo** 2番目のような順序を表す序数詞を合わせて数詞と呼びます。主に名詞の前に置かれ、名詞を修飾します。また「1つのもの」のような意味で単独でも名詞句になることができます。☞ P.96 2.9

（6）疑問詞

　疑問詞は、名詞句、形容詞句、副詞句で表される語を尋ねるときに

使う語ですが、疑問詞の中で **qué** と **cuánto** は形容詞として名詞を伴って使うことができます。 ☞ P.82 2.8

2）代名詞
代名詞は単独あるいは修飾語を伴い、名詞句として機能します。
（1）人称代名詞
yo 私は、**tú** 君は 等の主語になる人称代名詞や、**me** 私に、**te** 君に 等の目的語人称代名詞等は、それだけで名詞句として働きます。代名詞は通常単独で使われますが、修飾語句を伴うこともあります。 ☞ P.48 2.4

Yo soy estudiante.　私は学生です。

Vamos **nosotros dos**.　私たち2人で行きます。 ➡ dosはnosotros と同格

Esta maleta no es mía. **La mía** es aquella.
このスーツケースは私のではありません。私のはあれです。

Yo **se lo** diré.　私が彼にそれを言います。

（2）不定語、指示詞等
一部の不定語、指示詞、疑問詞、数詞等は単独または修飾語句を伴って、名詞句として働くことができます。
☞ P.68 2.7　☞ P.64 2.6

¿Hay **alguien** ahí?　誰かそこにいるの？ ➡ 不定語

Este no es el que quiero.　これは私が欲しいものではない。 ➡ 指示詞

3）動詞の不定詞
動詞の不定詞は、名詞句として働くことができます。名詞として働く場合も動詞的な特徴を持っているため、不定詞は目的語などの要素を伴うこともできます。 ☞ P.190 4.4 2.　☞ P.191 2)

Me gusta **escuchar música**.　私は音楽を聴くことが好きだ。

2. 名詞句の働き
名詞句は、文中で次のような働きをします。
（1）文の構成要素として働く名詞句
a) 主語 ☞ P.224 1.
Roberto y Antonio se conocieron en Barcelona.
ロベルトとアントニオはバルセロナで知り合った。

No me gusta mucho **el cine**.　私は映画があまり好きではない。

2.2 名詞句

b) **直接目的語** ☞ P.229 2.
Mañana llamaré por teléfono **a Isabel**. 明日イサベルに電話します。
c) **間接目的語** ☞ P.232 3.
Julián le regaló un collar **a su novia**.
フリアンは恋人にネックレスをプレゼントした。
d) **属詞** ☞ P.227 1.
Mi padre es **abogado**. 父は弁護士だ。
e) **目的格補語** ☞ P.240 3.
Lo eligieron **secretario**. 彼は書記に選ばれた。
f) **状況補語** ☞ P.237 1.
El domingo vamos de excursión. 日曜日は日帰り旅行に行こう。

場所を表す場合普通は前置詞等を伴います。
Vivo **en Tokio con mis padres**. 私は東京に両親と住んでいる。

(2) ほかの語の補語として使われる名詞句
名詞は前置詞を伴い、ほかの語の意味を説明や、限定をします。
a) **動詞の補語**
Siempre hablan **de política**. いつも政治のことばかり話している。
b) **名詞の補語**
Es el perro **de mi hermana**. それは私の姉の犬だ。
c) **形容詞の補語**
Estoy harto **de tanto vino barato**. 私は安ワインばかりでうんざりだ。
d) **副詞の補語**
Vive muy lejos **de la universidad**. 彼は大学から遠くに住んでいる。

(3) 呼びかけに使われる名詞句
名詞句は人に呼びかけるときに使われます。
¡**Niños**! ¡A comer! 子どもたち！ごはんよ。
Señorita, aquí no se puede entrar. お嬢さん、ここは立ち入り禁止です。

2.3 冠詞

> **この項目の内容**
>
> 1. 冠詞の形　　　1）冠詞の種類　2）冠詞の発音
>   3）前置詞と定冠詞elの縮約形
>   4）定冠詞男性単数形が使われる女性名詞
>   5）接続詞 y で結ばれた名詞
> 2. 冠詞の用法　　1）定冠詞　　2）不定冠詞
>   3）名詞の前で冠詞とともに使われる語
> 3. 名詞の種類や用法による冠詞の使い分け
>   1）普通名詞　2）固有名詞　3）総数を表す語
>   4）直接指し示すことができる物
>   5）修飾語を伴う名詞　6）言語を表す名詞
>   7）時を表す表現
> 4. 名詞句の文中での機能による冠詞の使い分け
>   1）主語と冠詞　2）状況補語と冠詞
>   3）属詞と冠詞　4）名詞補語・形容詞補語と冠詞
> 5. 名詞の省略
> 6. 定冠詞中性lo　1）定冠詞中性loを伴う語句
>   2）lo＋形容詞　3）queを伴う構文

　冠詞は、名詞の前に置かれ、主に、名詞句で表された物事について聞き手や読み手がそれを**特定できるかできないかを表す**語です。定冠詞と不定冠詞の2種類があり、名詞の性と数によって形を変えます。

1. 冠詞の形

1）冠詞の種類

　冠詞には**定冠詞**と、**不定冠詞**があります。冠詞は名詞の前に置かれ、その語の性と数に合わせた形が用いられます。

	定冠詞			不定冠詞	
	男性	女性	中性	男性	女性
単数	el	la	lo	un	una
複数	los	las		unos	unas

2）冠詞の発音

定冠詞は弱勢語で、文中で低く（弱く）発音されます。不定冠詞は強勢語で、文中で高く（強く）発音されます。例えば **el libro** 本は、**libro** にのみ強勢がありますが、**un libro** は **un** と **libro** の両方に強勢があります。☞ P.15 4.

男性単数	男性複数	女性単数	女性複数
el libro 特定の本1冊	los libros 特定の本数冊	una mesa 1つの机	unas mesas いくつかの机

3）前置詞と定冠詞 el の縮約形

定冠詞 el は、前置詞 a, de の後では次のように形を変えます。

a ＋ el ➡ al（× a el）＊　　　de ＋ el ➡ del（× de el）＊

＊ a el と al, de el と del のどちらでも良いのではなく、必ず al, del になります。

冠詞が固有名詞の一部で大文字のものは縮約形になりません。
Voy a El Salvador. 私はエルサルバドルに行く。

4）定冠詞男性単数形が使われる女性名詞

強勢のある a の音で始まる女性名詞単数形では、その直前の冠詞は男性形の定冠詞 el や不定冠詞 un になります。次のような語です。

el / *un* agua 水　　　*el* / *un* águila 鷲　　　*el* / *un* área 地域
el / *un* aula 教室　　*el* / *un* hacha 斧　　　*el* / *un* hambre 空腹

次の点に注意しましょう。

a）アルファベットの文字 h は *la* / *una* hache、アラブ人女性は *la* / *una* árabe になる等の例外があります。

b）定冠詞男性形が使われても、男性名詞になるわけではありません。**el agua fría** 冷たい水のように、形容詞は女性形が使われます。

c）次のような場合、「強勢のある a の音で始まる女性名詞単数形の直前の冠詞」という条件に合わないので、男性冠詞は使われません。

la / *una* afición 趣味 ➡ 語頭の a に強勢がないため
las / *unas* águilas 何羽かの鷲 ➡ 複数なので
la / *una* gran águila 1羽の大きい鷲 ➡ 冠詞が名詞の直前ではないため

5）接続詞yで結ばれた名詞

2つ以上の名詞がyで結ばれて並んでいるとき、原則として冠詞はそれぞれの語に付けます。

- ○ **el** hombre y **la** mujer 男性と女性 ➡ × los hombre y mujer
- ○ **un** abogado y **una** abogada 男性弁護士1人と女性弁護士1人
  - ➡ **unos abogados** は、何人かの弁護士という意味になります。

2. 冠詞の用法

1）定冠詞

定冠詞は次のような場合に使われます。

（1）すでに話題になった物事を指す場合

¿Has traído **el** documento que te he pedido?
お願いした書類は持ってきてくれましたか。

（2）聞き手話し手に既知の物事を指す場合

A: ¿Dónde está **el** mando de la tele? B: Está encima de **la** mesa.
「テレビのリモコンはどこ？」「テーブルの上だよ」

（3）ある種に属する物すべてを指す場合

La ballena azul es el animal más grande del mundo.
シロナガスクジラは世界で最も大きい動物だ。

（4）関係節等その名詞を説明する語句を伴う場合

Esta es **la** arrocera que he comprado por internet.
これがインターネットで買った炊飯器です。

（5）最上級を作る場合 ☞ P.149 1.

El monte Fuji es **la** montaña más alta de Japón.
富士山は日本で一番高い山だ。

2）不定冠詞

不定冠詞は次のような場合に使われます。

（1）初めて話題になった物事を指す場合

Voy a la fiesta con **un** amigo.
ある友達とパーティーに行きます。

2.3 冠詞

（2）単数で「1つの」の意味

Me queda **un** trabajo todavía.
まだ1つ仕事が残っている。

（3）複数で「いくつかの」「何人かの」の意味

He comprado **unas** peras buenas.
私は良い梨をいくつか買った。

El asunto no es tan sencillo porque intervienen **unos** factores muy delicados.
いくつかのデリケートな要因が関係してくるので問題はそんなに単純ではない。

（4）複数で数詞の前に置いて「およそ」の意味

Debe de tener **unos** cincuenta años.
彼は50歳ぐらいだろう。

Participaron **unas** ciento veinte personas en el acto.
行事にはおよそ120人の人が参加した。

3）名詞の前で冠詞とともに使われる語

冠詞は名詞の前に置かれますが、不定語や所有詞等には、冠詞とともに使うことができる語と、できない語があります。

右のページの表は定冠詞とともに名詞の前に置くことができる語を示しています。語順は表左上にあるように1，2，3と並びます。例えば一番上の例では定冠詞、形容詞、普通名詞の順に並びます。このかたまりで名詞句が作られるため、× pobre la chicaのように言うことはできません。todo/a(s)のみ定冠詞、不定冠詞の前に置かれるので注意が必要です。☞ P.79 8）

2.3 冠詞

語順 1	語順 2	語順 3	可否	例
定冠詞	形容詞		○	la pobre chica そのかわいそうな子
不定冠詞			○	una pobre chica 1人のかわいそうな子
定冠詞	指示詞 este/a(s)...		×	× la esta flor （○ esta flor）
不定冠詞			×	× una esta flor
定冠詞	所有詞 mi(s)...		×	× los mis amigos （○ mis amigos）
不定冠詞			×	× unos mis amigos （○ unos amigos míos）
定冠詞	基数詞 dos, tres..		○	los diez hombres その10人の人
不定冠詞			○	unos diez hombres 10人程度の人
定冠詞	序数詞 primer/a(s)...		○	el primer premio 唯一の1等賞
不定冠詞			○	un primer premio いくつかの1等賞のうちの1つ
定冠詞	algún/a(s)	普通名詞	×	× el algún libro
不定冠詞			×	× un algún libro （○ algún libro）
定冠詞	mucho/a(s)		○	las muchas ideas それらの多くのアイディア
不定冠詞			×	× unas muchas ideas （○ muchas ideas）
定冠詞	poco/a(s)		○	las pocas ideas それらの少ないアイディア
不定冠詞			○	unas pocas ideas 少しのアイディア
定冠詞	otro/a(s)		○	la otra persona もう1人の人
不定冠詞			×	× una otra persona （○ otra persona）
定冠詞	cada		×	× el cada estudiante （○ cada estudiante）
不定冠詞			×	× un cada estudiante （○ cada estudiante）
todo / toda	定冠詞		○	todo el libro 本全体
	不定冠詞		○	todo un hombre 一人前の男性
todos / todas	定冠詞		○	todos los relojes 時計全部
	不定冠詞		×	× todos unos relojes

2 名詞と名詞句

39

3. 名詞の種類や用法による冠詞の使い分け

名詞句の多くは、句の最初に定冠詞、不定冠詞や、所有詞、指示詞、数詞等が置かれていますが、それらのいずれも伴わない「無冠詞」の名詞句もあります。冠詞の種類と同時にどのような場合「無冠詞」になるかにも注目することが大切です。

1）普通名詞

定冠詞、不定冠詞、無冠詞はおおよそ次のように使い分けます。

聞き手が特定できない物事	可算名詞	単数	不定冠詞	Hay un libro aquí. ここに本が1冊ある。
		複数		Hay unos libros aquí. ここに本が数冊ある。
		複数	無冠詞	Hay libros aquí. ここに本が複数ある。
	不可算名詞			Hay agua aquí. ここに水がある。
聞き手が特定できる物事	可算名詞	単数	定冠詞	El libro está aquí. その本はここにある。
		複数		Los libros están aquí. それらの本はここにある。
	不可算名詞			El agua está aquí. その水はここにある。

可算名詞、不可算名詞に分けると、冠詞の種類の有無は次のような意味の違いを表すことができます。

（1）可算名詞

a）無冠詞

　Tengo coche. 車を持っている。
　Tengo coches. 車を複数台持っている。 ➡ 何台かには言及しない

b）不定冠詞

　Tengo **un** coche. 車を1台持っている。
　Tengo **unos** coches. 車を数台持っている。 ➡ およその数に言及する

c）定冠詞
　　Tengo **el** coche. その車を持っている。　➡ 特定の車を指す

（2）不可算名詞
　a）無冠詞
　　Tengo dinero. お金を持っている。
　b）定冠詞
　　Tengo **el** dinero. そのお金を持っている。　➡ 特定のお金を指す

（3）普通名詞のように使われる固有名詞
　知名度の高いチェーン店舗や会社の製品等、普通名詞のように使われる固有名詞があります。
　　Hay un Starbucks enfrente. 正面にスターバックスがある。
　　He comprado un Mercedes. ベンツを買った。

2）固有名詞

　固有名詞は一般に無冠詞で使われます。ただし地名を表す固有名詞のなかで、次の場合は定冠詞を伴います。

（1）定冠詞が地名の一部になっている語（定冠詞も大文字で書かれる）
　　El Salvador エルサルバドル　**El** Cairo カイロ　**La** Paz ラパス

（2）原則として定冠詞を伴う語句
　a）国名、都市名
　　los Países Bajos オランダ　　**el** Reino Unido イギリス（連合王国）
　b）山、海等 ☞ P.26 2）
　　los Andes アンデス山脈　**el** Himalaya ヒマラヤ山脈
　　el Mediterráneo 地中海
　c）修飾語を伴う表現
　　la España del siglo XVII 17世紀のスペイン

（3）しばしば定冠詞を伴う語
　　la (República de la) India インド（共和国）
　　el Lejano Oriente 極東

3）総数を表す語

　その種類に属するもののすべてを表したり、抽象的な概念を表したりする名詞は、一般に定冠詞を伴って使われます。

2.3 冠詞

Nunca dice **la** verdad. 決して本当のことを言わない。
El tabaco es malo para la salud. タバコは健康に悪い。
Las ballenas son mamíferos. クジラは哺乳類だ。

4）直接指し示すことができる物

目の前にあって、直接指し示すことができる物は定冠詞を伴います。

Tráeme **la** silla. その椅子を持ってきて。
Pásame **el** pan / **la** sal. パン／塩を取ってください。

5）修飾語を伴う名詞

名詞が形容詞等の修飾語を伴う場合、冠詞が使われます。

Tengo **un** ordenador muy rápido.
とても速いパソコンを持っている。

Tengo **un** ordenador de 64 bits.
64ビットのパソコンを持っている。

Aquí está **el** abrigo que compré en Francia.
ここにフランスで買ったコートがある。

6）言語を表す名詞

言語を表す語は、冠詞をとる場合と無冠詞で使われる場合があります。

Habla / Escribe / Entiende (el) español.
スペイン語を話す／書く／理解する。

Habla / Escribe en español. スペイン語で話す／書く。

Habla un español muy culto. とても教養のあるスペイン語を話す。

Domina / Chapurrea el español.
スペイン語をマスターしている／少し分かる。

Traduce al español. スペイン語に訳す。

estudiante / curso de español スペイン語を学ぶ学生／コース

7）時を表す表現

基数詞が定冠詞女性形を伴うと時刻を表します。また時を表す名詞が定冠詞を伴うと、副詞句「〜に」として働いたりします。

（1）時刻 ☞ P.106 (2) ☞ P.108 6)

la una 1時   **las** tres 3時   a **las** cuatro 4時に
desde **las** tres hasta **las** cinco 3時から5時に
de tres a cinco 3時から5時に ➡ de...a...の場合、定冠詞なしも可

（2）曜日
el lunes（特定の）月曜日（に）　**los** lunes 毎週月曜日（に）　**un** lunes ある月曜日（に）
el fin de semana　（特定の）週末（に）　**los** fines de semana　毎週末（に）
del lunes al viernes　（特定の）月曜日から金曜日に
de lunes a viernes　（一般的に）月曜日から金曜日に

（3）日付
el 14 de mayo de 2013　2013年の5月14日（に）

（4）pasadoを伴った表現
la semana pasada　先週（に）　　**el** fin de semana pasado　先週末（に）*
el mes pasado　先月（に）　　**el** verano pasado　この前の夏（に）

*　el pasado fin de semanaは「この前の週末（に）」という意味になります。

4．名詞句の文中での機能による冠詞の使い分け

　冠詞を伴う名詞句が文中での主語、目的語となる等の機能別に、冠詞の用法をまとめてみましょう。

1）主語と冠詞
　普通名詞が主語として働く場合、一般に、冠詞、所有形容詞、指示形容詞等を伴います。

Un reciente estudio sugiere que...　最近の研究によると…
Los alimentos de**l** primer nivel de **la** pirámide alimenticia te dan energía y son básicos.
食物ピラミッドの一番下のレベルの食物は、エネルギーを与える基本的なものです。

次のような点に注意しましょう。

a）動詞 **gustar** や **doler** を使った文では、好きなものや痛む部位を表す語が主語なので、多くの場合定冠詞を伴っています。
　Le gusta mucho **la** comida japonesa.　彼は日本食がとても好きだ。
　Me duelen mucho **las** muelas.　歯がとても痛い。

b）動詞の不定詞が主語として働く場合、一般に冠詞を伴いませんが、定冠詞elを伴うこともできます。
　El desayunar bien es importante.　しっかり朝食をとることが重要だ。

c）名詞が冠詞等を伴わず、単独で主語になることもありますが、その場合主語は動詞の後に置かれるのが普通です。

Por aquí pasan **aviones** con frecuencia.
このあたりは頻繁に飛行機が通る。

¿Ocurrieron **terremotos** durante tu estancia en Japón?
君が日本にいたとき地震がありましたか。

2）状況補語と冠詞　P.237 1.

普通名詞が状況補語として働く場合、次のような点に注意しましょう。

（1）場所を表す補語

a）前置詞に導かれた場所を表す語は、特定の場所を表しているときは定冠詞、そうでない場合は不定冠詞、複数は無冠詞になります。
ir a**l** supermercado　（特定の）スーパーに行く
ir a **un** supermercado　（ある）スーパーに行く

b）次のような表現は普通、定冠詞を伴って使われます。
ir a**l** cine　映画を観に行く　　ir a **los** toros　闘牛を見に行く
Hoy vamos a**l** teatro y luego a **un** restaurante.
今日演劇を見に行き、その後でどこかレストランに行きます。

c）次のような表現は普通、無冠詞で使われます。定冠詞や不定冠詞を付けるときはその意味を強調したいときに限ります。
ir a casa　自分の家に行く
ir a (la) casa de mis abuelos　祖父母の家に行く
ir a la casa　話題になっていたその家に行く

（2） 前置詞 con を伴う名詞句では、特定の人や物なら定冠詞や所有詞等、不特定なら不定冠詞が使われます。
Voy con **una** amiga.　私は女の友人1人といっしょに行きます。
Vive con **la** novia.　彼は恋人といっしょに住んでいます。
Voy con amigos.　私は複数の友人と行きます。　➡　×Voy con amigo.
Voy con mis amigos.　私は私の友人と行きます。

（3） 前置詞 en で移動の手段を表す場合、無冠詞の名詞が使われます。
ir en *metro / autobús / avión / barco / coche*
地下鉄／バス／飛行機／船／車で行く
ただし、「乗り物内で」という場合は定冠詞を伴います。
escuchar música en **el** tren　電車で音楽を聴く

3）属詞と冠詞

　serの属詞として機能する「職業、身分を表す名詞」には冠詞は付きません。ただし、修飾語句が付き、その名詞の意味が限定されているときは冠詞を伴います。☞ P.227 1.　☞ P.176 2.

　Soy estudiante. 私は学生です。
　Es **un** estudiante muy aplicado. 彼はとても勤勉な学生だ。
　Yo soy **el** estudiante que le envió un mensaje el mes pasado.
　私があなたに先月メールを書いた学生です。

4）名詞補語・形容詞補語と冠詞

　次のような構文で前置詞の後に置かれる名詞は、特定か不特定か等により冠詞の有無が決まります。

（1）名詞補語

　Este es **el** libro de **un** profesor mío. これは私の先生の本だ。
　El libro de**l** profesor lleva **las** soluciones a los ejercicios. El libro de**l** alumno, no las lleva.
　教師用の本は解答が付いているが、学生用の本は付いていない。

　dolor de muelas 歯痛　　traje de noche 夜会服
　avión de pasajeros 乗客用の飛行機

（2）形容詞補語

　Está hecho de madera. これは木製だ。
　Está hecho de **la** madera que importaron de Canadá.
　これはカナダから輸入された木材でできている。

5. 名詞の省略

　冠詞の後の名詞は、文脈等から省略した名詞が何であるか明らかで、形容詞句、所有詞強形、前置詞句、形容詞節等が続く場合、省略することができます。名詞を省略しても冠詞は必ず残します。不定冠詞**un**は、名詞が省略された場合、**uno**になります。また、同じように名詞を省略する用法は、冠詞だけではなく、**alguno/a (s), otro/a (s)** 等の語でも可能です。☞ P.35 1.　☞ P.74 4)　☞ P.80 9) a）冠詞＋形容詞

A: ¿Cuál de estos dos bolsos es caro?
B: Este **es el caro.**
「この2つのバックのどちらが高いですか」「こちらが高いバックです」

Necesito un vestido. Tengo que comprar **uno muy elegante.**
ドレスが必要なの。とてもエレガントなのを1着買わなきゃいけないわ。

b）冠詞＋所有詞強形

Estas no son mis maletas. Aquellas son **las mías**.
これらは私のスーツケースではない。あれらが私のだ。

c）冠詞＋前置詞句＋名詞

Mi idea no fue nada original pero **la de mi hermano** fue muy interesante.
僕のアイディアは平凡だったが、兄（弟）のはとても面白かった。

d）冠詞＋形容詞節（que＋文） ☞ P.280 (3)　☞ P.354 (4)

Aunque tengo otros collares, quiero ponerme **el que me ha regalado mi novio**. ほかにもネックレスも持っているが、恋人にプレゼントされたものを身に着けたい。

6. 定冠詞中性 lo

スペイン語には中性名詞はありません。定冠詞中性 lo は名詞以外の語句の前に置かれ、それらに名詞的な機能を果たさせる冠詞です。

1）定冠詞中性 lo を伴う語句

定冠詞中性 lo は、次のような語句の前に置かれます。形容詞は常に男性単数形で使われます。

a）定冠詞中性＋形容詞

lo alto 高いところ　**lo** bonito 美しいこと

b）定冠詞中性＋過去分詞

lo dicho 言ったこと　**lo** hecho 行われたこと

c）定冠詞中性＋所有詞強形

lo mío 私のこと　**lo** suyo 彼のこと

d）定冠詞中性＋前置詞句

lo de su amigo 彼の友人のこと

　　　　lo de no tener amigos　友人がいないということ
　e）定冠詞中性＋que＋文　☞ P.354 (4)
　　　　lo que has hecho　君がやったこと
　　　　lo que quiero decir　私が言いたいこと

　5. 名詞の省略で見たように、同じような構文はほかの定冠詞や不定冠詞でも使われます。しかし、ほかの定冠詞や不定冠詞は省略されている名詞があるのに対して、定冠詞中性 **lo** の後には省略されている名詞はありません。lo... は、「～のこと」のように名詞で表せない事柄を指すために使います。

2) lo＋形容詞
　「lo＋形容詞」では次の点に気を付けましょう。
(1) lo の後に形容詞が置かれる場合、同じ形容詞の派生語の名詞には例えば次のような意味の違いがあります。
　　　lo alto　高いところ　　　　　　**la** altura　高さ
　　　lo difícil　難しいこと　　　　　**la** dificultad　難度
　　　lo importante　重要なこと　　　**la** importancia　重要性
　　Lo importante no es ganar sino participar.
　　　大切なのは勝つことではなく、参加することだ。
　　La importancia de una buena educación no se puede subestimar.
　　　良い教育の重要性を軽んじることはできない。

(2)「lo más ＋形容詞」のように、形容詞が **más** や **menos** を伴うと「最も～のもの」といった最上級になります。　☞ P.149 1.
　　Lo más interesante de esa película fue el inesperado final.
　　　その映画の最も興味深い点は予想外の結末だった。
　　Lo que estás diciendo es **lo menos** urgente.
　　　君が言っていることが最も緊急性がないことだ。

3）que を伴う構文

定冠詞中性 lo は次の構文で「いかに～であるか」の意味を表します。このとき、形容詞は指している語の性と数によって形を変えます。

- lo + 形容詞 / 副詞 + que + 動詞 + 主語等

Hay que ver **lo bonitas que están tus plantas.**
君の植物はなんて美しいんだろう。➡ **bonito**は形容詞

lo lejos que vive
彼がいかに遠くに住んでいるか ➡ **lejos**は副詞

Es sorprendente **lo rápidas que son estas máquinas.**
これらの機械の速さは驚異的だ。➡ **rápido**は形容詞

Es sorprendente **lo rápido que corren estos niños.**
これらの子どもたちがいかに速く走るかは驚くべきものがある。➡ **rápido**は副詞

2.4 人称代名詞

この項目の内容

1. 人称代名詞の種類　　¡OJO! ▶ 敬称と親称の使い分け
　　　　　　　　　　　¡OJO! ▶ 敬称と親称の地域差
2. 主語代名詞　　1）主語代名詞の形と意味
　　　　　　　　2）主語代名詞の用法　3）主語代名詞の省略
3. 前置詞後置形　1）前置詞後置形の形と意味
　　　　　　　　2）前置詞後置形の用法
4. 弱形人称代名詞　1）弱形人称代名詞の形と意味
　　　　　　　　　2）弱形人称代名詞の用法
　　　　　　　　　3）弱形人称代名詞の位置
　　　　　　　　　¡OJO! ▶ 弱形人称代名詞を含む文の語順

「私」「私たち」「君」「君たち」等、話し手や聞き手のことを言ったり、同じ「○○さん」を何度も繰り返さないために、「彼」等に置き換えたりするときに使う語を人称代名詞と呼びます。人称代名詞には、主語代名詞、前置詞後置形、目的語等の弱形人称代名詞等があります*。

＊　人称代名詞のうち、所有詞は以下のページで扱います。☞ P.58 2.5

1. 人称代名詞の種類

人称代名詞には**強形人称代名詞**と**弱形人称代名詞**があります。所有詞を除く強形人称代名詞には、**主語代名詞**と**前置詞後置形**があり、また弱形人称代名詞はその役割から、**直接目的代名詞**、**間接目的代名詞**、**再帰代名詞**、**属詞**に分けることができます。

		強形人称代名詞		弱形人称代名詞			
		主語代名詞	前置詞後置形	直接目的	間接目的	再帰	属詞
単数	1人称	yo	mí	me			
	2人称	tú	ti	te			
	3人称	él, **ella**, usted	sí**	lo / **la**	le (se)	se	lo
複数	1人称	nosotros, **nosotras**		nos			
	2人称	vosotros, **vosotras**		os			
	3人称	ellos, **ellas**, ustedes	sí**	los / **las**	les (se)	se	
中性*		ello		lo			

* スペイン語には中性名詞はありませんが、代名詞には中性を持つものがあります。

** síの用法 ☞ P.183 4)

次の点に注意しましょう。
a) 表中の色文字の語は女性形です。男性複数形は女性を含むことができますが、女性複数形は男性を含むことはできません。
María(女) y Juan(男) ➡ ellos　　María(女) y Ana(女) ➡ ellas
María y yo (yoが男性) ➡ nosotros
María y yo (yoが女性) ➡ nosotras
b) **usted**は「あなた」の意味ですが、文法上では3人称ですので、動詞も3人称に活用します。また、直接目的語は相手が男性なら**lo**、女性なら**la**になります。

2.4 人称代名詞

¡OJO! 敬称と親称の使い分け

人称代名詞 usted / ustedes（敬称）は2人称の tú / vosotros（親称）より距離を置いて接する相手に対して使います。上下関係によって使われる日本語の「敬語」とは異なり、「距離感」で使い分けるので、多くの場合、usted で話す関係では、双方が相手を usted で呼び合います。丁寧に話すかそうではないかの使い分けではありませんので、tú で話す相手に丁寧に依頼したり、usted で話す相手にぶっきらぼうに話したりすることもできます。

一般的には、友人同士なら tú、そうでないなら usted を使うと考えますが、スペインでは、初対面でも tú で話すことも多く、使い分けは国や地域によってかなり異なります。どちらを使えばいいか迷った場合は、usted で話を始めましょう。もしそれが不適切なら相手はすぐに、tutear（tú で話す）して欲しいと言ってくれるからです。usted で話すべき相手に間違えて tú で話してしまうと失礼だと思われる危険性があるばかりでなく、普通相手はそれを指摘してくれません。

¡OJO! 敬称と親称の地域差

スペインとイスパノアメリカのスペイン語の異なる点の最大のポイントの1つは、人称代名詞の使い方です。イスパノアメリカ全域で、親称の複数形も敬称の複数形同様、ustedes が使われます。またアルゼンチン等一部の国では、親称として vos が使われますが、それによって動詞の活用も変わります。

	スペイン		イスパノアメリカの大部分の地域		アルゼンチン等	
	単数	複数	単数	複数	単数	複数
親称	tú	vosotros / vosotras	tú	ustedes	vos	ustedes
敬称	usted	ustedes	usted		usted	

2. 主語代名詞

1）主語代名詞の形と意味

主語代名詞は次の語です。

	人称		
単数	1人称	私は	yo
	2人称	君は	tú
	3人称	彼は	él
		彼女は	ella
		あなたは	usted
複数	1人称	私たちは	nosotros, nosotras
	2人称	君たちは	vosotros, vosotras
	3人称	彼らは	ellos
		彼女らは	ellas
		あなた方は	ustedes
中性		それ（そのこと）は	ello

次の点に注意しましょう。

a) 主語代名詞は強勢語で、文中で高く（強く）発音されます。
b) 3人称単数のélは、定冠詞のelと区別するためアクセント記号が必要です。
c) usted, ustedesは文法的には3人称で、動詞は3人称の活用形を使います。

2）主語代名詞の用法

文を構成する主要な要素は、主語と動詞です。主語代名詞は1語で文の主語になることができます。また、単独で名詞句を構成することが可能です。下の例文と図を見てみましょう。☞ P.224 5.1

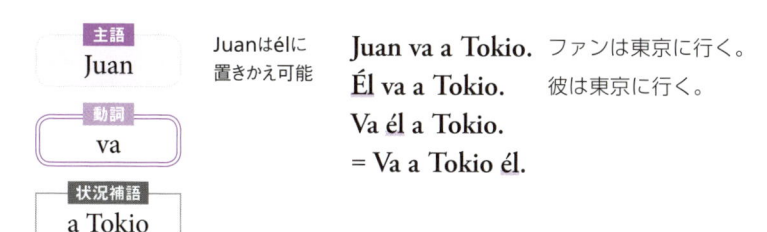

主語
Juan

動詞
va

状況補語
a Tokio

Juanはélに置きかえ可能

Juan va a Tokio.　ファンは東京に行く。
Él va a Tokio.　　彼は東京に行く。
Va él a Tokio.
= Va a Tokio él.

次の点に注意しましょう。
a) 主語は文中でいろいろな位置に置くことができます。ただし、前置詞と名詞の間や、名詞句等ひとかたまりになっている要素の間に主語を置くことはできません。上の図では枠内の語（a と Tokio）の間には置けません。☞ P.226 3. 1)
b) 中性形 **ello** は文脈等から分かる事柄や、前の文全体等の1つの名詞で表せない事柄を指します。文の主語になることができますが、硬い印象になり現代文ではあまり使われません。多くの場合代わりに指示詞の eso を使います。☞ P.64 1.

Cené demasiado y **ello** me produjo una fuerte indigestión.
夕食を食べすぎて、ひどい消化不良になった。

c) 主語代名詞の3人称の形（**él, ella, ellos, ellas**）は、人のみを指し物事を指すことはできません。すなわち、英語で物を表す *it* や *they* はスペイン語にはありません。物を表す主語が文脈等から明らかな場合は、主語を省略します。

A:¿Dónde está mi móvil?　B: Está aquí.
「僕の携帯どこ？」「ここだよ」

3) 主語代名詞の省略

主語は名詞の場合も、代名詞の場合も省略可能です。 特に代名詞が主語の場合は、省略しても意味を伝える上では支障がないことが多く、しばしば省略されます。一方で省略できるのに、「わざわざ人称代名詞を使う」場合は次のような理由が考えられます。

a) 動詞の形だけでは主語がはっきり分からない場合。特に usted や ustedes で話す場合は省略されることは少なくなります。
¿Cómo está **usted**?　お元気ですか。
Yo no iba a asistir a la reunión.
私は会議に出席するつもりはなかった。→ **iba は1人称、3人称で同形**

b) 動詞が省略されている場合。
Voy a votar al candidato socialista. **Tú** también, ¿verdad?
私は社会党の候補者に投票するつもりなんだ。君もそうでしょう？

c) 対比させる場合。
Pedro quiere ir a Kioto, pero **ella** quiere ir a Hokkaido.
ペドロは京都に行きたいんだけれど、彼女は北海道に行きたい。

d）主語を特に強調したいとき。

¿**Yo**? No, **yo** no voy a hacerlo. 私？いいえ、私はそれはやりませんよ。

e）そのほか文体的な理由。

上のような理由がなくても、文章の中で代名詞があったほうが文体的にきれいだから等の理由で加えられる場合があります。

3. 前置詞後置形

1）前置詞後置形の形と意味

a, de, para, con, sin 等さまざまな前置詞の次に人称代名詞が来るとき、前置詞後置形が使われます。 P.245 5.5

			再帰代名詞以外	再帰代名詞*
単数	1人称	私	mí	
	2人称	君	ti	
	3人称	彼	él	sí*
		彼女	ella	
		あなた	usted	
複数	1人称	私たち	nosotros, nosotras	
	2人称	君たち	vosotros, vosotras	
	3人称	彼ら	ellos	sí*
		彼女ら	ellas	
		あなた方	ustedes	
中性		それ（そのこと）	ello	

* a sí mismo/a（s）「自分自身を」のように代名動詞とともに使われます。 P.183 4）

次の点に注意しましょう。

a）前置詞が**con**のときのみ、次のようになります。

con + mí ➡ conmigo 私といっしょに
con + ti ➡ contigo 君といっしょに
con + sí ➡ consigo 自分自身といっしょに

b）人称代名詞前置詞後置形は強勢語で、文中で強く発音されます。
c）**mí, ti** 以外は、主語代名詞と同じ形です。**mí** は、「私の」を表す所有詞の **mi** と区別するために、アクセント記号を付けますが、**ti** はほかに同じ音の語がないので不要です。

2）前置詞後置形の用法
前置詞後置形は、前置詞の後に置かれます。
A mi hermano y a **mí** nos gusta mucho ir a la playa.
兄と私はビーチに行くのがとても好きだ。
Es un problema muy importante para **ella**.
彼女にとってとても重要な問題だ。
¿Estará bien así?, se preguntó a **sí** mismo.
これで良いのだろうかと彼は自問した。 ➡ 代名動詞の強調

次の点に注意しましょう。
a）文脈等から明らかな場合も省略することはできません。
　Yo fui **con él**. ➡ ×Fui con. 私は彼といっしょに行った。
b）3人称の形、**él, ella, ellos, ellas** は物を指すことができます。**él, ellos** は男性名詞、**ella, ellas** は女性名詞を指します。
　La televisión estaba en el rincón y detrás **de ella**, había una lámpara. テレビは隅にあって、その後にはランプがあった。
　Nunca olvidaré aquel viaje y el frío que pasamos **en él**.
　あの旅行のこと、その時本当に寒かったことはきっと忘れない。
c）文脈等から分かる事柄を指す場合は中性形 **ello** を使います。
　Dio las gracias a los asistentes y **con ello**, terminó su discurso.
　彼は出席者に謝辞を述べ、それでスピーチが終わった。 ☞ P.52 2)c)

4. 弱形人称代名詞

1）弱形人称代名詞の形と意味
弱形人称代名詞は次のような形になります。

			直接目的	間接目的	再帰	属詞
単数	1人称	私		me		
	2人称	君		te		
	3人称	彼	lo	le (se)	se	lo
		彼女	la			
		あなた	lo/la			
複数	1人称	私たち		nos		
	2人称	君たち		os		
	3人称	彼ら	los	les (se)	se	lo
		彼女ら	las			
		あなた方	los/las			
中性		それ	lo			

次の点に注意しましょう。

a) 1人称、2人称は、直接目的人称代名詞、間接目的人称代名詞、再帰代名詞で共通の形です。文中の位置も同じですので、どの代名詞であるかは形からは判断できません。意味や文中での機能から判断する必要があります。

b) 直接目的人称代名詞3人称単数 **lo, la** はそれぞれ、男性、女性単数名詞の代わりに使われますが、人も物も指すことができるので、**lo** は英語の *him* と *it*、**la** は *her* と *it* に当たります。**los, las** はそれぞれの複数です。また中性の **lo** は具体的な名詞で表される語ではなく、文全体や状況等から分かる事柄を指します。

c) 間接目的人称代名詞 **se** は直接目的人称代名詞 **lo, la, los, las** の前に置かれるときに **le** や **les** の代わりに使われます。

2) 弱形人称代名詞の用法

弱形人称代名詞は、次のように使います。

(1) 直接目的人称代名詞 ☞ P.229 2. ☞ P.233 1)

直接目的語は動作が直接及ぶ対象を指します。

Veo **la película**. 私はその映画を観る。 ➡ 直接目的語は名詞句

La (➡ la película) veo. 私はそれを観る。 ➡ 直接目的人称代名詞

（2）間接目的人称代名詞 ☞ P.232 3.

間接目的語は主に動作が誰に向かって行われたか、その対象を指します。

A Ana le gusta la película. アナはその映画が好きだ。

（3）再帰代名詞

代名動詞が必ず伴う代名詞です。 ☞ P.180 4.3

Me levanto temprano. 私は早く起きる。

（4）属詞代名詞 ☞ P.227 1.

属詞代名詞は動詞serやestarとともに使われる名詞や形容詞等です。
Yo soy **su hermana**. 私は彼の姉です。 ➡ 属詞名詞句
Yo **lo**(=su hermana) soy. 私がそうです。 ➡ 属詞代名詞

3）弱形人称代名詞の位置

弱形人称代名詞は下のいずれかの位置に置かれます。

（1）活用している動詞の直前

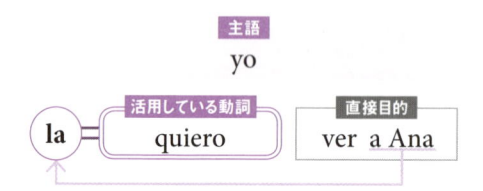

主語
yo

| la | = | 活用している動詞 quiero | 直接目的 ver a Ana |

Yo **la** quiero ver.　私は彼女に会いたい。

（2）不定詞、現在分詞、肯定命令の動詞の直後（スペースを空けない）

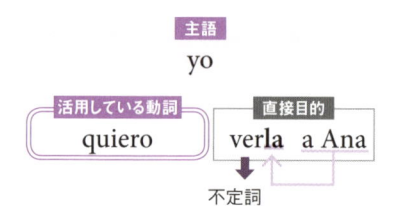

主語
yo

活用している動詞 quiero　直接目的 ver**la** a Ana
　　　　　　　　　　　　　　↓
　　　　　　　　　　　　　不定詞

Yo quiero ver**la**.　私は彼女に会いたい。

いくつかの弱形人称代名詞が同時に使われる場合、**再帰代名詞** ➡ **間接目的人称代名詞** ➡ **直接目的人称代名詞**の順番に置かれます。

Yo no **se lo** he dicho todavía. 私は彼にそれをまだ言っていない。
➡ 間接目的人称代名詞、直接目的人称代名詞

¿Te has lavado las manos? Tienes que lavár**telas** antes de comer.
もう手を洗ったの？ 食事の前に手を洗わなきゃいけませんよ。
➡ 再帰代名詞、直接目的人称代名詞

No puedo trabajar hoy porque **se me** rompió el ordenador.
コンピューターが壊れたので、今日は仕事ができない。
➡ 再帰代名詞、間接目的人称代名詞

¡OJO! 弱形人称代名詞を含む文の語順

弱形人称代名詞を含む文の語順は、最初は難しいと思いがちですが、動詞を中心に考えると良いでしょう。文の中心を動詞とし、語順は「動詞の近くに置かれる優先順位による」と考えます。その優先順位が最も高いのが、弱形人称代名詞ですので常に動詞に一番近い位置に置かれます。否定辞（**no**や**nunca**等の副詞）は、動詞の前に置かれますが、優先順位が2番目になりますので、弱形人称代名詞があるときには、動詞から少し離れ、弱形人称代名詞の前になります。主語や、状況補語には優先順位はないので、動詞の前後どこの位置に来てもかまいません。

Yo no se lo regalo ＝ No se lo regalo yo.
私は彼にそれをプレゼントしない。

不定詞や現在分詞を含む文では、弱形人称代名詞は、活用している動詞の前に置いても、不定詞や現在分詞の後に付けてもかまいません。どちらにおいても意味やニュアンスは全く変わりませんが、構文によって、動詞の直前には置けない場合があります。初学者は不定詞や現在分詞の後の位置を使うほうが無難です。

Yo no se lo quiero regalar. ＝ Yo no quiero regalárselo.
私は彼にそれをプレゼントしたくない。

2.5 所有詞

> **この項目の内容**
>
> 1. 所有詞弱形　1) 所有詞弱形の形と意味　¡OJO! 所有詞の性数と意味
>   2) 所有詞弱形の用法
>   3) 名詞の前で所有詞とともに使われる語
>   ¡OJO! 英語の所有詞とスペイン語の所有詞
> 2. 所有詞強形　1) 所有詞強形の形と意味
>   2) 所有詞強形の用法　¡OJO! Es mio. と Es el mio.
> 3. 前置詞 de ＋名詞の所有表現

　人称代名詞の中で、「私の」「君の」のように所有を表す表現を所有詞と呼びます。所有詞には名詞の前に置かれる所有詞弱形と、名詞の後に置かれたり、ser の属詞となったりする所有詞強形があります。所有詞以外に、「前置詞 de ＋名詞」を用いて所有を表すこともできます。

1. 所有詞弱形

1) 所有詞弱形の形と意味

　所有詞弱形は、名詞の前に置かれ、「私の」「君の」等、所有者を表す弱勢語です。次の名詞の性と数によって形を変えます。

	意味	名詞の性数	男性 libro(s) 本	女性 mesa(s) 机
mi	私の	単数	**mi** libro	**mi** mesa
		複数	**mis** libros	**mis** mesas
tu	君の	単数	**tu** libro	**tu** mesa
		複数	**tus** libros	**tus** mesas
su	彼/彼女/あなたの/その	単数	**su** libro	**su** mesa
		複数	**sus** libros	**sus** mesas
nuestro	私たちの	単数	**nuestro** libro	**nuestra** mesa
		複数	**nuestros** libros	**nuestras** mesas

	意味	名詞の性数	男性 libro(s)本	女性 mesa(s)机
vuestro	君たちの	単数	vuestro libro	vuestra mesa
		複数	vuestros libros	vuestras mesas
su	彼ら/彼女らの/あなた方の/それらの	単数	su libro	su mesa
		複数	sus libros	sus mesas

次の点に注意しましょう。

a) **mi, tu, su**は男女同形です。次の名詞の性に関わらず形は変わりません。複数では**mis, tus, sus**になります。

b) **nuestro / vuestro**は次の名詞の性、数によって形を変えます。例えば名詞が**mesas**のような女性複数の場合は**nuestras / vuestras**になります。

c) 3人称の**su**と**sus**は「その」「それらの」のように、物事を指すこともできます。

Este árbol es único por la forma de **sus** hojas.
この木は葉っぱの形においてユニークだ。

> **¡OJO!** 所有詞の性数と意味
>
> 　所有詞のさまざまな形、例えば**nuestro, nuestra, nuestros, nuestras**は単に次に置かれている名詞の性数に一致するだけで、それによって意味の違いは全く表しません。例えば**su**と**sus**は「彼の」「彼女の」「あなたの」「その」「彼らの」「彼女らの」等、いろいろな意味がありますが、**su**や**sus**の形で意味の違いを表すことはできません。次のような文では**su**の意味は曖昧で、**amiga**はサラの友人である可能性も、サラの兄の友人である可能性もあります。
>
> 　Sara fue a México con su hermano y **su amigo**.
> 　サラは兄と彼女の/彼の友人とメキシコに行った。
>
> 　しかしながら、実際にはどちらであるかは文脈等から分かることが多く、また上のような文の場合は、「兄の友人」であるならば、次のような言い方をすることにより曖昧さを排除することができます。
>
> 　Sara fue a México con su hermano y **el amigo de su hermano**.
> 　サラは兄と、兄の友人とメキシコに行った。

2）所有詞弱形の用法

所有詞弱形は常に名詞の前に置かれ、その所有者を表します。

José y Elisa viven solos. **Su** hijo se ha independizado.
ホセとエリサは2人だけで暮らしている。彼らの子どもは独立した。

Nuestra paciencia tiene un límite.
私たちの辛抱強さにも限界がある。

Pedro está enfadado. **Sus** vecinos siempre hacen fiestas.
ペドロは怒っている。彼の隣人たちがいつもパーティーをしているからだ。

3）名詞の前で所有詞とともに使われる語

所有詞は名詞の前に置かれますが、冠詞、不定語等の中には、所有詞とともに使うことができる語とできない語があります。

語順 1	2	3	可否	例
所有詞	定冠詞	普通名詞	×	×mi la amiga
所有詞	不定冠詞	普通名詞	×	×mi una amiga
所有詞	形容詞	普通名詞	○	mi pobre chica 私のかわいそうな子
所有詞	指示詞 este/a(s)...	普通名詞	×	×estos mis amigos
所有詞	基数詞 dos, tres...	普通名詞	○	mis diez libros 私の10冊の本
所有詞	序数詞 primer/a(s)...	普通名詞	○	mi primera obra 私の最初の作品
所有詞	algún/a(s)	普通名詞	×	×mi algún libro
所有詞	mucho/a(s)	普通名詞	○	mis muchas ideas 私の多くのアイディア
所有詞	poco/a(s)	普通名詞	○	mis pocas ideas 私の少ないアイディア
所有詞	otro/a(s)	普通名詞	○	mi otro libro 私のほかの本
所有詞	cada	普通名詞	×	×mi cada estudiante
todo / toda	所有詞		○	todo mi libro 私の本全体
todos / todas	所有詞		○	todos mis relojes 私の時計全部

> **¡OJO!** 英語の所有詞とスペイン語の所有詞
>
> 　英語に慣れている人は、スペイン語との所有詞の用法の違いに気を付けましょう。スペイン語は英語と比べ、所有詞の代わりに定冠詞が使われる場合が多くあります。強いて言うならば日本語では「私の」とは言わないが英語では my を使うような文では、スペイン語でも所有詞は使わない、と考えておいたほうが無難かもしれません。
>
> 　（英）*He took off his jacket.* ➡ Se quitó la chaqueta.
> 　　　　彼は上着を脱いだ。
> 　（英）*He shook her hand.* ➡ Le dio la mano.　彼は彼女と握手した。
> 　（英）*She closed her eyes.* ➡ Cerró los ojos.　彼女は眼を閉じた。

2. 所有詞強形

1）所有詞強形の形と意味

　所有詞強形は、所有詞弱形と同じ意味ですが、名詞の後に置かれたり、ser の属詞として働いたりします。文中で強く発音される強勢語です。所有詞強形は指示する名詞の性と数によって形を変えます。

	意味	名詞の性数	男性形 libro(s) 本	女性形 mesa(s) 机
mío	私の	単数	libro **mío**	mesa **mía**
		複数	libros **míos**	mesas **mías**
tuyo	君の	単数	libro **tuyo**	mesa **tuya**
		複数	libros **tuyos**	mesas **tuyas**
suyo	彼/彼女/あなたの/その	単数	libro **suyo**	mesa **suya**
		複数	libros **suyos**	mesas **suyas**
nuestro	私たちの	単数	libro **nuestro**	mesa **nuestra**
		複数	libros **nuestros**	mesas **nuestras**
vuestro	君たちの	単数	libro **vuestro**	mesa **vuestra**
		複数	libros **vuestros**	mesas **vuestras**
suyo	彼ら/彼女ら/あなた方の/それらの	単数	libro **suyo**	mesa **suya**
		複数	libros **suyos**	mesas **suyas**

2）所有詞強形の用法

　所有詞強形は、一般の形容詞と同じように使われます。次の3つの用法があります。☞ P.117 2.

（1） 動詞 ser の属詞として、主語で表された物の所有者を示します。
☞ P.227 1.

　　A: ¿No era **tuya** esta bicicleta?
　　B: Sí, era **mía**, pero se la vendí.
　　「この自転車は君のではなかった？」「ええ、私のでしたが、彼女に売りました」

　　A: ¿Este cable es del móvil?
　　B: No, no es **suyo**. Es de la tableta.
　　「このケーブルは携帯電話のですか」「いえ、タブレットのです」

（2） 所有詞弱形と同じように名詞を修飾してその所有者を表しますが、所有詞強形は修飾する名詞の後に置かれるため、名詞の前の位置には所有詞以外の語を比較的自由に置くことができます。

　　Este móvil **mío** se oye muy mal.
　　この私の携帯は聞こえが悪い。

　　Jaime ha ido al cine con unos amigos **suyos**.
　　ハイメは、友人たち何人かと映画に行った。

（3） 所有詞が修飾している名詞が文脈等から明らかな場合、名詞を省略し、「定冠詞＋所有詞」で、「〜のもの」の意味になります。

　　Vuestro viaje fue mucho más interesante que **el nuestro**.
　　君たちの旅行のほうが私たちの (旅行) よりずっと面白かった。 ➡ el（viaje）nuestro
　　Estas no son sus botas. **Las suyas** son marrones.
　　これらは彼のブーツではない。彼のは茶色だ。 ➡ las（botas）suyas

> **¡OJO!** Es mío. と Es el mío.
>
> 　Es mío. と Es el mío. はどちらも日本語では、「それは私のものです」になります。冠詞の有無はどのような違いを表しているのでしょうか。
> 　Es mío. は、例えば主語が este libro この本 の場合、話し手と聞き手の前に1冊の本があり、その所有者を話題にしているときに使います。¿De quién es este libro? この本は誰のものですか。という質問の答えになることができます。一方 Es el mío. は、Es el libro mío. それが私の本です。 の libro が省略された形です。例えば主語は este で、話し手が何冊かの本の中から1冊を指し示して使います。¿Cuál es tu libro? 君の本はどれですか。という質問の答えになることもできます。

3. 前置詞 de ＋名詞の所有表現

所有者を所有詞で表せない場合、「前置詞 de ＋名詞」を使います。

　　Este libro es **de Sofía**.　この本はソフィアのものです。
　➡ **¿De quién** es este libro?　この本は誰のものですか。
　　el libro **de María**　マリアの本

「de ＋所有者」を表す名詞は一般の形容詞と同じ様に使われます。
☞ P.265（17）

a) ser の属詞として使われます。　☞ P.176 2.
　　Este vestido era **de mi madre**.　このドレスは母のものだった。

b) 名詞の後に置かれて名詞を修飾します。
　　El coche **de Andy** es nuevo.
　　アンディの車は新しい。

c) 定冠詞を伴い「〜のもの」の意味になります。
　　el libro **de María**　マリアの本　➡　**el de María**　マリアのもの

2.6 指示詞

> **この項目の内容**
> 1. 指示詞の形
> 2. 指示詞の用法　1）形容詞用法と代名詞用法
> 　　　　　　　　2）名詞の前で指示詞とともに使われる語
> 3. 指示詞の意味　|OJO!| 日本語の指示詞とスペイン語の指示詞

指示詞は、「これ」「この」等、実際の人や物を指し示したり、「このこと」のように、文中の語句や文脈から分かる内容を指示したり、「その時」のように時間的距離を表したりする場合に使われる語です。

1. 指示詞の形

指示詞は、日本語の「この / これ」「その / それ」「あの / あれ」同様に、3種類あります。指示している語の性と数に合わせた形が用いられます。また強勢語なので、文中で必ず強く発音されます。

	男性単数	女性単数	男性複数	女性複数	中　性
この / これ	este	esta	estos	estas	esto
その / それ	ese	esa	esos	esas	eso
あの / あれ	aquel	aquella	aquellos	aquellas	aquello

次の点に注意しましょう。
a）指示詞は人や物、事柄を指すことができます。
b）中性形 esto, eso, aquello は文脈等から分かる事柄や前の文全体等の1つの名詞で表せない事柄を指します。また名詞の性が分からない次のような文で使われます。
　¿Qué es eso? それは何ですか。

2. 指示詞の用法

1）形容詞用法と代名詞用法

指示詞には、「この、その、あの」に当たる形容詞的な用法と、「これ、それ、あれ」に当たる代名詞的な用法*があります。形容詞的用法は、

一般に名詞の性数に合わせた形で、名詞の前に置かれます。代名詞的用法は、何を指しているかが文脈等から明らかな場合に、名詞を省略した形で使われますが、省略された名詞の性と数に一致します。

		単数	複数
形容詞用法	男性	este hotel このホテル	estos hoteles これらのホテル
	女性	esta mesa この机	estas mesas これらの机
代名詞用法	男性	este これ	estos これら
	女性	esta これ	estas これら

* 伝統的には、形容詞として使われる場合と代名詞として使われる場合を区別するため、代名詞には、éste, ése, aquélのようにアクセント記号を付けていました。しかし、Ortografía de la lengua española（2010）とDRAE 23版（2014）では、アクセント記号は不要になっています。

a）形容詞用法

Hay una iglesia muy bonita en **este** barrio.
この地区にはとてもきれいな教会がある。

Esas casas son caras. それらの家は高い。

b）代名詞用法

No me gustan **estos**. Prefiero **esos**.
これらは好きじゃない。それらのほうが良い。

Pregúntales a **esos** que están en la calle.
通りにいる人たちに聞いてごらんよ。

2）名詞の前で指示詞とともに使われる語

指示詞は名詞の前に置かれますが、冠詞や不定語等の中には指示詞とともに使うことができる語とできない語があります。

語順			可否	例
1	2	3		
指示詞	定冠詞	普通名詞	×	×esta la flor
	不定冠詞		×	×esta una flor
	形容詞		○	esta pobre chica そのかわいそうな子
	所有詞 mi(s)...		×	×estos mis amigos
	基数詞 dos, tres...		○	estos diez hombres これらの10人の人
	序数詞 primer/a(s)...		○	este primer premio　この一等賞
	algún/a(s)		×	×este algún libro
	mucho/a(s)		○	estas muchas ideas これらの多くの考え
	poco/a(s)		○	estas pocas ideas これらの少ない考え
	otro/a(s)		○	esta otra persona　この、ほかの人
	cada		×	×este cada estudiante
todo / toda		指示詞	○	todo este libro　この本全体
todos / todas			○	todos estos relojes これらの時計全部

3）指示詞の意味

指示詞は次のような意味で使われます。

（1） 物を指し示すために使います。話し手の近くはeste、少し離れたところはese、遠く離れたところはaquelを使います。

Aquel árbol que ves ahí lo plantó mi bisabuelo.
そこに見えるあの木は、僕の曽祖父が植えたものだ。

Estas naranjas son muy buenas, pero **esas** son más baratas.
こっちのオレンジはとてもおいしいが、そっちのはもっと安い。

（2） 人を指示して使います。「こちらは〜です」のように使われることもありますが、イントネーションによっては軽蔑的な意味になるこ

とに気を付けましょう。特に人を指し示して**ese**と言うと、かなり強い軽蔑を表す表現になります。

 este chico この子 **aquel** hombre あの男性
 A: **Este** es Luis, mi cuñado. B: Encantado.
 「こちらはルイス、僕の義兄です」「よろしく」

（3）会話や、文章で言及されていることを指示します。
 Nunca olvidaré **este** discurso. Me ha emocionado tanto como **aquel** que pronunció al jubilarse.
 このスピーチは絶対に忘れない。あの、退職時のスピーチと同じぐらい感動した。

（4）**este**と**aquel**は文中の語句を指示するときによく使われます。**este**は後者、**aquel**は前者の意味で、指示する語の性数に一致させます。
 Este autor ha publicado una novela y un poemario. **Este** en 2006 y **aquella** en 1999.
 この著者は小説と詩集を出版した。後者は2006年、前者は1999年である。

（5）心理的な距離感を表します。
 Durante **esos** años viajábamos con frecuencia al extranjero.
 その頃は外国に始終旅行していた。
 Aquellas sí que eran vacaciones: dos meses sin trabajar.
 あれこそが休暇だった。2か月仕事もしないで。
 En **aquellos** tiempos casi nadie tenía televisión en color.
 あの当時はカラーテレビはほとんど誰も持っていなかった。

（6）指示詞は一般に名詞の前に置かれますが、口語では後に置かれ軽蔑的な意味を表すことがあります。
 Me lleva loca el trabajo **este**.
 こんな（大変な）仕事をやってるとおかしくなりそうだ。
 Los perros **esos** no paran de ladrar. Estoy harto.
 あそこの犬どもは吠えてばかりだ。うんざりだ。

> **¡OJO!** 日本語の指示詞とスペイン語の指示詞

　日本語もスペイン語も「これ」「それ」「あれ」のように3種類ありますが、その使い分けは必ずしも一致していません。次のような共通点や相違点に気を付けましょう。

a) 実際に物を指さして言う場合には、日本語では聞き手からの距離をより考慮し、聞き手に近ければ「それ」を使いますが、スペイン語では、基本的には話し手からの距離で考えます。

b) 時間を表す表現とともに使う場合、一般に、前の文で言われた時間を指すときには **ese**、「昔」の意味では **aquel** を使います。

Llegué al destino a las 2 de la madrugada. Todo estaba cerrado a **esa** hora.
目的地には午前2時に着いた。その時間にはすべて閉まっていた。

En **aquellos** tiempos los niños pasaban más tiempo jugando en la calle.
あの頃は子どもたちはもっと外で過ごしていた。

c) 今年、今週のような現在を含む時を表す表現は **este** を使います。
　esta semana 今週　　este mes 今月　　este año 今年

2.7 不定語

> **この項目の内容**
>
> 1. 不定語の用法
> 2. 主な不定語
>   1) mucho / muy　2) poco　3) un poco
>   4) alguno　5) algo / alguien　6) ninguno
>   7) nada / nadie
>   **¡OJO!** alguno, algo, alguienとその否定語の使い分け
>   8) todo　9) otro　10) cada　11) cualquier

　「誰か」「何か」等不特定の人や物を表す語や、「たくさんの（もの）」のような数量を表す語をこの本ではまとめて**不定語**と呼びます。多くの不定語が、形容詞、名詞、副詞といったいろいろな働きをします*。

* この項目では、否定語も合わせて取り扱います。

1. 不定語の用法

不定語が文中で果たす役割には次のようなものがあります。

a) **名詞を修飾する形容詞的用法**
名詞の前に置かれてその名詞を修飾します。多くの語は名詞の性数によって形が変わります。
muchas casas 多くの家

b) **代名詞用法**
指し示している名詞が状況等から分かっているときは、名詞を省略し、代名詞として文の主語や目的語等になります。
A: ¿Hay **muchos** libros? B: Sí, hay **muchos**.
「たくさん本がある？」「はい、たくさんあります。」

c) **動詞を修飾する副詞用法**
動詞を修飾し、その程度を表します。
Trabajo **mucho**. たくさん働く。

d) **形容詞を修飾する副詞用法**
形容詞を修飾し、その程度を表します。
muy bonito とてもきれいな

2. 主な不定語

主な不定語の形と働きを下の表にまとめます。

形容詞用法		代名詞用法		副詞用法	
男性単数	男性複数	男性単数	男性複数	動詞修飾	形容詞修飾
女性単数	女性複数	女性単数	女性複数		

1)

mucho	muchos	mucho	muchos	mucho	muy
mucha	muchas	mucha	muchas		

2)

poco	pocos	poco	pocos	poco	
poca	pocas	poca	pocas		

2.7 不定語

3）

un poco de*	unos pocos	un poco	unos pocos	un poco
	unas pocas		unas pocas	

4）

algún	algunos	alguno	algunos
alguna	algunas	alguna	algunas

5）

algo de*	algo / alguien	algo

6）

ningún	ninguno
ninguna	ninguna

7）

nada de*	nada / nadie	nada

* de を伴う不定語は un poco de agua「少しの水」のように使われます。poco は代名詞ですが、ここでは un poco de の形で名詞を修飾する形容詞用法に分類してあります。

比較の文で使われる以下の語も不定語です。詳しくは比較の項目をご参照ください。☞ P.134 3.5

más	más	más
tanto / tantos	tanto / tantos	tanto / tan
tanta / tantas	tanta / tantas	

それぞれの不定語の用法を見てみましょう。

1）mucho / muy

mucho/a（s）や muy は肯定文で「たくさん / とても」の意味、否定されると「あまり〜でない」の意味になります。

（1） 形容詞 人 物 性数変化 mucho / mucha / muchos / muchas は「数量が多い」、「程度が高い」の意味で、名詞の前に置かれます。単数名詞の前では単数形 mucho / mucha を使い「多量の」の意味、複数名詞

の前では複数形 **muchos / muchas** を使い「多数の」の意味になります。
 mucha responsabilidad 大きな責任
 No creo que haya **mucha** gente que quiera participar.
  参加希望者がたくさんいるとは思えない。
 muchos asuntos たくさんの用事

(2) 代名詞 人 物 性数変化 **mucho / mucha / muchos / muchas** は指している名詞が何であるかが会話の流れから分かっているときは、「多量/多数の人、物」の意味で、代名詞として使うことができます。
 A: ¿Hay agua? 「水はありますか」
 B: Sí, todavía queda **mucha**. 「はい、まだたくさん残っています」
 B: Sí, pero no queda **mucha**. 「ええ、でもあまり残っていません」

(3) 副詞 **mucho** は「たくさん〜する」の意味で、動詞を修飾する副詞として使われます。副詞は性数変化しないので、主語の性数にかかわらず、**mucho** という形でのみ使われます。
 Elvira aprobó el examen porque estudió **mucho**.
  エルビラはたくさん勉強したので、試験に合格した。

(4) 副詞 **muy** は「とても〜な」という意味で、形容詞を修飾する副詞として使われます。**muy** は性数変化しません。
 muy importantes とても大切な ⇒ 男性女性複数
 muy bonita とてもきれいな ⇒ 女性単数

(5) 形容詞 人 物 性数変化 **mucho / mucha / muchos / muchas** は「ずっと（たくさんの）」の意味で、名詞の前に置かれる比較の **más** とともに使われます。**mucho** は名詞の性と数に一致します。☞ P.145 (3)
 Tengo **muchos** más problemas que tú.
  僕は君よりずっとたくさんの問題があるんだ。

(6) 副詞 **mucho** は「ずっと（より〜だ）」の意味で、形容詞や副詞の前に置かれる **más** や **menos** とともに使われます。☞ P.144 5.1)
 Mis dos hermanas son **mucho** más altas que yo.
  私の2人の姉は私よりずっと背が高い。

Los estudiantes de este colegio estudian **mucho** más que los de otros colegios.
この学校の学生たちはほかの学校の学生たちよりずっと勉強する。

2) poco

poco/a(s) は肯定文で「(期待値より) 少ない」の意味、否定されると「少なくない数量の」の意味になります。また muy や bastante 等の副詞を伴い、**muy poco/a(s)** わずかの、**bastante poco/a(s)** かなり少ない のように言うことができます。

(1) 形容詞 人 物 性数変化 poco / poca / pocos / pocas は「期待している数量より小さい」、「程度が期待ほど高くない」といった意味で、名詞の前に置かれます。単数名詞の前では単数形 poco / poca を使い「少量の」の意味、複数名詞の前では複数形 pocos / pocas を使い「少数の」の意味になります。

Tengo **poca** agua. 私は水を少ししか持っていない (もっとあったら良い)。
Queda muy **poco** tiempo. 時間はわずかしか残っていない。

(2) 代名詞 人 物 性数変化 poco / poca / pocos / pocas は指している名詞が何であるかが会話の流れから分かっているときは、「少ない数量の人、物」の意味で、代名詞として使うことができます。

A: ¿Hay agua? B: Sí, pero hay **poca**.
「水はありますか」「はい、でも少しだけです」

No eran **pocos** los que se manifestaron en contra de la ley.
その法律に反対を表明した人は少なくなかった。

(3) 副詞 **poco** は「少し〜する (もっと〜したほうが良い)」の意味で、動詞を修飾する副詞として使われます。副詞は性数変化しないので、主語の性数に関わらず poco という形でのみ使われます。

Sara y Juana no aprobaron el examen porque estudiaron **poco**.
サラとファナはあまり勉強しなかったので試験に受からなかった。

(4) 副詞 poco は「少し」の意味で、形容詞を修飾する副詞として使われます。「もっとそうあってほしい」という意味を含みますので、使われる形容詞は、良い意味の形容詞 (**inteligente** 頭が良い、**estudioso** 勉

強家の、等）に限られ、悪い意味の形容詞には使われません。形容詞を修飾する **poco** は副詞なので性数変化しません。

Estos platos son **poco** saludables.
これらの料理はあまり健康的ではない。

3) un poco

「少しの」の意味で、poco/a（s）と異なり、少ないという事実を客観的に述べるときに使われます。poco/a(s)と異なり、un poco を否定する語や、muy 等の修飾語句を伴いません。

（1）形容詞 人 物 性数変化 un poco de / unos pocos / unas pocas は数量が少ない、程度が低い意味で名詞の前に置かれます。agua 水のような不可算名詞の量を表す場合、男性名詞、女性名詞ともに un poco de が使われます。

	単数	単数	複数	複数
男性	un poco de 少量の	dinero お金	unos pocos 少数の	libros 本
女性	un poco de 少量の	agua 水	unas pocas 少数の	mesas 机

Solo necesito **unas pocas** hojas más. あと何枚かの紙が必要なだけだ。
¿No hay **un poco** de dinero? 少しお金があるんじゃないの。
→ 否定の no は un poco de の否定ではなく、「少しお金があること」に係る。

（2）代名詞 人 物 性数変化 un poco / unos pocos / unas pocas は指している名詞が何であるかが、会話の流れから分かっているとき、「少数/少量の人/物」の意味で、名詞を省略して、代名詞として使うことができます。代名詞として働くときも、単数形は男性名詞、女性名詞とも un poco です。

	単数	複数
男性	un poco 少量	unos pocos 少数
女性	un poco 少量	unas pocas 少数

A: ¿Hay agua? B: Sí, queda **un poco**.
「水はありますか」「はい、少し残っています」

（3）**副詞** un poco は「少し〜する」の意味で、動詞を修飾する副詞として使われます。主語の性数にかかわらず、un poco という形でのみ使われます。

Sara y Juana aprobaron el examen porque estudiaron **un poco**.
サラとファナは少し勉強したので試験に受かった。

（4）**副詞** un poco は「少し〜な」という意味で、形容詞を修飾する副詞として使われます。数量が期待している数量より小さい、程度が期待ほど高くないといったニュアンスを含むときは poco を使いますので、逆に un poco は望ましくない意味の形容詞の前に付きます。副詞ですので、形容詞の性数に関わらず un poco を使います。

Este vino es **un poco** fuerte. このワインはちょっと強いね。
Estas chicas son **un poco** raras. この女の子たちはちょっと変だね。
Es **un poco** picante. これはちょっと辛いね。
（cf. Es **poco** picante. これは辛さが足りない。）

（5）**形容詞 人 物 性数変化** un poco は「もう少し」の意味で名詞の前に置かれる比較の más に伴って使われます。単数形では、「un poco más de＋男性／女性名詞」で、複数では、「unos pocos más＋男性名詞」、「unas pocas más＋女性名詞」になります。☞ P.146 (3)

Dame **un poco** más de pan, por favor. パンをもう少しください。

（6）**副詞** un poco は「少し（より〜だ）」の意味で形容詞や副詞の前に置かれる más や menos とともに使われます。☞ P.144 5.1)

Mis dos hermanas son **un poco** más altas que yo.
私の2人の姉は私より少し背が高い。

4) alguno

「いくつかの」の意味で、可算名詞を指して使われます。

（1）**形容詞 人 物 性数変化** algún / alguna / algunos / algunas は単数で、「誰かの」「いずれかの」の意味、複数では、「何人かの」「いくつかの」の意味になります。男性名詞単数の前に置かれた場合は、alguno ではなく algún が使われます。複数形で使われる、algunos / algunas は unos pocos / unas pocas とほぼ同じ意味です。

	単数		複数	
男性	algún	libro 本	algunos	libros 本
女性	alguna	mesa 机	algunas	mesas 机

A: ¿Ha venido **algún** turista?　B: Sí, ha venido uno.
「誰か旅行者が来ましたか」「はい、1人来ました」

（2）形容詞　人　物　性数変化　algún / alguna / algunos / algunasは名詞の後に置かれ、否定文で使われた場合ningunoと同じ意味の否定語になります。　P.76 6)

No hay problema **alguno**.　何の問題もない。
= No hay **ningún** problema.

（3）代名詞　人　物　性数変化　alguno / alguna / algunos / algunasは指している可算名詞が何であるかが会話の流れから分かっているときは、「何人かの」「いずれかの」「いくつかの」の意味で、名詞を省略して代名詞として使うことができます。また、「de＋代名詞/名詞句」を伴うと「～の誰か/何か」の意味になります。

A: ¿Hay zapatos de mi número?　B: Sí, hay **algunos**.
「私のサイズの靴はありますか」「はい、いくつかあります」

¿No queréis venir conmigo **algunas** de vosotras?
誰か君たちの中で私といっしょに来る人はいない？

Algunos de estos juguetes son de la época de tu padre.
これらのおもちゃの中のいくつかは君のお父さんの時代のものだ。

5) algo / alguien

algoは「何か」「いくらかの」の意味で、un poco（de）と同じような意味です。alguienは「誰か」の意味です。「誰もいない」「何もない」の意味ではalgo / alguienではなく、nada / nadieが使われます。

（1）形容詞　物　algo deは「いくらかの」の意味で、単数の名詞や名詞句/節に伴ってその量の程度を表す形容詞的な働きをします。

Dame **algo** de dinero.　お金をいくらかください。

(2) 代名詞 物 **algo**は「何か」の意味で物を指して使われます。しばしば形容詞や前置詞に導かれた修飾語を伴います。
　　¿Tienes **algo** para mi resfriado?
　　私の風邪のために何かありませんか。
　　Me apetece **algo** frío.　何か冷たい物が欲しい。

(3) 代名詞 人 **alguien**は「誰か」の意味で人を指して使われます。
　　¿Hay **alguien** que se quede aquí más tiempo?
　　誰かここにもっと残る人はいますか。

(4) 副詞 **algo**は「いくらか」の意味で、動詞を修飾する副詞として使われます。
　　A: ¿Has estudiado? B: Sí, he estudiado **algo**.
　　「勉強したかい？」「うん、いくらかね」

(5) 副詞 **algo**は「ある程度〜な」という意味で、形容詞を修飾する副詞として使われます。**un poco**と同様に、望ましくない意味を持つ形容詞とともに使われます。
　　José es **algo** egoísta.　ホセはちょっと自己中心的だ。

6) ninguno ☞ P.352 2.1)(1)
「誰も/何も（ない）」の意味です。否定文で使われますが、この語が動詞の前に置かれた場合は否定辞の**no**は使われません。次の2つの文に意味の違いはありません。
　　No viene **ninguno** de su empresa.　彼の会社からは誰も来ない。
　　= **Ninguno** de su empresa viene.

(1) 形容詞 人 物 性数変化 **ningún / ninguna**は単数で、可算名詞の前に置かれ、「1人もいない/1つもない」の意味です。名詞の前では、男性形は**ninguno**ではなく**ningún**になります。
　　No queda **ningún** vaso limpio.　きれいなコップは1つも残っていない。
　　Ningún candidato es apto para asumir esta responsabilidad.
　　この責任を負うにはどの候補者も適していない。

（2） 代名詞 人 物 性数変化 ninguno / ninguna は指している可算名詞が何であるかが会話の流れから分かっているときは「何もない～」の意味で、名詞を省略して代名詞として使うことができます。また、「de ＋代名詞/名詞句」を伴うこともできます。

　　A: ¿Quieres alguno? B: No, no quiero **ninguno de este tipo**.
　「いくつか欲しいですか」「いいえ、この種類のものは1つもいりません」

7) nada / nadie　☞ P.352 2.1)(1)

nada は「何も（ない）」、nadie は「誰も（いない）」の意味です。否定文で使われますが、これらの語が動詞の前に置かれた場合は否定辞の no は使われません。no と nada, nadie をいっしょに使っても二重否定にならないので、次の2つの文に意味の違いはありません。

　　No viene **nadie**. = **Nadie** viene.　誰も来ない。

（1） 形容詞 物 nada de は「何もない」の意味で、単数の名詞や名詞句/節に伴って使われます。

　　No queda **nada** de dinero.　お金は全く残っていない。
　　No entiendo **nada** de lo que dice.　言っていることが何も分からない。

（2） 代名詞 物 nada は「何もない物」の意味で物を指して使われます。しばしば形容詞や前置詞に導かれた修飾語を伴います。

　　No hay **nada** en la nevera.　冷蔵庫は空っぽだ。
　　He ido a las rebajas pero no he visto **nada** interesante.
　　バーゲンに行ったけれど、面白い物は何もなかった。

（3） 代名詞 人 nadie は「誰もいない人」の意味で人を指して使われます。

　　A las cinco de la mañana no hay **nadie** por aquí.
　　朝の5時にはこのあたりには誰もいない。

（4） 副詞 nada は「何も～しない」の意味で、動詞を修飾する副詞として使われます。

　　Aquí no llueve **nada**.　ここでは全く雨が降らない。
　　Sara y Juana no aprobaron el examen porque no estudiaron **nada**.
　　サラとファナは何も勉強しなかったので試験に受からなかった。

（5） 副詞 **nada** は「全然〜でない」という意味で、形容詞を修飾する副詞として使われます。

 Esta película no es **nada** interesante.　この映画は全然面白くない。
 Este chico no es **nada** tonto.　この子はちっともおばかさんなんかじゃない。

> **¡OJO!** alguno, algo, alguien とその否定語の使い分け
>
> alguno/a（s）と algo 等の使い方を用法別にまとめてみましょう。
>
> **a）形容詞**
>
> algún, alguna, algunos, algunas や ningún, ninguna は可算名詞に伴って使われます。人、物ともに使われます。
>
> algún libro　何らかの本　　algunos estudiantes　何人かの学生
> ningún libro　本が1冊も〜ない
> ningún estudiante　学生が1人も〜ない
>
> algo de、nada de は単数の名詞や名詞句/節に伴って使われます。多くの場合不可算名詞の量を表しますが、可算名詞でもその一部を指すときに使うことができます。人には使うことができません。
>
> algo de agua　いくらかの水　　algo de este libro　この本の中の何か
>
> **b）代名詞**
>
> alguno/a（s）は次に何らかの名詞が来るはずだけれども、その名詞を言わなくても分かるので省略する場合に使われます。人、物ともに使われます。これに対して人のみに使われる alguien、物のみに使われる algo は、一般的に「誰か」「何か」の意味で、省略されている名詞はありません。次の例文を比べてみましょう。
>
> 誰かを問わず人がいるかどうか聞く場合：
> A: ¿Hay **alguien** en clase? B: No, no hay nadie.
> 「誰か教室にいますか」「いいえ、誰もいません」
>
> 教師と特定して、いるかどうか聞く場合：
> A: ¿Hay **algún** profesor en clase? B: No, no hay ninguno.
> 「誰か教師が教室にいますか」「いいえ、（教師は）誰もいません」
>
> 教師について話していると状況から分かっている場合：
> A: ¿Hay **alguno** en clase? B: No, no hay ninguno.
> 「誰か（教師が）教室にいますか」「いいえ、誰もいません」
>
> **c）副詞**
>
> 副詞として使えるのは algo と nada のみです。

8) todo

（1） 形容詞 人 物 性数変化 todo / toda / todos / todas は「すべての」の意味で、形容詞として使われます。以下のような特徴があります。

a) todo と名詞の間に冠詞や指示詞、所有詞を置くことができます。

定冠詞	todos los niños	子どもたちみんな
	toda la noche	一晩中
指示詞	todo este tiempo	この時の間ずっと
	todas estas cosas	これらの物（事）すべて
所有詞	todos mis libros	私の本全部
	toda mi vida	私の生涯ずっと
不定冠詞	todo un director	1人前のディレクター
	toda una mujer	1人前の女性
なし	todo tipo	あらゆる種類
	toda época	あらゆる時代

b) 名詞を修飾する todo は文中で、名詞から離れた位置に置くことができます。

Mis amigos fueron **todos** de viaje de fin de carrera.
私の友人は皆卒業旅行に行った。

c) 人称代名詞を修飾できます。

Todos nosotros lo entendimos. 私たちは皆それを理解した。

（2） 代名詞 人 物 性数変化 todo / toda / todos / todas は「すべての人」「すべての物事」の意味で、代名詞として使われます。

Todos se alegraron mucho de verla. 皆彼女を見てとても喜んだ。
La tarta les gustó a **todos**. ケーキはみんなが気に入った。
Todo son problemas. すべてが問題だ。 ➡ todo の中性形

9) otro

（1） 形容詞 人 物 性数変化 otro / otra / otros / otras は「ほかの」の意味で名詞の前に置かれ形容詞として使われます。定冠詞や所有詞、指示詞、数詞やほかの不定語とともに使うことができますが、不定冠詞は使えません。

　　Ahora pasamos a tratar **otros** asuntos más importantes.
　　これからもっと重要な事項に移ります。
　　su **otra** casa　彼のもう1軒の家　　estas **otras** sillas　これらの別の椅子
　　alguna **otra** persona　誰かほかの人
　　otro día　いつか、そのうち　　　el **otro** día　先日

（2） 代名詞 人 物 性数変化 otro / otra / otros / otras は「ほかの物」の意味で代名詞として使われます。el otro / la otra / los otros / las otras のように定冠詞を伴う場合は「もう1つ/1人」、「残りすべて」の意味です。

　　Si no te gusta esa revista, hay **otras** encima de la mesa.
　　この雑誌が気に入らなかったら、机の上にほかの物がいくつかあるよ。
　　Tengo dos ordenadores en casa. Si no funciona uno, utilizo el **otro**.
　　家に2台のコンピューターがある。1つが使えなかったらもう1つを使う。
　　En esta foto hemos salido mejor que en la **otra**.
　　この写真はもう1枚よりも皆写りがいいね。

10) cada

（1） 形容詞 人 物 cadaは「それぞれの」の意味で、名詞の前に置かれ形容詞として使われますが性数変化しません。

　　Cada vez que voy al supermercado se me olvida comprar algo que necesito.
　　スーパーに行くたびに何か必要なものを買うのを忘れる。
　　Cada juego tiene sus reglas.　ゲームにはそれぞれにルールがある。

（2） 形容詞 人 物 cadaは数詞と名詞を伴い、「～ごとに」の意味になります。

Tienes que tomar una pastilla **cada ocho horas**.
8時間おきに薬を飲まなければいけません。

Si pagas la cuota **cada tres meses**, resulta más económico.
3か月ごとに会費を払ったら割安になります。

11) cualquier P.352 (2)

（1）形容詞 人 物 cualquierは「どんな〜でも」という意味で、名詞の前に置かれ、形容詞として使われます。

Cualquier contable lo sabe. どんな会計係でもそれを知っている。

A la velocidad que conduces, **cualquier** día te ponen una multa.
そんなスピードで運転していたら、そのうち罰金をとられるよ。

Cualquier problema que tengas se lo comunicas al director.
問題があったらどんなことでも部長に伝えなさい。

➡ cualquier ＋ 名詞 ＋ que ＋ 接続法

（2）形容詞 人 物 cualquieraは「単なる」「ありふれた」という意味で、名詞の後に置かれ形容詞として使われます。複数は**cualesquiera**になります。

No es un teléfono **cualquiera**. Este lleva GPS.
ありふれた電話じゃないんだ。これにはGPSが付いている。

Pásame un trozo de papel **cualquiera**.
どんなのでも良いから紙切れをください。

（3）代名詞 人 物 cualquieraは「どんな人でも」「どんなものでも」の意味で代名詞として使われます。複数は**cualesquiera**になります。

Cualquiera puede hacerlo. それは誰にでもできる。

Cualquiera diría que no tienes dinero para ropa.
君は洋服に使うお金がないんだって皆に言われるよ。

2.8 疑問詞

> **この項目の内容**
>
> 1. 疑問詞の種類と形
> 2. 疑問詞の用法　　1) 疑問詞のある疑問文の基本構造
>   2) 疑問詞が文頭に来ない疑問文
>   3) 従属節で使われる疑問詞
> 3. 主な疑問詞　　1) qué　　2) cuál
>   ¡OJO! quéとcuál の使い分け
>   3) quién　4) cuánto　5) dónde
>   ¡OJO! dóndeと訳せない日本語の「どこ」
>   6) cuándo　7) cómo　8) por qué

「これは何ですか」の「何」や、「あなたはどこ出身ですか」の「どこ」等、疑問文の焦点となる語を疑問詞と呼びます。

1. 疑問詞の種類と形

疑問詞には次のような語があります。

cómo	どのように
cuál, cuáles	どれ
cuándo	いつ
cuánto, cuánta, cuántos, cuántas	いくつ、いくら
dónde	どこ
por qué	なぜ
qué	何
quién, quiénes	誰

次の点に注意しましょう。
a) 疑問詞はすべて、ほかの語と区別するためにアクセント記号を付けます。☞ P.15 2)
b) cuálとquiénは数変化、cuántoは性数変化します。

2. 疑問詞の用法

1） 疑問詞のある疑問文の基本構造
（1）疑問文の作り方のルール

疑問詞で始まる疑問文の基本的な作り方は次のようになります。

> 1．**質問したい文の要素を該当する疑問詞に置き換え、文の先頭に出します**＊。この時、前置詞や直後の名詞も疑問詞に伴って、文頭に置かれます。
> 2．**疑問詞の後は動詞句が置かれます**。動詞句が弱形代名詞や、否定辞を伴っている場合は、これらの語も動詞句に伴います。
> 3．疑問詞がその文の主語の場合は、動詞は3人称に活用します。

＊ 疑問詞を文頭に出さない疑問文もあります。 ☞ P.84 2）

（2）いろいろな疑問文

このルールを次の文に当てはめて、次の表に従っていろいろな疑問文を作ってみましょう。

El mes pasado Ramón fue a España con María.
先月ラモンはマリアとスペインに行った。

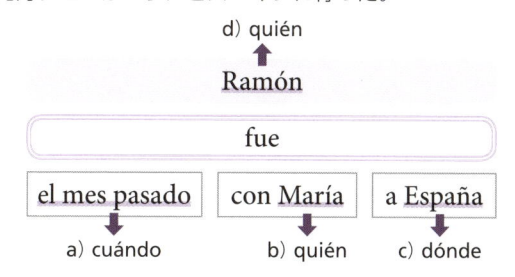

```
                    d) quién
                       ↑
                     Ramón
              ┌──────────────────┐
              │        fue       │
              └──────────────────┘
   ┌──────────────┐ ┌──────────┐ ┌──────────┐
   │ el mes pasado│ │con María │ │ a España │
   └──────┬───────┘ └────┬─────┘ └────┬─────┘
          ↓              ↓            ↓
      a) cuándo      b) quién     c) dónde
```

a） **el mes pasado** を **cuándo** に置き換え文頭に、次は動詞。
　　¿Cuándo fue Ramón a España con María?
　　ラモンはいつマリアとスペインに行きましたか。

b） **María** を **quién** に置き換え前置詞 **con** を伴って文頭に、次は動詞。
　　¿Con quién fue Ramón a España el mes pasado?
　　ラモンは先月誰とスペインに行きましたか。

c） **España** を **dónde** に置き換え前置詞 **a** を伴い＊文頭に、次は動詞。

¿**A dónde** fue Ramón con María el mes pasado?

ラモンは先月マリアとどこに行きましたか。

* a dónde の a は省略可能。また adónde と書かれることもあります。

d) **Ramón** を **quién** に置き換え文頭に、次は動詞。疑問詞が主語のときは、動詞は 3 人称。

¿**Quién** fue con María a España el mes pasado?

誰がマリアと先月スペインに行きましたか。

Ramón le da tres libros a Ana.

ラモンはアナに 3 冊本をあげる。

Ramón

le = (da tres libros a Ana)
          f) cuántos e) qué g) quién

e) tres libros を qué に置き換え文頭に、次は目的人称代名詞を伴った動詞。

¿**Qué** le da Ramón a Ana?

ラモンはアナに何をあげますか。

f) tres を cuántos に置き換える*。libros を伴って文頭に、次は目的人称代名詞を伴った動詞。

¿**Cuántos** libros le da Ramón a Ana?

ラモンはアナに本を何冊あげますか。

* libros が男性複数なので、疑問詞 cuánto も男性複数形になります。

g) Ana を quién に置き換え前置詞 a を伴って文頭に、次は目的人称代名詞を伴った動詞。

¿**A quién** le da Ramón tres libros?

ラモンは誰に本を 3 冊あげますか。

2) 疑問詞が文頭に来ない疑問文

文中の要素をそのままの位置で、疑問詞に置き換えるだけで疑問文になります。相手の発言でよく聞きとれなかった部分を聞き返すような場合に使います。

A: Mi profesor es de **Austria**.

B: ¿Tu profesor es de **dónde**?

「私の先生は、オーストリア出身です」「君の先生はどこ出身ですって？」

A: Voy a ver al **cuñado de mi hermana mayor**.

B: ¿Vas a ver a **quién**?

「私は姉の義兄に会います」「君は誰に会うんですって？」

3）従属節で使われる疑問詞

疑問詞は、名詞節を構成することができます。名詞節には普通の疑問文そのままの形で使われるものと、「**疑問詞＋不定詞**」で作られるものがあります。

（1）普通の疑問文そのままの形で構成される名詞節　☞ P.243 (2) b)

疑問文は、そのままで名詞節になります。例えば ¿Qué es esto? これは何ですか。という疑問文は、そのまま「これが何であるか」という意味の名詞節になり、普通は名詞句が置かれる位置に置くことができます。

No sé **su número de teléfono**. 私は彼の電話番号を知らない。

➡ **número de teléfono** は名詞句

No sé **qué es esto**. 私はこれが何であるかを知らない。

➡ **qué es esto** は名詞節

次のような動詞が疑問詞で始まる名詞節を従えることができます。

acordarse 覚えている	imaginar 想像する	decir 言う
preguntar 質問する	recordar 覚えている	saber 知っている

Dime **quién viene**. 誰が来るか言ってください。

No sé **dónde vive él**. 彼がどこに住んでいるか私は知らない。

¿Puedes indicarme **cómo se va a la estación**?

駅にどうやって行くか教えてくださいませんか。

Vamos a ver **cómo es**. どんなだか見てみよう。

（2）疑問詞＋不定詞　☞ P.193 (4)

疑問詞の次に動詞の不定詞を置くと「〜すべき」の意味になります。

No sé **qué hacer**. 何をしたら良いか分からない。

¿Por qué no le explicas **cómo hacerlo**?

どうやってそれをやれば良いか彼に説明したらどう？

Quiero que me recomiendes **dónde comer en Granada**.
グラナダではどこで食事すべきか、君に教えてほしい。
Le aconsejó **cuándo ir y dónde quedarse**.
いつ行くべきか、どこで泊まるべきか彼にアドバイスした。

3. 主な疑問詞

主な疑問詞の形と用法を次にまとめます。

	形容詞用法		代名詞用法		副詞用法
	男性単数	男性複数	男性単数	男性複数	
	女性単数	女性複数	女性単数	女性複数	
1)	qué		qué		qué tal
2)			cuál	cuáles	
3)			quién	quiénes	
4)	cuánto	cuántos	cuánto	cuántos	cuánto
	cuánta	cuántas	cuánta	cuántas	
5)					dónde
6)					cuándo
7)					cómo
8)					por qué

1) qué

(1) 形容詞 人 物 quéは次に名詞をとり、「何の〜」「どの〜」という意味で使われます。

a) 主語、目的語、属詞等として働く

A: ¿**Qué día** prefieres? B: Me viene mejor el jueves.
「何(曜)日が良いですか」「木曜日のほうが都合が良いです」 ➡ 直接目的

¿**Qué hora** es? 何時ですか。 ➡ 属詞

b) 前置詞を伴う

¿**En qué lengua** hablas con ella?
彼女とは、何語で話しますか。 ➡ 状況補語

c) 名詞節の中で使われる
　　¿Sabes **qué libros** le prestó Ana?
　　アナがどの本を彼に貸したか知っていますか。

(2) 代名詞 人 物 quéは「何」「どれ」の意味で使われます。
a) 主語、目的語、属詞等として働く
　　A: ¿**Qué** es eso? B: Es un abrelatas.
　　「それは何ですか」「缶切りです」 ⇒ 属詞
　　¿**Qué** quieres decir con eso?
　　それで何が言いたいの？ ⇒ 直接目的
b) 前置詞を伴う
　　A: ¿**En qué** piensas? B: Pienso en cuando era niño.
　　「何を考えているのですか」「子どもの頃のことを考えているのです」
　　¿**De qué** estás hablando? 何について話しているのですか。
　　¿**Con qué** escribes el examen?
　　試験は何を使って解答するのですか。
c) 名詞節の中で使われる
　　No sé **qué** decirte. 何と言えば良いか分からない。

(3) 副詞 qué talは成句として、疑問詞のqué単独とは異なる意味を持ちます。主に次のような使い方があります。☞ P.94 7)(1)
a) 挨拶として、それ単体で「元気ですか」の意味になります。動詞を伴って使われることもあります。
　　¿**Qué tal** estás? 元気ですか。
b)「〜はどうですか」と相手に何かを提案するときに使います。
　　¿**Qué tal** si tomamos un café? コーヒーを飲むのはどうですか。
c)「どのような」のように、様子を尋ねるときに使います。疑問詞cómoに置き換えることができます＊。
　　¿**Qué tal** lo pasaste en Barcelona? バルセロナはどうでしたか。

＊ 「どのようにして」のような、手段や方法を尋ねるcómoは、qué talに置き換えられません。

(4) 感嘆文 副詞 quéは名詞、形容詞等を伴い感嘆文を作ることができます。次に「動詞＋主語」の順で文を置き、動作等を表すこともできます。

a）¡qué＋名詞！

　　名詞は単数、複数ともに無冠詞で使われます。次に tan または「más＋形容詞」を伴うこともあります。

¡Qué dolor de cabeza! なんてひどい頭痛なんだ。
¡Qué niño tan bueno! なんて良い子なんでしょう。 ➡ ＋tan＋形容詞
¡Qué calor hace! なんと暑いんだろう。 ➡ ＋動詞

b）¡qué＋形容詞！

　　形容詞は、指している名詞の性数に一致します。

¡Qué simpáticos! なんて感じの良い人たちなんでしょう。
¡Qué triste final! なんという悲しい結末なんだろう。 ➡ ＋名詞
¡Qué caros son estos vinos!
これらのワインはなんと高いんだろう。 ➡ ＋動詞＋主語

b）¡qué＋副詞！

¡Qué bien! いいなあ！
¡Qué tarde llegó! 彼はなんて遅く着いたんだ。 ➡ ＋動詞

2）cuál

代名詞　人　物　数変化　cuál / cuáles は「どれ」「何」の意味で使われます。答えが複数の物を指すと想定される場合、cuáles を使います。

a）主語、目的語、属詞等として働く

De estos tres planes, ¿**cuál** te parece mejor?
これらの3つのプランの中でどれが一番良いと思う？ ➡ 主語

¿**Cuáles** son los equipos eliminados?
次に進めなかったチームはどれですか。 ➡ 属詞

人を指す場合、cuál も使えますが、quién のほうが一般的です。

¿**Quién** es tu cantante preferido? あなたの好きな歌手は誰ですか。
= ¿**Cuál** es tu cantante preferido?

b）前置詞を伴う

¿**Con cuál** de estas ideas estás de acuerdo?
あなたはこれらのどちらの考えに賛成ですか。

c）名詞節の中で使われる

Voy a preguntar a mi hermano **cuál es mejor**.
兄にどちらが良いか聞いてみます。

¡OJO! qué と cuál の使い分け

一般に、cuál を英語の *which* や日本語の「どれ」、qué を英語の *what* や日本語の「何」に相当すると考えることができますが、全く同じようには使い分けることができません。使い分けに注意しましょう。

a) ¿Qué es...? ¿Cuál es...? 等で始まる問い

qué は、そのものが何であるかの説明や定義を求めるのに対して、cuál は具体的に、何を指しているのかを尋ねます。

- A: ¿**Qué** es una capital?
  B: Una capital es la ciudad donde reside el gobierno.
  「首都とは何ですか」「政府がある都市です」

- A: ¿**Cuál** es la capital de Paraguay? B: Es Asunción.
  「パラグアイの首都はどこですか」「アスンシオンです」

- A: ¿**Qué** es un *smartphone*?
  B: Es un teléfono móvil que tiene más funciones que un teléfono común.
  「スマートフォンとは何ですか」
  「普通の電話よりもたくさんの機能を持つ携帯電話です」

- A: De estos dos, ¿**cuál** es el *smartphone*? B: Es este.
  「この2つのうちで、どちらがスマートフォンですか」「こちらです」

ただし、次の場合はどちらも cuál が使われます。

- A: ¿**Cuál** es tu teléfono? B: Es este negro.
  「君の電話はどれ?」「この黒いのだよ」

- A: ¿**Cuál** es tu teléfono? B: Es el 30.02.13.00.
  「君の電話番号は?」「30021300番です」

b) 何かを選ぶ場合

qué は具体的な選択肢がない場合、cuál はそのものの数が無限でないときや、いくつかの選択肢を挙げてその中から選ぶ場合に使われます。

A: ¿**Qué** quieres leer?
B: Quiero leer *El caso de la viuda negra*.
「何を読みたいですか」「『黒い未亡人の事件』を読みたいです」

A: De estos tres libros, ¿**cuál** quieres leer primero?
B: Prefiero leer primero *El caso de la viuda negra*.
「この3冊の本のうちどちらを先に読みたいですか」
「『黒い未亡人の事件』を先に読みたいです」

選択肢があるのに qué が使われる場合があります。次の例では qué

が示しているのは、それぞれコーヒーと呼ばれるもの一般、紅茶と呼ばれるもの一般で、**cuál**が示すのは、カップに入って目の前に出されたコーヒーと紅茶になっています。

> ¿**Qué** prefieres, té o café?
> （一般的に）コーヒーと紅茶はどちらがお好みですか。
>
> ¿**Cuál** prefieres, el té o el café?
> （目の前にあるコーヒーと紅茶を見て）コーヒーと紅茶のどちらが良いですか。

c）次に名詞が来る場合

qué には形容詞用法があり、「何の〜」のような場合に使われますが、cuál は通常、形容詞的には使われません＊。

> ¿**Qué** libro quieres leer?　君は何の本を読みたいですか。

＊ イスパノアメリカには、cuál を形容詞的に使う地域もあります。

3) quién

（1）`代名詞` `人` `数変化` **quién / quienes** は「誰」の意味で使われます。答えが複数の人を指すと想定されるときは **quiénes** を使います。

a）主語、目的語、属詞等として働く

> ¿**Quién** asistió a la conferencia? 誰が講演会に行きましたか。➡ 主語
>
> ¿**Quiénes** asistieron a la conferencia?
> 誰（複数）が講演会に行きましたか。➡ 主語
>
> A: ¿**A quién** esperas? B: Espero a Pedro.
> 「君は誰を待っているのですか」「ペドロを待っています」➡ 直接目的

b）前置詞を伴う

> ¿**Con quién** vas a ir al cine? 君は誰と映画に行くの？ ➡ 状況補語
>
> A: ¿**De quién** es este coche? B: Es de mi padre.
> 「この車は誰のものですか」「私の父のものです」➡ 属詞

c）名詞節の中で使われる

> Dime **quién** ha sido el que tiró la pelota.
> 誰がボールを投げたのか言いなさい。
>
> No sé **para quiénes** trabaja Alba.
> 私はアルバが誰（複数）のために働いているのか知らない。

4) cuánto

（1）`形容詞` `人` `物` `性数変化` **cuánto / cuánta / cuántos / cuántas** は、

名詞の前に置かれ、指示している名詞の性数によって形を変えて数量を尋ねるために使われます。不可算名詞や可算名詞の単数形では「いくらの」のように量を尋ね、可算名詞複数形の前では「何人の」「いくつの」のように数を尋ねます。

a) 主語、目的語、属詞等として働く

¿**Cuántas estudiantes** han participado en ese evento?
何人の女子学生がそのイベントに参加しましたか。 ➡ 主語

¿**Cuánta harina** necesito para hacer este pastel?
このケーキには小麦粉はどのくらい必要ですか。 ➡ 直接目的

¿**Cuánto tiempo** llevas esperando?
どのくらい待っているのですか。 ➡ 状況補語

b) 前置詞を伴う

¿**Para cuántas noches** has reservado el hotel?
ホテルは何泊予約しましたか。

c) 名詞節の中で使われる

No sé **cuántas personas** asistieron al concierto.
コンサートに何人来たか知らない。

(2) 代名詞 人 物 性数変化 cuánto / cuánta / cuántos / cuántas は指している名詞が何であるか、会話の流れから分かっているときは、「何人」「いくつ」「どのくらい」の意味で、名詞を省略し、代名詞として使うことができます。また値段、時間、距離等を尋ねる場合に使います。

a) 主語、目的語、属詞等として働く

A: Dame unas hojas en blanco. B: ¿**Cuántas** quieres?
「白い紙を何枚かください」「何枚ですか」 ➡ 直接目的

¿**Cuántos** van a venir a la barbacoa?
バーベキューには何人来ますか。 ➡ 主語

¿**Cuánto** es? いくらですか。 ➡ 属詞（値段）

b) 前置詞を伴う

¿**A cuánto** está el jamón ibérico?
イベリコハムは今日はいくらですか。 ➡ 属詞

c) 名詞節の中で使われる

No sabes **con cuántos** me he enfadado.
何人の人に対して私が怒ったか分からないだろう。

（3）**[副詞]** cuánto は「どれだけ」の意味で、副詞的に使われます。
　　No sabes **cuánto** te lo agradezco.
　　　私は君にどれだけ感謝していることか。

（4）**[感嘆文] [副詞]** cuánto は感嘆文を作ることができます。「なんとたくさん〜なのだろう」の意味になります。
　　¡**Cuánto** llueve! なんという大雨。
　　¡**Cuánto** lo siento! 本当に残念です。

5) dónde
[副詞]「どこ」という意味で、場所を尋ねるときに使います。

a) 前置詞を伴わない
　　¿**Dónde** nació Picasso? ピカソはどこで生まれましたか。 ⇒ 状況補語
　　¿**Dónde** pasasteis el fin de semana?
　　　君たちは週末どこで過ごしましたか。 ⇒ 状況補語

b) 前置詞を伴う
　　A: ¿**De dónde** es usted? A: Soy de Sevilla.
　　　「あなたのご出身はどこですか」「セビージャ出身です」 ⇒ 属詞
　　¿**Hacia dónde** va ese autobús? そのバスはどちらのほうに行きますか。
　　⇒ 状況補語
　　¿**Por dónde** pasa el río Ebro?
　　　エブロ川はどのあたりを通るのですか。 ⇒ 状況補語
　　¿**A dónde** fuiste anoche?* 昨日はどこへ行ったの？ ⇒ 状況補語
　　* 動きを表す動詞とともに使われる a dónde は adónde と書かれたり、前置詞の a を省略して dónde と言ったりすることができます。

c) 名詞節の中で使われる
　　Los turistas me preguntaron **dónde** estaba el Hotel Plaza.
　　　旅行者は私にプラザホテルはどこにあるかを尋ねた。

> **¡OJO!** dónde と訳せない日本語の「どこ」
>
> 　疑問詞 dónde は、主に状況補語として場所を表す場合に使われます。普通は主語や目的語にならないため、日本語で「どこ」と訳される場合でもスペイン語では別の疑問詞が使われる文があります。
>
> ・A: ¿**Qué** visitasteis ayer?　B: Visitamos el Museo Picasso.
>   「昨日はどこを訪問したのですか」「ピカソ美術館に行きました」
>   　visitar は他動詞です。スペイン語では訪れた場所は他動詞の目的語であり、状況補語ではありませんので、dónde は使えません。
>
> ・A: ¿**Cuál** te gusta más, Lima o Quito?
>   B: Me gusta más Lima.
>   「君はリマとキトはどちらが好きですか」「リマが好きです」
>   　Lima や Quito は動詞 gustar の主語ですから、dónde は使えません。
>
> ・A: ¿**Cuál** es la capital de Argentina?　B: Es Buenos Aires.
>   「アルゼンチンの首都はどこですか」「ブエノスアイレスです」
>   　Buenos Aires は ser の属詞です。dónde は前置詞を伴わずに属詞になることはできません。dónde は位置を尋ねます。
>
> ・A: ¿**Dónde** está la capital de Paraguay?
>   B: Está en el sur del país.
>   「パラグアイの首都はどこにありますか」「国の南部です」

6) cuándo

　副詞「いつ」という意味で、時を尋ねるときに使います。

a) 属詞や状況補語として働く

　A: ¿**Cuándo** es tu cumpleaños?　B: Es el 12 de abril.
　「君の誕生日はいつですか」「4月12日です」　➡ **属詞**

　¿**Cuándo** viajaste al extranjero la primera vez?
　君が初めて外国に行ったのはいつですか。　➡ **状況補語**

b) 前置詞を伴う

　A: ¿**Para cuándo** es ese trabajo?　B: Es para mañana.
　「その仕事はいつまでですか（に終わらせますか）」「明日までです」　➡ **属詞**

　¿**Desde cuándo** vives en Valencia?
　いつからバレンシアに住んでいますか。　➡ **状況補語**

c）名詞節の中で使われる

Ya no recuerdo **cuándo** fue la última vez que fui al cine.
最後に映画館に行ったのがいつだかもう覚えていない。

Hay que saber **cuándo** hablar y **cuándo** callar.
いつ話し、いつ黙るべきかを知らなければいけない。

7）cómo

（1） 副詞 cómoは「どのように」という意味で、状態や方法、理由等を尋ねるときに使います。前置詞を伴うことはできません。

a）状況補語として働く

¿**Cómo** se va a la piscina?　プールにはどう行けば良いですか。

¿**Cómo** empezó la Primera Guerra Mundial?
第1次世界大戦はどう始まりましたか。

¿**Cómo** es posible que no lo entiendas?
分からないなどということがどうしてあるんだ。

¿**Cómo** lo has pasado?*　どのように過ごしましたか。　➡ 状況補語

＊ qué talに置き換え可能。¿Qué tal lo has pasado?　☞ P.87（3）

b）名詞節の中で使われる

No sé **cómo** explicarlo.　どうやって説明すべきか分からない。

（2） 副詞 cómoがestarとともに使われると状態を尋ね、人の場合は「元気ですか」といった意味になります。serとともに使われると、人の性格、物の性質、容姿等を尋ねます。

A: ¿**Cómo** está tu madre? B: Está muy bien, gracias.
「君のお母さんはお元気ですか」「元気です。ありがとう」

A: ¿**Cómo** es tu madre?
B: Es bajita y delgada, pero es muy fuerte de carácter.
「君のお母さんはどんな人？」「背がちっちゃくて痩せてるんだけど性格は強いんだ」

A: ¿**Cómo** era el vestido de María? B: Era muy bonito.
「マリアのドレスはどうでしたか」「とてもきれいでした」

（3） ¿**Cómo**?は軽く上げ調子で言うと、相手に繰り返して言うことを求める「え？」といった感じの口語表現になります。強いイントネーションでは驚きや相手に対する批判に聞こえることもあるので気を付けま

しょう。また、¿Cómo no?は「もちろんです」の意味です。
　　A: ¿Puedes abrir la ventana, por favor? B: ¿**Cómo no**?
　「窓を開けてもらえる？」「いいよ」

（4） 感嘆文 副詞 cómoは感嘆文を作ることができます。「どんなに〜なのだろう」という意味になります。
　　¡**Cómo** duerme! なんとぐっすり寝ていることか。
　　¡**Cómo** me alegro! 私はどんなにうれしいことか。

8）por qué

（1） 副詞 por quéは「なぜ」という意味で、理由を尋ねるときに使います。答えはporque …なぜならばを使います。
　a）状況補語として働く
　　A: ¿**Por qué** decidieron dejar el proyecto?
　　B: **Porque** no les llegaba el presupuesto.
　「なぜプロジェクトを中止することに決めたのですか」「予算が足りなかったからです」
　　A: ¿**Por qué** la ayudas? B: ¿**Por qué** no?
　「どうして彼女を手伝うんだ」「どうして（手伝っては）いけないんだい」
　b）名詞節の中で使われる
　　Me pregunto **por qué** no vinieron ellos.
　どうして彼らは来なかったのだろうか。

（2） ¿Por qué no...? は、「〜をしたらどう？」の意味で使われます。
　　¿**Por qué no** descansas un poco? 少し休みなさいよ。
　　¿**Por qué no** vamos a hablar con el profesor?
　先生と話しに行きましょう。

2.9 数詞

> **この項目の内容**
>
> 1. 基数詞　　　1）数字の書き方　2）基数詞の形
>   　　　　　　¡OJO! 大きい数字の読み方
>   　　　　　　3）基数詞の用法
> 2. 序数詞　　　1）序数詞の形　2）序数詞の用法
> 3. 数詞を使った表現　1）四則計算　2）分数　3）小数
>   　　　　　　4）そのほかの数字　5）時刻表現　6）日付表現
>   　　　　　　¡OJO! 紛らわしい数詞

スペイン語の数詞には、1, 2, 3と数えるときに使う基数詞と、1番目、2番目、3番目と言う場合に用いる序数詞があります。どちらの数詞も、名詞を修飾してその数を表す形容詞的用法と、「～個のもの」等の意味になる代名詞的用法があります。

1. 基数詞

1）数字の書き方

（1）算用数字

算用数字は、日本語と同じですが、大きな数字や、小数点の書き方は日本語と異なります。スペイン語では、大きい数字を1000の位ごとに区切るために、元来punto ピリオドが使われてきました。しかし、英語圏や日本語の小数点との混同を避けるため、5桁以上の数字*の区切りは、スペースを空けて書くことがOrtografía（2010）で推奨されています。

　　〇 123 247 689 571　　　〇 123.247.689.571
　　× 123,247,689,571**

*　4桁の数字は1000の位のスペースを空けずに書かれます。2435　×2 435
**　イスパノアメリカの一部の国では、カンマを使う場合もあります。

（2）ローマ数字

スペイン語では「～世紀」、国王の「～世」等の表現で、頻繁にローマ数字が使われます。

| 1 | I | 5 | V | 10 | X | 50 | L |
| 100 | C | 500 | D | 1000 | M | | |

次の点に注意しましょう。

a) 小さい数を表す文字が大きい数を表す文字の右に置かれた場合は足し算をします。同じ文字は3回までしか繰り返せません。
VI 6　　XVI 16　　LXII 62　　CCCXXXIII 333

b) 小さい数を表す文字が大きい数を表す文字の左に置かれた場合は、引き算をします。
IV 4　　IX 9　　XL 40　　XC 90　　CD 400
CM 900　　CDXLIV 444

2) 基数詞の形

基数詞は次のようになります。

(1) 1〜29

1〜29は独自の形をしています。

0	cero	10	diez	20	veinte
1	uno / una	11	once	21	veintiuno/una
2	dos	12	doce	22	veintidós
3	tres	13	trece	23	veintitrés
4	cuatro	14	catorce	24	veinticuatro
5	cinco	15	quince	25	veinticinco
6	seis	16	dieciséis	26	veintiséis
7	siete	17	diecisiete	27	veintisiete
8	ocho	18	dieciocho	28	veintiocho
9	nueve	19	diecinueve	29	veintinueve

次の点に注意しましょう。

a) 数詞1は、次に男性名詞が来るとun、女性名詞が来るとunaになります。代名詞として使われる場合はuno / unaです。不定冠詞と同じ形で、意味的にも区別する必要はありません。

A: Necesito **un** navegador de viaje.
B: Yo tengo **uno**. Te lo presto.
<small>「カーナビが必要なんだ」「1つ持っているよ。貸してあげよう」</small>

b) 21は次に男性名詞が来る場合はveintiún、女性名詞が来る場合はveintiunaになります。また代名詞として使われる場合には、veintiuno / veintiunaになります。
<u>veintiuna</u> sillas <small>21の椅子</small>

c) -sで終わっている数詞にはアクセント記号が付きます。

(2) 30〜99

30〜99は、10の位と1の位をyで結びます。例えば31は 30 y 1 のようになります。

30	treinta
40	cuarenta
50	cincuenta
60	sesenta
70	setenta
80	ochenta
90	noventa

31	treinta y *uno / una*
32	treinta y dos
…	
36	treinta y seis
37	treinta y siete
38	treinta y ocho
39	treinta y nueve

次の点に注意しましょう。

a) 31, 41等のy uno / unaは、次に男性名詞が来る場合はy un、女性名詞が来る場合はy unaになります。また代名詞として使われる場合には、y uno / unaになります。
cuarenta y una libras* <small>41ポンド</small>
<small>* イギリスの通貨であるポンド、重さの単位であるポンドの両方を指します。</small>

b) 端数がある場合、一般にtreinta, cuarenta等10の位の数字とyは弱勢語、1の位の数字は強勢語になります。

(3) 100〜999

100〜999 では、100ちょうどはcienですが、端数がある場合は、ciento ...のようになります。また200以上は独自の形を持っています。

100	cien	101	ciento *uno / una*
200	doscientos/as	168	ciento sesenta y ocho
300	trescientos/as	199	ciento noventa y nueve
400	cuatrocientos/as	221	doscientos/as *veintiuno / una*
500	quinientos/as	355	trescientos/as cincuenta y cinco
600	seiscientos/as	511	quinientos/as once
700	setecientos/as	634	seiscientos/as treinta y cuatro
800	ochocientos/as	758	setecientos/as cincuenta y ocho
900	novecientos/as	890	ochocientos/as noventa

次の点に注意しましょう。

a) 200〜900は、次に男性名詞が来る場合は**doscientos, trescientos**のような男性形、女性名詞が来る場合は**doscientas, trescientas**のような女性形が使われます。

b) 100の位と10の位の数字の間にはyは入りません。すなわち × **quinientos y once**のようには言いません。

(4) 1000以上の数

1000以上の大きい数字は1000の集まりごとに読みます。

1000	mil
10 000	diez mil
100 000	cien mil
1 000 000	un millón
10 000 000	diez millones
100 000 000	cien millones
1 000 000 000	mil millones
10 000 000 000	diez mil millones
100 000 000 000	cien mil millones
1 000 000 000 000	un billón

2.9 数詞

次の点に注意しましょう。

a) **1000 mil**
- **millones**のような複数形を持ちません。常に**mil**です。
- ちょうど**1000**の場合は、**un mil**ではなく**mil**と読みます。
- **mil**の直前が**1**の場合は**uno** ではなく**un**になります。
  veintiún **mil**　2万1000　ciento cincuenta y un **mil**　15万1000
- 女性名詞を指すときは次のようになります。
  doscientas **mil** personas　20万人の女性　➡ **doscientas**は女性形
  trescientas *veintiún / veintiuna* **mil** personas
  32万1000人の人々　➡ **21は男性形、女性形どちらでも良い**

b) **1 000 000　millón /millones**
- **100万**は単数、それ以外は複数形になります。
  un **millón**　100万　　dos **millones**　200万
- **millón / millones**の直前が**1**の場合は**un**になります。
  veintiún **millones**　2,100万
  ciento cincuenta y un **millones**　1億5100万
- 女性名詞を指すときでも、男性名詞を指すときでも、**millones**の前の**doscientos, trescientos**等は、すべて男性形になります。
  doscientos millones trescientas mil personas
  2億30万人 ➡ **doscientos**は男性形、**trescientas**は女性形
  trescientos veintiún millones trescientas mil ciento
  veintiuna personas　3億2130万121人
- 端数がない、すなわち数字がぴったり**millón**や**millones**で終わっていて、次に名詞が来る場合は名詞の前に**de**を付けます。端数がある場合には、**de**は不要です。
  dos millones **de** yenes　200万円
  dos millones quinientos mil yenes　250万円

c) **1 000 000 000　mil millones**
10桁以上の数字では、まず**millón**よりも大きい数字を読み、それに**millones**を付けます。
　例えば**132 321 000 000**の場合、まず**132 321**を読みます。
ciento treinta y dos mil trescientos veintiuno
それに**millones**を付けると、次のようになります。
ciento treinta y dos mil trescientos veintiún millones

d) 1 000 000 000 000 billón / billones

　millónの次の単位、**billón**との間に**mil millones**が使われるため、英語の*billion*＊とは異なりますので注意が必要です。

　　1 000 000 000　　　mil millones
　　1 000 000 000 000　un billón

　　＊　英語の*one billion*は 1,000,000,000

> **¡OJO!　大きい数字の読み方**
>
> 　日本語では大きい数字を読むのは大変ですが、スペイン語では常に3桁ずつまとめて読めば良いので比較的簡単です。
>
> 　例えば 123 247 689 を読んでみましょう。間のスペースを右から順に **mil, millones** と読むと考え、あとは3桁の数字をそのまま読みます。
>
> 　123 millones, 247 mil, 689
> 　ciento veintitrés millones doscientos cuarenta y siete mil seiscientos ochenta y nueve
>
> 　123 247 689 571 のようにさらに大きい数字では、最初の6桁を **ciento veintitrés mil doscientos cuarenta y siete** のように先に読んでから **millones** を付けます。一番右のスペースは **mil** と読みます。
>
> 　123 247 millones, 689 mil, 571
> 　ciento veintitrés mil doscientos cuarenta y siete millones seiscientos ochenta y nueve mil quinientos setenta y uno

3）基数詞の用法

基数詞には次のような用法があります。

（1） 名詞の前に置かれ、その数を表します。

　　dos amigos　　2人の友人

（2） 主語になる人称代名詞や、人称代名詞前置詞後置形の後に置かれ、その数を表します。　☞ P.51 2.1)

　　Vamos nosotros **tres**.　私たち3人が行く。
　　El proyecto es de ellos **dos**.　プロジェクトは、彼ら2人のものだ。

（3） 指示しているものが言わなくても明らかなときは、名詞を省略して代名詞として使われます。

A:¿Cuántos cuadernos quieres? B:Dame **dos**.
「ノートは何冊欲しいですか」「2冊ください」

2. 序数詞

1）序数詞の形

序数詞には男性形、女性形があり、指示する名詞に性数一致します。〜番目に当たるものが複数ある場合は複数形になります。

	男性単数	女性単数	男性複数	女性複数
1番目	primero / primer	primera	primeros	primeras
2番目	segundo	segunda	segundos	segundas
3番目	tercero / tercer	tercera	terceros	terceras
4番目	cuarto	cuarta	cuartos	cuartas
5番目	quinto	quinta	quintos	quintas
6番目	sexto	sexta	sextos	sextas
7番目	séptimo	séptima	séptimos	séptimas
8番目	octavo	octava	octavos	octavas
9番目	noveno	novena	novenos	novenas
10番目	décimo	décima	décimos	décimas

primeroとterceroは次に男性単数名詞が来た場合、primer / tercerになります。

el **primer** premio 1等賞　　el **tercer** premio 3等賞

2）序数詞の用法

序数詞には次のような使い方があります。

（1）名詞の前に置かれて形容詞的に働きます。

el **segundo** premio 2等賞

Me senté en una de las **primeras** filas. 前のほうの席に座った。

（2）何を指示しているか文脈等から分かっている場合は、名詞を省略し代名詞として働きます。

De las dos ideas tuyas, me gusta más la **primera**.
君の2つの案のうち、私は最初のほうが好きだ。
Los **primeros** en llegar fueron Carlos y Paco.
最初に到着したのはカルロスとパコだった。

（3）primero / segundo / tercero 等は、「まず」「次に」「3番目に」の意味で副詞的に働きます。
No alquilamos la casa, **primero** porque era muy cara y **segundo** porque tenía mala orientación.
その家は借りなかった、まずとても高かったし、次に方角も悪かった。

（4）分数の分母として使われます。

3. 数詞を使った表現

数詞は計算、時間や日付を表すために使われます。
1）四則計算
四則計算は次のように読みます。
（1）足し算
　　5 + 6 = 11　　Cinco más seis son once.
（2）引き算
　　10 − 7 = 3　　Diez menos siete son tres.
（3）割り算
　　12 ÷ 4 = 3　　Doce dividido entre cuatro son tres.
（4）掛け算
　　3 × 5 = 15　　Tres multiplicado por cinco son quince.

2）分数
（1）1/2 は（un）medio と読みます。

（2）分母が3以上の簡単な分数は序数を使って表します。分子、分母の順で読み、分子が2以上の場合は分母が複数形になります。

	～分の1	～分の2以上
3分の～	un tercio una tercera parte 1/3	dos tercios dos terceras partes 2/3
4分の～	un cuarto una cuarta parte 1/4	tres cuartos tres cuartas partes 3/4
9分の～	un noveno una novena parte 1/9	siete novenos siete novenas partes 7/9
10分の～	un décimo una décima parte 1/10	tres décimos tres décimas partes 3/10

次の点に注意しましょう。

a）分母が3の場合は、序数のほかに、3分割を表す **tercio** という語が使われます。

b）**parte** 部分は女性名詞なので、序数等も女性形になります。

（3）分母が、11～15の分数は、次の2通りの読み方があります。

a）-avoで終わる形を使う。

11 onceavo　　12 doceavo　　13 treceavo
14 catorceavo　15 quinceavo

4/11　cuatro onceavos / cuatro onceavas partes

b）基数詞を使って読む。

3/15　tres partido por quince

（4）分母が16以上の分数は、基数詞を使って次のように読みます。

3/25　　tres partido por veinticinco
12/159　doce partido por ciento cincuenta y nueve

3）小数

小数点はスペイン語ではカンマを使って表し、それを **coma** と読みます。小数点以下は1桁ずつ、あるいはまとめて読みます。

0,5　　　　cero coma cinco
0,0085　　cero coma cero, cero, ocho, cinco
2,345　　　dos coma tres, cuatro, cinco / dos coma trescientos cuarenta y cinco

4）そのほかの数字

そのほかの数字等は次のように読みます。

a）累乗

3^2	tres elevado al cuadrado
3^3	tres elevado a la tercera / al cubo
3^4	tres elevado a la cuarta
3^5	tres elevado a la quinta

b）ルート（平方根）

$\sqrt{3}$	raíz cuadrada de tres

c）面積

cm²	centímetro(s) cuadrado(s)	m²	metro(s) cuadrado(s)
cm³	centímetro(s) cúbico(s)	m³	metro(s) cúbico(s)

5）時刻表現

(1) 時刻の書き方

時刻の書き方は、次のようになります。

a）すべてアルファベットで表記する。

La conferencia empieza a **la una y media**.

<small>講演会は1時30分に始まる。</small>

b）算用数字で書き、〜時と分の間は「.」puntoまたは「：」dos puntosを使う。 ☞ P.21

La conferencia empieza a ***la 1.30 / 1:30***.

c）24時間法と12時間法。

La conferencia empieza a **las 13.30**.

La conferencia empieza a **la 1.30 p.m.**＊

＊ a.m. p.m.はそれぞれ、a eme, pe emeと読みますが、主に書いた場合に使われる表現です。口頭ではde la mañana「午前」,de la tarde「午後」と言います。

(2) 時刻の読み方

時刻の読み方は、次のようになります。

```
                    y un minuto
                     y dos minutos
                      y tres minutos
                       y cuatro minutos
menos cinco                y cinco
       11  12  1
menos diez              y diez
      10        2
menos cuarto   9      3    y cuarto
          8        4
menos veinte            y veinte
        7   6   5
menos veinticinco        y veinticinco
            y media
```

a)「〜時」

1時は、定冠詞女性単数の **la**、それ以外は複数の **las** を付けます。「〜時ちょうど」は **…en punto** になります。

1時	la una
2時、3時…	las dos, las tres…

b)「〜分」

- 〜時30分までは、y … のように言います。15分、30分以外の時間は「y + 数字 + minuto(s)」になりますが、5、10、20、25分では **minutos** は省略される傾向があります。

15分	y cuarto	3:15 las tres y cuarto
30分	y media	5:30 las cinco y media
5分　10分　20分　25分	y cinco, y diez y veinte, y veinticinco	8:25 las ocho y veinticinco
上記以外 12分、22分等	y doce minutos y veintidós minutos	12:13 las doce y trece minutos

- 〜時30分より後は、まず次の時刻を言い、**menos...**を付け加えます。
45分以外の時間は「**menos + 数字 + minuto(s)**」になりますが、35分、40分、50分、55分では**minutos**は省略される傾向があります。45分以外は、**y...**を使って言われることもよくあります。

45分	menos cuarto	3:45 las cuatro menos cuarto
35分 50分 55分	menos veinticinco menos diez menos cinco	10:50 las once menos diez / las diez y cincuenta minutos
上記以外 23分前等	menos veintitrés minutos	12:48 la una menos doce minutos / las doce y cuarenta y ocho minutos

以下の点にも注意しましょう。
a) 電車等の時刻表を読む場合やラジオの時報等、正確な時刻を表す必要がある時には**la(s) ... hora(s) y ... minuto(s)**のように、**hora(s)**と**minuto(s)**を付けて言います。また**las quince horas** 15:00のように24時間で表すことも多くあります。
b) 0時は一般に複数扱いで**las cero horas**になります。

(3) 時刻の尋ね方と答え方
「何時ですか」「何時に〜しますか」という表現は次のようになります。
a) 「〜時ですか」「〜時です」と言う場合は、動詞**ser**を使います。
　　☞ P.204 1) (1)
　　¿Qué hora es? 何時ですか。
　　Era **la una menos cuarto**. 12:45分でした。 ➡ 過去時制は線過去
　　Son las **cero horas**. 0時です。
b) 物事が行われる時間について、「〜時に」「およそ〜時に」と言う場合は次のようになります。 ☞ P.252 (2) a)

〜時に	a *la / las* ...
およそ〜時に	a eso de *la / las*... sobre *la / las*... alrededor de *la / las*... a *la / las*... más o menos

～時から～時に	de *la* / *las*... a *la* / *las*...* desde *la* / *las*...hasta *la* / *las*...
～時と～時の間に	entre *la* / *las*... y *la* / *las*...

* 時刻表現の定冠詞 la / las を省略することもできます。de 3 a 5「3時から5時」

La conferencia es desde **las diez** hasta **las once y media**.
講演会は10時から11時半までです。

A: ¿A qué hora empieza la película? B: Empieza **a la una**.
「何時に映画が始まりますか」「1時に始まります」

A: ¿Sobre qué hora llegará Eva? B: Llegará a eso de **la una**.
「エバは何時頃着きますか」「1時頃着きます」

6）日付表現

（1）日付の書き方と読み方

a）スペイン語では、日付は、**日にち、月、年**の順番に書きます。月は、ローマ数字で書くこともあります。

sábado, 9 de noviembre de 1996　1996年11月9日土曜日
9/XI/1996　9-11-1996　1996年11月9日

b）日にち、年はともに基数詞ですので、次のように読みます。

5 de mayo de 1995　1995年5月5日
　　cinco de mayo de mil novecientos noventa y cinco
1/XI/2021　2021年11月1日
　　uno de noviembre de dos mil veintiuno

（2）日付や曜日の尋ね方と答え方

a）「何月ですか」「何曜日ですか」のように日付や曜日を聞く問いと答えは、次のようになります。

- 曜日を聞いて答える

A: ¿Qué día es hoy?* B: Es jueves.
「今日は何曜日ですか」「木曜日です」

A: ¿Qué día de la semana es hoy? B: Es jueves.
「今日は何曜日ですか」「木曜日です」

- 日付を聞いて答える

A: ¿Qué día es hoy?*　B: Es el cinco de mayo.
「今日は何日ですか」「5月5日です」

A: ¿Qué fecha es hoy?　B: Es el cinco de mayo.
「今日は何日ですか」「5月5日です」

A: ¿A *cuántos* / *qué* estamos hoy?
B: Estamos a cinco de mayo.
「今日は何日ですか」「5月5日です」

- 月や年を聞いて答える

A: ¿En qué mes estamos?　B: Estamos en mayo.
「今は何月ですか」「5月です」

A: ¿En qué año estamos?　B: Estamos en dos mil dieciséis.
「今年は何年ですか」「2016年です」

*　¿Qué día es hoy?は曜日、日付を尋ねる際に使われます。

b) 行為や出来事がいつ行われるかを述べる場合は、次のように男性定冠詞 el や前置詞 en や de を使います。

el jueves	木曜日に
el jueves 5	5日木曜日に
el jueves, 5 de mayo	5月5日木曜日に
el jueves, 5 de mayo de 1995	1995年5月5日木曜日に
el (día) 5	5日に
el 5 de mayo	5月5日に
el 5 de mayo de 1995	1995年5月5日に
en mayo	5月に
en mayo de 1995	1995年5月に
en 1995	1995年に

日付や曜日等の尋ね方と答え方は次のようになります。

- 答え方を指定せずにいつかを聞いて答える

A: ¿Cuándo vas a España?　B: Voy a España el año que viene.
「いつスペインに行きますか」「来年行きます」

- 曜日を聞いて答える

A: ¿Qué día de la semana sales para España?
B: Salgo el jueves.
「何曜日にスペインに行きますか」「木曜日に行きます」

- 日付を聞いて答える

  A: ¿Qué día vas a España?

  B: Voy a España el treinta de agosto.

  「何月何日にスペインに行きますか」「8月30日に行きます」

- 月や年を聞いて答える

  A: ¿En qué mes vas a España? B: Voy a España en agosto.

  「何月にスペインに行きますか」「8月に行きます」

  A: ¿En qué año vas a España? B: Voy a España en 2020.

  「何年にスペインに行きますか」「2020年に行きます」

> **¡OJO!　紛らわしい数詞**
>
> 　数詞が何の数を指しているかは状況によって明らかな場合が大部分ですが、単純な表現なためかえって意味が分かりにくい場合があります。定冠詞の有無等にも注意しましょう。
>
> Horas de visita: de 2 a 4　訪問可能時間：2時から4時
>
> Plazo de solicitud: del 2 al 4 de junio　申込期間6月2日〜4日
>
> Empieza a las dos.　2時に始まる。
>
> Les gusta a las dos.　2人（女性）ともそれが気に入っている。

第3章 形容詞句と副詞句

人や物、概念等を述べるためには名詞句を使いますが、その特徴や状態は、形容詞句を使って表現します。また動詞句の述べる動作や出来事、また文全体に関して、時、場所、様態等を叙述するのは副詞句です。

3.1 形容詞

> **この項目の内容**
>
> 1. 形容詞の種類　　1）品質形容詞　2）限定形容詞
> 2. 品質形容詞の形　1）性数一致　2）品質形容詞の性と数
>   3）強調形　¡OJO! 強調形がない形容詞

　形容詞は、名詞で表される物の大きさ、特徴、状態等を説明します。また「（黄色い花ではなく）赤い花」のように**名詞の意味を限定**します。形容詞の主な働きは名詞を修飾したり、つなぎ動詞のある文の属詞及び補語。スペイン語の形容詞は、名詞の性と数に合わせて形を変えます。

1. 形容詞の種類

　形容詞はその働きから、2種類に分類することができます。

1）品質形容詞

　名詞の大きさ、特徴、状態等を記述する形容詞を品質形容詞と呼びます。この章では、品質形容詞を主に扱います。

　　grande 大きい　　japonés 日本の　　culpable 責められるべき

2）限定形容詞

　名詞で表されている語の所有者や数量を表したり、指し示したりする形容詞を限定形容詞と呼びます。所有詞、指示詞、不定語、疑問詞、数詞で、形容詞と同じ働きをする語がこれに当たります。

　　mi 私の ➡ 所有詞弱形　　tuyo 君の ➡ 所有詞強形　este この ➡ 指示詞
　　mucho 大量の ➡ 不定語　qué 何の ➡ 疑問詞　dos 2個の ➡ 数詞

2. 品質形容詞の形

1）性数一致

　名詞同様、形容詞にも性（男性形、女性形）と数（単数形、複数形）があります。形容詞は常に修飾する語の性と数に一致します。

　性数変化は、形容詞と副詞を区別する最もはっきりした指標になります。副詞は性数変化しませんので、意味や用法から、形容詞か副詞か判断できない語もその形から判断することができます。

un bolso blanc**o**	白いハンドバック
unos bols**os** blanc**os**	数個の白いハンドバック
una casa blanc**a**	白い家
unas casas blanc**as**	数軒の白い家

　男女同形の名詞も、形容詞は性数変化します。

un estudiante list**o**	賢い男子学生
unos estudiantes list**os**	数人の賢い学生たち ➡ 男女または男子のみ
una estudiante list**a**	賢い女子学生
unas estudiantes list**as**	数人の賢い女子学生たち

2）品質形容詞の性と数

　形容詞には、男性、女性の特有の形を持つ語、男女同形の語があります。形容詞の複数形の作り方は名詞の複数形の作り方と同じです。次のように分類できます。☞ P.27 3.

（1）男性形が-o、女性形が-aで終わる語

　男性形が-oで終わる形容詞は、語尾を-aにすると女性形になります。複数形は、語尾に-sを付けて作ります。

男性単数	女性単数	男性複数	女性複数	意味
語尾 -o	語尾 -a	単数形 ＋ -s		
blanc**o**	blanc**a**	blanc**os**	blanc**as**	白い
nuev**o**	nuev**a**	nuev**os**	nuev**as**	新しい
american**o**	american**a**	american**os**	american**as**	アメリカの
casad**o**	casad**a**	casad**os**	casad**as**	結婚した

男性形が-o、女性形が-aで終わる語の中で、次の語は男性単数で、名詞の前に置かれた場合のみ語尾の-oが脱落します*。

男性単数	女性単数	男性複数	女性複数	意味
buen / bueno	buena	buenos	buenas	良い
mal* / malo	mala	malos	malas	悪い

malは、副詞**mal** 悪くと同じ形なので注意しましょう。
 Hace mal tiempo. 天気が悪い。 ➡ 形容詞
 Estoy mal. 私は気分が悪い。 ➡ 副詞

* 次のような不定語や序数詞も同様に、男性単数で名詞の前に置かれた場合のみ語尾の-oが脱落します。alguno ☞ P.74 4), ninguno ☞ P.76 6), primero, tercero ☞ P.102 2)

（2）男性形に-aを付け加えると女性形になる形容詞

男性形が子音で終わっている語には、-aを付け加えると女性形になる形容詞があります。

男性単数	女性単数	男性複数	女性複数	意味
語尾-φ *	語尾-a	単数形＋-es	単数形＋-s	
trabajador inglés	trabajadora inglesa	trabajadores ingleses	trabajadoras inglesas	働き者のイギリスの

* -φは、性数を示す語尾がないことを表しています。

性数変化をする上でアクセント記号が必要になったり不要になったりする語があることに注意しましょう。例えば、**inglés**は-sで終わり、1番後の母音が強く発音されるのでアクセント記号が必要ですが、**inglesa**は母音で終わり、後から2番目の母音が強く発音されるのでアクセント記号は不要です。☞ P.14 3.

次のような多くの国籍形容詞や地名形容詞がこの形をとります。
 español スペインの japonés 日本の
 tailandés タイの   catalán カタロニアの

（3）男女同形、単複で形が異なる形容詞

男性形、女性形が同じ形になる形容詞があります。

男性単数	女性単数	男性複数	女性複数	意味
語尾が子音			単数形＋-es		
azul		azul**es**		青い
mayor		mayor**es**		年上の
anterior		anterior**es**		前の
joven		jóven**es**		若い
語尾が -o, -a 以外の母音＊			単数形＋-s		
interesante		interesante**s**		興味深い
verde		verde**s**		緑の

＊ ただし多くの強勢のある í や ú で終わる語の複数は -es になります。
iraquí ➡ iraquíes「イラクの」 hindú ➡ hindúes「インドの」

ただし grande 大きい は単数形のとき男性、女性ともに、名詞の前で語尾 -de が脱落し gran となります。

　　un gran hombre 偉大な男性　un hombre grande 体格の大きい男性

（4）男女同形、単複同形の形容詞

形容詞の中には、性や数によって形を変えない語があります。

男性単数	女性単数	男性複数	女性複数	意味
	estándar			標準の
	rosa			バラ色の

これらの語の多くは、一般に名詞として使われる語です。
　　naranja オレンジ　　　cereza 桜色　　　violeta すみれ色
　　salmón サーモンピンク　chocolate チョコレート色

ただし地域や人により、形容詞を複数形にする場合もあります。
　　bolsos *rosa / rosas* ローズカラーのハンドバック

（5）2語以上からなる形容詞

形容詞の中には、2語以上からなるものがあります。
　　azul celeste 空色の　　　rojo claro 明るい赤の

2語からなる形容詞は用法に揺れが見られますが、多くの場合、名詞の性に関わらず男性単数形が使われます。
　　zapatos azul marino ネイビーブルーの靴

hojas verde pálido 薄緑の葉っぱ　　hojas rojo claro 明るい赤の葉

3. 強調形

　形容詞の中には、語尾に **-ísimo** を付けて、「とても〜」のようにその意味を強調することができる語があります。

(1) 規則形
　語尾が母音で終わる形容詞は、最後の母音を **-ísimo, -ísima** に変え、複数ならば **-s** を付けます。

　　listo ➡ listísimo　とても聡明な　　viejo ➡ viejísimo　とても古い
　　grande ➡ grandísimo　とても大きい

(2) 不規則形
a) 正字法上、スペリングが変わるものがあります。☞ P.10 1)

　　rico ➡ riquísimo　とてもおいしい
　　feliz ➡ felicísimo　とても幸せな
　　largo ➡ larguísimo　とても長い

b) 次のような不規則形をとる形容詞もあります。

　　joven ➡ jovencísimo　とても若い
　　amable ➡ amabilísimo　とても親切な
　　antiguo ➡ antiquísimo　とても古い

> ¡OJO! 強調形がない形容詞
>
> 　程度を表さないので強調できない形容詞には強調形はありません。**japonés** 日本の のような国籍を表す語、**semanal** 週刊の のように時に関連した語や **industrial** のように名詞派生の形容詞等です。また **mejor, peor, mayor, menor** 等の比較を表す語も **-ísimo** をとりません。

3.2 形容詞句

> **この項目の内容**
>
> 1. 形容詞句の構成　1) 程度を表す語を伴う形容詞句
>   2) 前置詞＋名詞句・名詞節を伴う形容詞句
>   3) 比較の形容詞句
> 2. 形容詞句の用法　1) 名詞の修飾　2) 属詞　3) 補語

　形容詞が、それを強調したり、意味を限定したりする語句を伴いまとまって1つの働きをする文の要素を、形容詞句と呼びます。形容詞句は、名詞を修飾したり、serやestarの属詞として主語の性質や状態等を述べたりします。

1. 形容詞句の構成

　形容詞は、前に程度を表す語を伴ったり、後に「前置詞＋名詞の働きをする語句」を伴ったりすることができます。また形容詞は「より～な」のような比較表現にもなります。

1) 程度を表す語を伴う形容詞句

　形容詞の多くは、例えばgrande 大きい のように、「どのぐらい大きいか」といった程度を表すことができます。そのような形容詞は程度を表す不定語や副詞を伴って、形容詞句を構成することができます。

☞ P.68 2.7　☞ P.127 7)

　次のような不定語やさまざまな副詞が形容詞を修飾します。

muy とても　　　　　algo 少し
bastante かなり　　　nada 全く～でない(否定文で使われる)
poco 少し(良い意味の形容詞に付く)
un poco 少し(悪い意味の形容詞に付く)
suficientemente 十分に　　increíblemente 信じられないほど

　Ten cuidado; el plato está **muy caliente**.
　　気を付けて。料理はとても熱いよ。
　Estoy **algo cansada**.　私はちょっと疲れている。
　No es **nada caro**.　全然高くない。

profundamente dormido 深く寝入った
suficientemente alto 十分高さがある

2）前置詞＋名詞句・名詞節を伴う形容詞句

前置詞を伴った名詞句等は形容詞を修飾できます。

Este problema es **difícil de resolver**. この問題は解決が難しい。
➡ de＋不定詞

Este mantel está **hecho a mano**. このテーブルクロスは手製だ。
➡ a＋名詞

Estoy **acostumbrado a que no me hagan caso**.
私は無視されるのに慣れている。 ➡ a＋名詞節

例えば、次のような形容詞が、同じような使い方をします。

acostumbrado a	〜に慣れている	abundante en	〜が豊富な
avergonzado de	〜を恥じている	difícil de	〜が難しい
diferente de	〜と違った	experto en	〜の専門家の
exigente en	〜に口うるさい	fácil de	〜が優しい
seguro de	〜を確信している	sensible a	〜に敏感な

3）比較の形容詞句

形容詞は、副詞 **más** 等を伴い「〜よりも〜だ」といった比較を表すことができます。 ☞ P.134 3.5

Este piano es **mucho más caro** que aquel.
このピアノはあれよりずっと高い。

2. 形容詞句の用法

形容詞句には名詞の修飾、つなぎ動詞の属詞、補語の3つの用法があります。

1）名詞の修飾

（1）形容詞の位置

形容詞は名詞を修飾する語として使われます。名詞句の中で、形容詞は名詞の性と数に一致します。

unas flores bonitas きれいな何本かの花

上の例では **flores** に合わせて、**bonito** も女性複数形になっています。

3.2 形容詞句

　形容詞の名詞句の中での位置には、名詞の後、名詞の前、名詞の後にも前にも置かれる、の3通りあります。この中では、名詞の後に置かれる形容詞が一番多いので、特に理由がない限り原則として名詞の後に置かれると考え、名詞の前に置かれた場合は、その理由に注目すると良いでしょう。

a）名詞の後に置かれる形容詞

　人の容姿や性格、物等の特徴を述べる形容詞は、名詞の意味を限定する働きがあるため名詞の後に置かれます。

　　　flor **roja** 赤い花　　　　　　puerta **grande** 大きいドア
　　　hombre **pobre** 貧乏な男性　　ordenador **viejo** 古いパソコン

名詞から派生した次のような形容詞も名詞の後に置かれます。

　　　sicología **aplicada** 応用心理学　salud **mental** メンタルヘルス
　　　bandera **japonesa** 日本の旗　　historia **europea** ヨーロッパ史

b）名詞の前に置かれる形容詞

　名詞の意味を説明する形容詞の多くが名詞の前に置かれます。形容詞に感情的な意味合いを込めたり、blanca nieve 白い雪 のようにその名詞の本来の特徴を述べてそれを強調したりする場合によく使われます。また皮肉的な意味が加わることもあります。

　　　hermosa montaña 美しい山 ➡ 賞賛をこめて美しさを述べる
　　　blanca nieve 白い雪 ➡ 雪本来の特徴である白さに言及
　　　bonita canción きれいな歌 ➡ 文脈によって皮肉的にひどいの意味

c）名詞の前にも後にも置かれる形容詞

　名詞の前にも後にも置かれる形容詞があります。多くの場合、形容詞の位置によって異なった意味やニュアンスで使われますが、形容詞の位置によってほとんど意味が変わらない場合もあります。一般に名詞の意味を限定したり、分類を示したりする場合は、名詞の後、それ以外の意味の場合は名詞の前に置かれることが多くなっています。

　例えばfamosoのような語は次のようになります。

　　　famoso director かの有名な監督　　director **famoso** 有名な監督

famosoが名詞の前に置かれた場合は、今話題になっている監督を説明し、名詞の後に置かれた場合は、ほかの有名ではない監督ではなくあの有名な監督の意味で、意味を限定した用法になっています。

ほかにも次のような例が挙げられます。

alto 高い	alto funcionario	高級官僚
	funcionario alto	背の高い公務員
antiguo 古い	antigua casa	以前の家
	casa antigua	古い家
bueno 良い	una buena parte	かなりの部分
	la parte buena	良い部分
	buen abogado	有能な弁護士
	abogado bueno	人柄の良い弁護士
cierto 確かな	cierto punto	ある点
	punto cierto	確かな点
diferente 違う	diferentes ideas	いろいろなアイディア
	idea diferente	違うアイディア
grande 大きい	gran hombre	偉大な人
	hombre grande	大きい人
mismo 同じ	el mismo médico	同じ医者
	el médico mismo	医者自身
nuevo 新しい	nueva casa	今度の家
	casa nueva	新しい家
pobre 貧乏な	pobre niña	かわいそうな女性
	niña pobre	貧乏な女性
posible 可能性のある	posible solución	考えうる解決法
	solución posible	実現可能な解決法
semejante 似ている	semejantes palabras	そのような言葉
	palabras semejantes	似た語
simple 単純な	simple amigo	ただの友人
	amigo simple	単純な友人
único 唯一の	la única obra	唯一の作品
	obra única	ユニークな作品
viejo 古い	viejo amigo	昔からの友人
	amigo viejo	年老いた友人

3.2 形容詞句

（2）1つの名詞を修飾する複数の形容詞

名詞句の中では必ずしも形容詞が1つとは限りません。1つの名詞を複数の形容詞で修飾する場合、両方の形容詞が1つの名詞に性数一致をします。

a) どの形容詞も特徴を示す等、同じ役割の形容詞が並ぶ場合、接続詞で結びます。次のような接続詞が使われます。

| ...y... | 〜かつ〜 | ...pero... | 〜だけれど〜 |
| ...sino... | 〜ではなく〜 | ni...ni... | 〜でも〜でもない |

- un estudiante **estudioso e* inteligente**
  勉強家で頭の良い学生
- un estudiante **inteligente pero un poco vago**
  頭が良いが、少し怠け者の学生
- un estudiante **no estudioso sino inteligente**
  勉強家なのではなく、頭の良い学生
- un estudiante **ni estudioso ni inteligente**
  勉強家でもなく、頭が良いわけでもない学生

* yは次の語がi-やhi-で始まる場合はeになります。

b) 名詞派生の形容詞と特徴を表す形容詞等、違った役割の形容詞が並ぶ場合は、接続詞を使いません。
un estudiante **universitario muy inteligente**　頭の良い大学生
una cámara **digital japonesa cara**　日本製の高価なデジタルカメラ
una empresa **financiera internacional**　国際的なファイナンス企業

c) 一部の形容詞が前に置かれる場合もあります。
una **pequeña** casa **tradicional japonesa**　日本の小さい伝統家屋
su **primer** trabajo **estable bien remunerado**
彼の初めての収入の良い安定した職業

（3）1つ以上の名詞を修飾する1つの形容詞

1つ以上の名詞を1つの形容詞で修飾する場合、一般に形容詞は両方の名詞に係るように複数形にしますが、後の名詞のみに一致させることもあります。

economía y política **japonesas**　日本の政治経済
economía y política **japonesa**　日本の政治経済 / 経済と日本の政治

➡ 形容詞が両方の名詞を修飾するか、後者のみを修飾するかは曖昧。

2）属詞

形容詞は、serやestarのようなつなぎ動詞のある文で属詞として使われます。形容詞は主語の性と数に一致します。☞ P.227 1. ☞ P.176 2.

[主語] estas flores
[動詞] son　[形容詞] bonitas

Estas flores son bonitas. これらの花は美しい

上の例では、形容詞 bonitas は主語の flores（女性複数名詞）に一致した形になっています。

Su madre **está enfadada** porque las notas **han sido malas**.
彼のお母さんは成績が悪かったので怒っている。 ➡ つなぎ動詞 estar, ser

La película me **pareció interesante** pero era **un poco larga**.
映画は面白かったけれど、ちょっと長かった。 ➡ つなぎ動詞 parecer, ser

3）補語

形容詞は自動詞のある文で補語として使われます。主語を修飾する主格補語と、目的語を修飾する目的格補語があります。☞ P.237 5.3

(1) 主格補語

形容詞は、主語の意味を補足するために使われます。形容詞は、主語の性と数に一致します。☞ P.239 2.

[主語] las niñas
[動詞] llegaron　[形容詞] cansadas

Las niñas llegaron cansadas. 女の子たちは疲れて到着した。

前ページの下の例では、動詞 **llegar** は自動詞ですので、多くの場合形容詞がなくても文法的に正しい文になります。ここでは、形容詞が動詞を修飾する副詞のように働いていると考えることができます。

　　Salieron **contentos** del examen. 彼らは試験の後満足げだった。
　　Iba **elegante**. 上品な服装だった。
　　Siempre pasea **sola** por el campo. 彼女はいつも1人で田舎道を散歩する。

（2）目的格補語

　形容詞は他動詞の文で、目的語の意味を補足するために使われます。

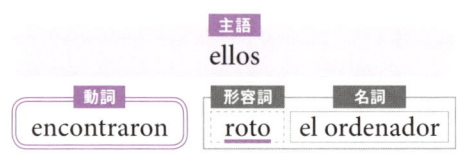

　　　　　　　　　　　　　主語
　　　　　　　　　　　　　ellos
　　　　　　動詞　　　　形容詞　　　名詞
　　　encontraron　　　roto　　el ordenador

　　Ellos encontraron roto el ordenador.
　　　彼らはコンピューターが壊れているのを見つけた。

　上の文の目的語は **ordenador** という名詞です。形容詞を名詞の前に置くことで、一番言いたいことは形容詞が指示する内容であることを示します。☞ P.240 3.

　下の例では、形容詞 **roto** は位置によって、役割が異なります。

　　Ellos encontraron **roto** el ordenador.
　　　彼らはコンピューターが壊れているのを見つけた。　➡ 目的格補語
　　Ellos encontraron el ordenador **roto**.
　　　彼らは壊れているコンピューターを見つけた。　➡ 名詞の修飾
　　Compraste **verdes** los plátanos.
　　　君はバナナを買ったがそれは熟れていなかった。
　　Lo vi **totalmente deprimido**.
　　　私は彼が完全に落ち込んでいるのを見た。

3.3 副詞

> **この項目の内容**
>
> 1. 副詞の形　　1) 独自の形を持つ語
>   　　　　　　2) 形容詞と同形の語
>   　　　　　　3) 形容詞＋menteの副詞
>
> 2. 副詞の意味　1) 肯定の副詞　　2) 疑問の副詞
>   　　　　　　3) 疑念の副詞　　4) 時を表す副詞
>   　　　　　　5) 場所を表す副詞　6) 様態を表す副詞
>   　　　　　　7) 数量・程度を表す副詞
>   　　　　　　8) 否定を表す副詞　¡OJO!「はい」と「いいえ」

　副詞は動詞で表される動作等を修飾し、その様態を示したり「いつ」「どこで」のような意味を加えたり、形容詞の程度を表したりする等、さまざまな機能を持つ語です。副詞は性数変化をしません。

1. 副詞の形

　副詞は形の上から次のように分けられます。

1) 独自の形を持つ語

　次のような語は副詞として独自の形を持っています。

ahora 今	aquí ここ	ayer 昨日
bien よく	deprisa 急いで	encima 上に
jamás 決して	también 〜もまた	quizá おそらく

2) 形容詞と同形の語

　形容詞と同じ形の副詞は、形容詞として使われる場合は性数変化しますが、副詞として使われる場合は性数変化しませんので形容詞男性単数形が使われます。不定語の多くも形容詞と副詞の両方の働きをします。☞ P.112 2.2)　☞ P.69 2.

　形容詞と同形の副詞には次のような語があります。

alto 高く	claro 明らかに	mejor より良く
peor より悪く	rápido 早く	solo ～だけ

- Ellos tienen una forma muy **clara** de hablar.
  彼らはとてもはっきりとした話し方をする。 ➡ 形容詞
  Los ponentes hablaron muy **claro**.
  発表者たちはとてもはっきりと話した。 ➡ 副詞
- Hoy hemos comido **demasiadas** galletas.
  私たちは今日はクッキーを食べ過ぎた。 ➡ 形容詞
  Hoy hemos comido **demasiado**. 私たちは今日は食べ過ぎた。 ➡ 副詞

3) 形容詞＋menteの副詞
（1）形

次の2種類の形があります
a) 性変化する形容詞は、語尾を女性形-aにして-menteを付けます。
　　tranquilamente おちついて　curiosamente 興味深いことに
b) 性変化しない形容詞は単数形に-menteを付けます。
　　difícilmente かろうじて　　felizmente 幸運にも
　　generalmente 一般的に　　regularmente 規則的に
　　alegremente 陽気に　　independientemente 独立して

（2）強勢

　-menteの付く語は、元の形容詞の強勢位置と、menteの最初のeの2か所に強勢が置かれます。アクセント記号が必要なのは、元の形容詞にアクセント記号が付いている場合のみになります。例えば、fácilmenteの場合は、fácilのaと-menteの最初のeに強勢が置かれますが、fácilのaのみにアクセント記号を付けます。

（3）-menteの付く副詞の並列

　-menteの付く語が2つ以上並んだ場合、-menteは最後の副詞にのみ付けます。-menteが付かない形容詞は女性形になります。
　　Política y económicamente hablando, este proyecto no tiene futuro.
　　政治的、経済的に言って、このプロジェクトには未来はない。

Se lo he dicho yo mismo **personal y directamente**.
<small>私自身が個人的に直接彼に伝えた。</small>

2. 副詞の意味

副詞にはさまざまな意味があります。

1）肯定の副詞

次のような語が肯定の副詞として使われます。

sí はい	también ～もまた	ciertamente 確かに
claro もちろん	efectivamente 実際に	realmente 本当に

a）sí

副詞 **sí** は「もし」という意味の接続詞と区別するために、アクセント記号を付けます。次のような意味で使われます。

- 質問に肯定で答えます。相手の質問の仕方に関わらず、肯定なら **sí** と答えます。☞ P.128 ¡OJO!

    A: ¿Te ayudo? B: Sí, por favor.「手伝おうか」「ええ、お願い」
    A: ¿No empezaba el partido a las 7.00?
    B: Sí, sí. Pero se está retrasando.
    <small>「試合は7時に始まるのではなかったですか」「そうです。でも遅れているんです」</small>

- 副詞 **sí** は「確かに」の意味で、文中に挿入されて使われます。**sí que** の形でも使われます。

    Yo, **sí** entiendo lo que dices, pero mis amigos, no.
    <small>僕は君の言うことは確かに分かるけれど、僕の友人たちは違う。</small>
    Eso **sí que** es una barbaridad. <small>それは本当にとんでもないことだ。</small>

b）también

también は必ず肯定文で使われます。文中の位置は比較的自由です。次のような意味で使われます。

- 文中で、「～もまた～である」の意味になります。**también** は一般に修飾する語句の近くに置かれますが、必ずというわけではないので、修正する語はイントネーションや文脈で判断します。

    Yo **también** estudio español.
    <small>私もスペイン語を勉強する。</small>

Yo estudio español **también**.
私はスペイン語も勉強する。

- **también** は次のように使うと「～もそうです」の意味になります。
  A: Yo quiero estudiar español. B: **Yo también**.
  「私はスペイン語が勉強したい」「私もです」 ➡ yo は主語
  A: Me gusta la música. B: **A mí también**.
  「私は音楽が好きです」「私もです」 ➡ a mí は間接目的語
  A: Paella, por favor. B: **Para mí también**.
  「パエリアお願いします」「私にも」 ➡ para mí は状況補語

2）疑問の副詞

次の疑問詞は副詞として使うことができます。 ☞ P.86 3.

| cómo どのように | cuándo いつ | cuánto どんなに |
| dónde どこで | por qué なぜ | |

¿**Cuándo** es el examen? 試験はいつですか。

3）疑念の副詞

次のような副詞や副詞表現は疑念を表します。下の表では、**a lo mejor** は必ず直説法、**seguramente** は一般的に直説法、そのほかの表現は直説法か接続法を使うといった違いがあります。 ☞ P.338 3.

| acaso もしかすると | a lo mejor たぶん | quizá たぶん |
| tal vez たぶん | posiblemente おそらく | seguramente きっと |

Tal vez nieve. 雪が降るかもしれない。

4）時を表す副詞

時を表す副詞は数多くありますが、例えば次のような語です。

| ayer 昨日 | después あとで | hoy 今日 |
| luego あとで | pronto すぐに | todavía まだ |

El banco estaba cerrado **ayer**. 昨日銀行は閉まっていた。

5）場所を表す副詞

場所を表す副詞は例えば次のような語があります。

a）「ここ」「そこ」「あそこ」に当たる語＊

acá ここ　　　　aquí ここ
allí あそこ　　　allá あそこ　　　ahí そこ

Aquí no hay nada interesante. ここには何も面白いものはない。

＊ どの語を主に使うかは地域によって異なります。

b）基準に対する位置を表す語

これらの語は、すべて後に「de＋名詞」をとり、基準になる人や物等が何であるかを言うことができます。

cerca 近くに　　　debajo 下に　　　dentro 中に
delante 前に　　　detrás 後に　　　encima 上に
enfrente 正面に　　fuera 外に　　　lejos 遠くに

cerca de la estación 駅の近く　　**delante** de ti 君の前

6）様態を表す副詞

次のような語は様態を表します。

así このように　　bien 上手く　　　deprisa 急いで
despacio ゆっくり　especialmente 特に　libremente 自由に
mal 悪く　　　　mejor より良く　　peor より悪く

Mi padre está muy **bien**. 父はとても元気だ。

7）数量・程度を表す副詞

次のような語は数量や程度を表します。多くは不定語として、副詞だけではなく、代名詞や形容詞等の働きをする語です。形容詞や副詞の程度を表したり、動詞を修飾したりします。☞ P.69 2.

algo いくらか　　　bastante かなり　　demasiado あまりに
más もっと　　　　menos もっと少なく　mucho たくさん
muy とても　　　　poco ほとんど〜ない　un poco 少し

Mi hermana trabaja **mucho**. 姉は働き者だ。

8）否定を表す副詞

次のような語は否定を表します。 ☞ P.76 6)　☞ P.130 2.1)

no 〜でない	jamás 決して〜ない	nunca 決して〜ない
nada 何もない	tampoco 〜もまたない	

Mi hijo **no** quiere ir a la universidad. 息子は大学に行きたくない。

¡OJO!　「はい」と「いいえ」

　日本語の疑問文では、相手の言ったことが正しければ「はい」、違っていれば「いいえ」と答えるので、相手の質問の仕方によって、「はい」と「いいえ」を使い分ける必要があります。スペイン語の **sí** と **no** はもっと単純です。ある場所に行くか行かないか聞かれた場合、相手がどのような質問をしても行くなら **sí**、行かないなら **no** と答えれば良いのです。

A: ¿Vas a ir? 君は行きますか。
　B: Sí, voy a ir. はい、行きます。
　B: No, no voy a ir. いいえ、行きません。

A: ¿No vas a ir? 君は行かないのですか。
　B: Sí, voy a ir. いいえ、行きます。
　B: No, no voy a ir. はい、行かないのです。

3.4 副詞句

この項目の内容

1. 副詞句の構成
　1）程度を表す語を伴う副詞句
　2）前置詞＋名詞句・名詞節を伴う副詞句
　3）比較の副詞句

2. 副詞句の用法
　1）否定の副詞句　 ¡OJO! 副詞 no の用法
　2）文を修飾する副詞句
　3）つなぎ動詞の属詞になる副詞句
　4）ほかの語句を修飾する副詞句

　副詞がその意味を強調したり限定したりする語句を伴って、まとまって1つの働きをする文の要素を、副詞句と呼びます。また、前置詞が名詞を伴って、場所、時、様態等を表す場合も副詞句と呼ばれます。

この章では、前者の、副詞がほかの要素を伴う副詞句を扱います。

1. 副詞句の構成

副詞は、前に程度を表す語を伴ったり、後に「前置詞＋名詞の働きをする語句」を伴ったりすることができます。また副詞は「より～に」のような比較表現にもなります。

1) 程度を表す語を伴う副詞句

副詞の中には、**cerca** 近く や **lejos** 遠く のように、「どのぐらい近い/遠いか」といった程度を表すことができる語があります。そのような副詞は、副詞的な働きをする不定語やほかの副詞を伴って、副詞句を構成することができます。　☞ P.69 2.

次のような不定語やさまざまな副詞が副詞を修飾します。

muy	とても	mucho	たくさん
algo	少し	bastante	かなり
poco	ほとんど～しない	un poco	少し～する
nada	全く～しない (否定文で使われる)		
suficientemente	十分に	relativamente	比較的

　Llegamos al aeropuerto por la mañana **muy temprano**.
　私たちは朝とても早く空港に着いた。
　Conduces **demasiado rápido**. 君はスピードを出しすぎる。
　El hotel estaba **relativamente cerca** del centro.
　ホテルは町の中心に比較的近いところにあった。

2) 前置詞＋名詞句・名詞節 を伴う副詞句

前置詞句を伴った名詞句等は副詞を修飾できます。
　El banco está **cerca de la universidad**.
　銀行は、大学の近くにある。　➡ de＋名詞句
　Hablaré contigo **después de cenar**.
　夕食の後君と話そう。　➡ de＋不定詞
　Antes de que venga el cliente, tendremos que terminarlo.
　顧客が来る前にそれを終えなければいけない。　➡ de＋名詞節

3）比較の副詞句

副詞は副詞 **más** 等を伴い、「〜よりも〜だ」といった比較を表すことができます。☞ P.137 2.

Ana toca el piano mejor que yo. アナは私よりピアノが上手だ。

2. 副詞句の用法

副詞には、否定文を作る、文全体を修飾する、つなぎ動詞の属詞になる、動詞、形容詞、副詞、前置詞句等ほかの語句を修飾する等さまざまな用法があります。

1）否定の副詞句

文は動詞の前に **no** 等の否定の副詞を置くと否定文になります。否定文では、否定の副詞の位置が非常に大切です。

（1）否定の副詞の種類

否定の副詞、副詞句には次のような語句があります。多くは否定の意味を強める語句です。

no〜 でない	**nunca** 絶対〜でない
nada 全然〜でない	**jamás** 絶対〜でない
nunca jamás 絶対〜でない	**de ningún modo** 絶対〜でない
en absoluto 絶対〜でない	
de ninguna manera 絶対〜でない	
tampoco 〜もまた〜でない	**ni siquiera** 〜さえ〜でない
en *su** vida 今までにかつて〜でない	

* 主語に合わせて mi, tu, su などの所有詞が使われます。

（2）否定語の位置

a）否定語 no の位置

否定語 **no** の位置は動詞の直前が基本ですが、動詞の前に目的代名詞、再帰代名詞が置かれている場合は、**no** はそれらの代名詞の前になります。☞ P.56 3）

Nosotros no somos estudiantes. 私たちは学生ではありません。
Yo no se lo doy a María. 私はそれをマリアにあげません。

b）no 以外の否定語の位置

　no 以外の否定の副詞も動詞の前に置き、否定文を作ります。no 以外の否定語は動詞の後に置くこともできますが、その場合はさらに動詞の前に副詞の **no** を置く必要があります。例えば上の文は次のように言い換えることもできます。意味的な違いはありません。

　Nunca tomo café　私は決してコーヒーを飲まない。

　Yo **no** tomo café **nunca**.　私は決してコーヒーを飲まない。

　Yo **tampoco** entendí lo que dijo.

　＝ Yo **no** entendí **tampoco** lo que dijo.
　私も彼が言ったことは分からなかった。

　A: No tengo prisa.　B: Yo **tampoco**.
　「僕は急いでないよ」「僕もだ」

　Jamás he visto cosa igual.　このようなものは今まで見たこともない。

　Nunca digas de esta agua no beberé.
　「この水は飲まない」とは決して言うな。（諺）

¡OJO!　副詞 no の用法

　副詞 **no** には否定文を作る以外にもいろいろな用法があります。

a）付加疑問文

　文末に..., ¿**no**? を付けると、「～ですよね」という付加疑問文になり、事実を確認するために使われます。..., ¿verdad? も同様の意味になります。

　Tu padre va a venir, ¿**no**?　君のお父さんは来るのですよね？

　Tu padre no va a venir, ¿**no**?　君のお父さんは来ないのですよね？

b）名詞句、形容詞句、前置詞句の前に置かれ、その意味を否定することができます。「…ではなく～」と言う場合は接続詞 **sino** を伴います。

　¿Fumador o **no** fumador?　喫煙ですか、禁煙ですか。

　un asunto **no** muy complicado　それほど複雑ではない問題

　Vamos a hablar **no** con el responsable **sino** con uno de los colaboradores.
　私たちは責任者ではなく、協力者の1人と話します。

2）文を修飾する副詞句

副詞句は文全体を修飾することができます。「おそらく」のように、文の内容に対する、話者の評価等を述べる表現です。

Quizá su hermano llegue tarde. 彼の兄は遅く着くかもしれない。

Sorprendentemente, en vez de ir en tren, decidió tomar el avión. 驚いたことに、彼は電車で行く代わりに飛行機で行くことに決めた。

Afortunadamente, asistió mucha gente. 運良く多くの人が参加した。

3）つなぎ動詞の属詞になる副詞句

副詞句の中には、**ser, estar** 等のつなぎの動詞の属詞になることができるものがあります。☞ P.176 2. ☞ P.227 1.

Ellos **son así**. 彼らはそういう人なんだよ。

A: ¿**Cómo está** tu madre?　B: **Está** mucho mejor, gracias.
「お母さんの調子はどう」「ずっとよくなった。ありがとう」

4）ほかの語句を修飾する副詞句

副詞の主な用法の1つは、動詞、形容詞、ほかの副詞を修飾することです。また名詞や数詞等も修飾することができます。

（1）動詞を修飾する副詞句

副詞の用法で最も一般的なものは、動詞の意味を補うことです。状況補語として、場所、時、様態等を表す副詞もこれに当たります。

Quizá su hermano llegue **tarde**.
彼の兄は遅く着くかもしれない。

上の文では、2つの副詞が使われていますが、それぞれ役割は異なります。**quizá** は文全体を修飾する副詞、**tarde** は **llegar** という動詞を修飾する副詞です。

No habla **mal** español pero habla **mejor** francés.
スペイン語は下手ではないが、フランス語のほうが上手だ。

Lo repitió **despacio** para que lo entendiéramos **bien**.
彼は私たちが良く分かるように、ゆっくりと繰り返した。

（2）形容詞を修飾する副詞句

副詞は形容詞を修飾し、その程度等を表すことができます。muy, bastanteのような不定語も形容詞を修飾します。☞ P.69 2.

Es un libro **sumamente** interesante. これは実に面白い本だ。
Llevan más de veinte años **felizmente** casados.
20年以上幸せに結婚生活を送っている。

（3）副詞を修飾する副詞句

形容詞を修飾する副詞句は、別の副詞を修飾することができます。

Canta **bastante** bien. 彼はかなり歌が上手い。
Vive **relativamente** cerca de la estación.
彼は比較的駅の近くに住んでいる。

（4）前置詞＋名詞句を修飾する

副詞は「前置詞＋名詞句」の意味を補うことができます。

Yo lo he visto **muy** por encima. 私はそれをざっとだけ見た。
El médico trabaja **normalmente** por la mañana.
医師は普通は（午後ではなく）午前中働いている。

上の文では、normalmenteはpor la mañanaを修飾し、「普通は午前中」と解釈することができます。しかし、normalmenteは動詞を修飾することも可能なので、意味は文脈から判断します。

El médico **normalmente** trabaja por la mañana.
医師は普通午前中は（休まないで）働いている。

（5）数詞の意味を補う

副詞casiは数詞を修飾し、「ほどんど～」の意味ですが、「その数量に少し満たない数量」であることを表します。aproximadamente およそ や副詞句más o menos およそ も同様に、数詞を修飾することができます。

He vivido en Inglaterra **casi** cuatro años.
私はイギリスにほぼ4年住んだ。 ➡ 4年に満たない
Son ya **casi** las once. もう11時になろうとしている。

3.5 比較

> **この項目の内容**
>
> 1. 形容詞の比較　　1）比較の形容詞句の構成
>   　　　　　　　　2）比較の形容詞句の用法
> 2. 副詞の比較　　　1）比較の副詞句の構成
>   　　　　　　　　2）比較の副詞句の用法
> 3. 不規則な比較形　1）mejor / peor　　2）mayor / menor
> 4. 数量を表すmuchoの比較
>   　　　　　　　　1）形容詞muchoの比較
>   　　　　　　　　2）代名詞muchoの比較
>   　　　　　　　　3）副詞muchoの比較
> 5. 比較の程度を表す表現
>   　　　　　　　　1）程度の差を表す副詞・形容詞
>   　　　　　　　　2）程度の差を数量で表す表現　¡OJO! tanとtanto

　比較を表す文は、「AはBより〜だ」や「Bより〜なA」のような意味を表す文です。
　形容詞や副詞はほかの物事と比較する表現を作ることができます。比較の文では**más**や**menos**といった語を使います。

1. 形容詞の比較

1）比較の形容詞句の構成

　形容詞は、副詞**más**や**que A**のような比較の対象を表す表現を伴った形容詞句を作ることができます。

　　caro 値段が高い ➡ 形容詞
　　más caro que A Aよりも値段が高い ➡ 比較の形容詞句

　ここで形容詞句の基本的な構成を、caro 値段が高い を使って考えてみましょう。形容詞は、前に**muy**を置けば「とても〜」の意味になりますが、同様に前に**más**を置けば「もっと〜」の意味になります。必要なら比較の対象を表す表現を加えます。
　形容詞の比較には次の表の①②③の3種類があります。

3.5 比較

	副詞	形容詞	比較の対象	
		caro/a (s) 値段が高い		高い
	muy とても	caro/a (s)		とても高い
①	más もっと	caro/a (s)	que A Aよりも	Aよりも高い
②	menos より少なく	caro/a (s)	que A Aよりも	Aよりも高さの度合いが低い
③	tan 同じぐらい	caro/a (s)	como A Aと同じぐらい	Aと同じぐらい高い

(1) más ～ que A

形容詞に「もっと～」の意味を加える場合、副詞 **más** を形容詞の前に置きます。何に比べて「もっと～」なのか、比較の対象を表す場合は、形容詞の後に **que...** を置きます。

　　más importante もっと重要な
　　más alto que mi hermano 私の兄よりも背が高い

(2) menos ～ que A

menos は形容詞の意味の程度がほかと比較して低いときに使います。例えば **menos caro que A** は「高いけれど、その高さの度合いは A ほどではない」の意味を表します。安さを比較して、**más barato** もっと安い 言う場合とは、意味が異なることに注意しましょう。

　　menos interesante que el libro 本ほど面白くない
　　menos desarrollado que este país この国ほどは発展していない

(3) tan ～ como A

tan は形容詞に「同じぐらい」の意味を添えます。この場合、比較の対象は **como** を使って表します。**como** を伴わない場合は「そんなに」の意味です。

　　tan difícil como el examen final 最終テストと同じぐらい難しい

「**tan**＋形容詞」は、**como** に導かれた比較の対象を述べない場合は、主に否定文や感嘆文で使われます。

　　El examen **no** era **tan** difícil. 試験はそんなに難しくなかった。

2）比較の形容詞句の用法
(1) 形容詞句の用法
　一般的に形容詞の主な使い方は、名詞を修飾する、つなぎ動詞の属詞になるの2つに分類されます。☞ P.117 2.

　これら名詞句やつなぎ動詞の文で使われている形容詞を、1）の表の①②③のような形容詞句に置き換えると、比較を表す表現になります。例えば①の表現に置き換えると次のようになります。

a）名詞句「Aよりも高いシャツ」

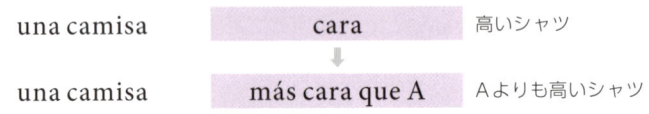

una camisa	cara	高いシャツ
una camisa	más cara que A	Aよりも高いシャツ

　Necesitamos **un candidato más cualificado.**
　より適任の候補者が必要だ。

　Como es **un asunto menos importante**, lo haremos después.
　それはより重要性が低い事項なので後回しにしよう。

　He visto **una torre tan alta como la torre de Tokio**.
　東京タワーと同じぐらい高い塔を見た。

b）つなぎ動詞の文「このシャツはAよりも高い」

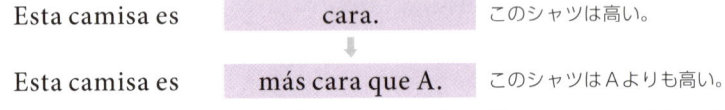

Esta camisa es	cara.	このシャツは高い。
Esta camisa es	más cara que A.	このシャツはAよりも高い。

　このとき、**caro**のような形容詞は名詞の性と数に合わせて形を変えますが、比較の対象になる語の性数には関係ありません。

　El taxi es **más cómodo que** el autobús.　タクシーはバスよりも快適だ。
　Su actitud ahora es **menos** arrogante **que** antes.
　今の彼の態度は昔ほど傲慢ではない。
　Es **tan** inteligente **como** su hermano.
　彼は彼のお兄さんと同じぐらい頭が良い。

(2) 比較の対象を表す表現
a）比較の対象は名詞、動詞、形容詞等になります。
　Hoy **yo** estoy más cansada que **tú**.
　今日私は君よりも疲れている。　➡ **名詞、代名詞**

Hoy estoy más cansada que **ayer**.
今日私は昨日よりも疲れている。 ➡ 副詞

Hoy estoy más **cansada** que **aburrida**.
今日私は退屈しているというよりも疲れている。 ➡ 形容詞

Estaba más cansada **en la universidad** que **en casa**.
大学にいたときのほうが、家よりももっと疲れていた。 ➡ 前置詞＋名詞

b）比較の対象が、「〜のこと」のような文で表される場合、次のようになります。

El examen era **más difícil de lo que me habían dicho**.
聞いていたよりも試験は難しかった。 ➡ más ＋形容詞 ＋ de lo que ＋文

La película **no** era **tan interesante como parecía**.
映画は思っていたほど面白くなかった。 ➡ tan ＋形容詞 ＋como ＋文

（3）否定文の意味
　　比較を表す場合、否定文の意味は次のようになります。

a）más の否定「〜よりは〜でない」
El avión **no** es **más peligroso que** el coche.
飛行機は車より危ないというわけではない。

b）menos の否定「〜より〜でないわけではない」
Este juego es barato pero **no menos divertido que** el otro.
このゲームは安いが、もう1つのよりも面白くないというわけではない。

c）tan の否定「〜ほど〜ではない」
El autobús **no es tan caro como** el tren bala.
バスは新幹線ほど高くない。

2．副詞の比較

1）比較の副詞句の構成

　副詞にはさまざまな意味を表す語がありますが、**más**という副詞や**más...que A**のような、比較の対象を表す表現を伴った副詞句を作ることができます。

　　temprano　早い ➡ 副詞
　　más temprano que ayer　昨日より早い ➡ 比較の副詞句

　ここで形容詞句の基本的な構成を、**temprano**を使って考えてみましょう。副詞は前に**muy**を置けば、「とても〜」の意味になりますが、

同様に前に **más** を置けば、「もっと〜」の意味になります。必要なら比較の対象を表す表現を加えます。

副詞の比較には次の表の①②③の**3種類**があります。

	副詞	副詞	比較の対象	
		temprano 早い		早く
	muy とても	temprano		とても早く
①	más もっと	temprano	que A Aよりも	Aよりも早く
②	menos より少なく	temprano	que A Aよりも	Aよりも早さの度合いが低く
③	tan 同じぐらい	temprano	como A Aと同じぐらい	Aと同じぐらい早く

（1）más 〜 que A

副詞に「もっと〜」の意味を加える場合、**más** を副詞の前に置きます。何に比べて「もっと〜」なのか、比較の対象を表す場合は、副詞の後に **que...** を置きます。

más cerca del centro　もっと中心地に近い

（2）menos 〜 que A

menos は副詞の意味の程度がほかと比較して低いときに使います。例えば **menos tarde** は「遅いけれども、〜ほどではない」の意味で、**más temprano**「〜も早いけれどももっと早い」と言うのとは若干異なることに注意しましょう。

menos lejos que la estación　駅ほど遠くない

（3）tan 〜 como A

tan は副詞に「同じぐらい」の意味を添えます。その際、比較の対象は **como** を使って表します。

tan temprano como su madre　お母さんと同じぐらい早く

2）比較の副詞句の用法
（1）副詞句の用法

枠内の副詞 **temprano** を、1）の表の①②③で置き換えることによっ

て、比較を表すさまざまな文を作ることができます。

  Me levanto　**tempranо.**　私は早く起きる。

  Me levanto　**más temprano que A.**　私はＡより早く起きる。

  La parada del autobús está **más cerca que la estación**.
  バス停は駅よりも近い。

  Habla **más despacio que su hermano**.　彼は弟よりもゆっくり話す。

（２）比較の対象を表す表現

 a） 比較の対象は、名詞、動詞、形容詞等になります。

  Hoy **yo** me he levantado más temprano que **tú**.
  今日私は君よりも早く起きた。　➡ 名詞、代名詞

  Hoy me he levantado más temprano que **ayer**.
  今日私は昨日よりも早く起きた。　➡ 副詞

  Me levanto más temprano **en verano** que **en invierno.**
  私は冬よりも夏のほうが早く起きる。　➡ 前置詞＋名詞

 b） 比較の対象Ａが「〜のこと」のような文で表される場合、次のようになります。

  Llegamos a Barcelona **más tarde de lo que pensábamos**.
  バルセロナには私たちが考えていたよりも遅く着いた。

  ➡ más＋副詞＋de lo que＋文

  Volveré **tan rápidamente como me sea posible**.
  できる限り急いで帰ってくるよ。　➡ tan＋副詞＋como＋文（接続法）

  Llegó **tan lejos como le permitieron sus fuerzas**.
  力の許す限り遠くに行った。　➡ tan＋副詞＋como＋文（直説法）

（３）否定文の意味

 比較を表す場合、否定文の意味は次のようになります。

 a） más の否定「〜よりは〜でない」

  Hoy no me he levantado **más** temprano que ayer.
  今日私は昨日より早くは起きなかった。

 b） menos の否定「〜より〜でないわけではない」

  Hoy no me he levantado **menos** temprano que ayer.
  今日私は昨日より早く起きなかったわけではない。

c) tanの否定「〜ほど〜ではない」
Hoy no me he levantado **tan** temprano como ayer.
今日私は昨日ほど早く起きなかった。

3. 不規則な比較形

1) mejor / peor

　mejorは「より良い/より良く」の意味で、形容詞bueno/a(s)及び、副詞bien の比較形、peorは「より悪い/より悪く」の意味で、形容詞malo/a(s)、副詞mal の比較形です。ほかの形容詞や副詞のように、másを付けるのではなく、比較の固有の形を持っています。次のような特徴があります。

a) mejor / peorが形容詞として使われる場合、男女同形で、複数はmejores / peoresになります。
El aceite de oliva es **mejor** para la salud que la mantequilla.
オリーブオイルはバターより体に良い。
Sus notas son **peores** que las del curso pasado.
彼の成績は先学期よりも悪い。

b) 形容詞として使われる場合で、人の性格を比較したり、料理の味を比べる場合はmás bueno / más maloが使われます。
Esta paella está **más buena** que la de la semana pasada.
このパエージャは先週のものよりもおいしい。

c) 副詞として使われる場合は、形を変えません。
El enfermo se encuentra **mejor** hoy. 病人は今日は調子が良い。
Cada vez escriben **peor**. 彼らはますます文章が下手になっている。

2) mayor / menor

　mayorは「より大きい/年上の」の意味で、形容詞grande(s)の比較形、menorは「より小さい/年下の」の意味で、形容詞 pequeño/a(s)の比較形です。次のような特徴があります。

a) mayor / menorは男女同形で、複数はmayores / menoresになります。
Mis dos hermanos son **mayores** que yo.
私の2人の兄弟は私より年上だ。

b) 物などの大きさを比較するときには、**mayor** と **más grande**、**menor** と **más pequeño** が同じ意味で使われます。
Rusia es ***mayor / más grande*** que España.
ロシアはスペインより大きい。
Su curiosidad fue ***mayor / más grande*** que el miedo que tenía.
彼の好奇心は恐怖を上回っていた。

c) 人に対して使うときは、**mayor / menor** は年齢の比較、**más grande / más pequeño** は体格の比較になります。
José es **mayor** que Ana. ホセはアナより年上だ。
Tiene un año menos pero está **más grande** que su hermano.
お兄さんより1歳年下だが、体格は大きい。

4. 数量を表す mucho の比較

不定語 mucho は、形容詞、代名詞、副詞として働きますが、いずれも「もっと多く」といった比較にすることができます。

☞ P.70 1)

1) 形容詞 mucho の比較

muchos libros や **mucha agua** のように名詞を修飾する **mucho/a(s)** は形容詞で、「多数/多量の」の意味です。「より多数/多量の」の意味を表す場合次のようになります。

	形容詞	名詞	比較の対象	
	mucho/a(s)			多数/量の〜
①	más	dinero お金等	que A	Aよりも多数/量の〜
②	menos		que A	Aほどは多数/量ではない〜
③	tanto/a(s)		como A	Aと同じぐらい多数/量の〜

(1) más

mucho/a(s) の代わりに más を置くと、「もっと多い〜」の意味になります。名詞の性数にかかわらず形を変えません。比較の対象は que を用いて表します。

Tengo **más** paciencia que tú. 私は君よりも忍耐強い。

(2) menos

mucho/a(s)の代わりにmenosを置くと、「もっと少ない〜」の意味になります。名詞の性数にかかわらず形を変えません。比較の対象はqueを用いて表します。

　　Los domingos hay **menos** tráfico.　日曜日は交通量が少ない。

(3) tanto/a(s)

mucho/a(s)の代わりにtanto/a(s)を置くと「〜と同じくらい」の意味になります。tanto/a(s)は名詞の性数によって形を変えます。比較の対象はcomoを用いて表します。comoを伴わない場合は「そんなにたくさんの」の意味です。

　　En mi barrio no hay **tantas** tiendas como en el tuyo.
　　私の住んでいる地域には君の住んでいる地域ほど店がない。

2) 代名詞muchoの比較

mucho/a(s)やその比較表現のmás, menos, tanto/a(s)は、次に来る名詞が文脈から容易に想像できるときは、名詞を省略することができます。

	形容詞	比較の対象	
	mucho/a(s)		多数/量のもの
①	más	que A	Aよりも多数/量のもの
②	menos	que A	Aほどは多数/量ではないもの
③	tanto/a(s)	como A	Aと同じぐらい多数/量のもの

(1) más

mucho/a(s)の代わりにmásを置くと、「もっと多いもの」の意味になります。指している名詞の性数によって、形を変えません。

　　A: ¡Cuántos libros! Tienes **más** que yo.　B: Sí, tengo muchos.
　　「すごくたくさんの本ね。私より多いわね」「ええ、たくさん持っているの」

(2) menos

mucho/a(s)の代わりにmenosを置くと、「もっと少ないもの」の意味で、指している名詞の性数によって形を変えません。

　　A: Dame un poco de arroz.　B: ¿Así está bien?

A: No, no, quiero **menos**.
「ごはん少しください」「これぐらいでいい？」「いや、そんなにいらないよ」

(3) tanto/a(s)

mucho/a(s)の代わりにtanto/a(s)を置くと「～と同じ数量のもの」の意味になります。tanto/a(s)は指している名詞の性数によって形を変えます。比較の対象は**como**を用いて表します。**como**を伴わない場合は「そんなにたくさんの人/物」の意味です。

A: ¿Tiene fiebre todavía?　B: Sí, pero no **tanta** como anoche.
「まだ熱があるのですか」「はい、でも昨日ほど高くありません」

3) 副詞 mucho の比較

次のような文では**mucho**は副詞として使われ、動詞を修飾します。
Juan trabaja **mucho**.　ファンはよく働く。
A mí me gusta **mucho** el fútbol.　私はサッカーが好きだ。

副詞のmuchoは、下の表のように「もっと」「もっと少なく」「同じぐらい」といった比較の形にすることができます。副詞muchoが形を変えないのと同様、tantoも形を変えません。

	副詞	比較の対象	
	mucho		とても
①	más	(que A)	（Aよりも）程度が高い
②	menos		（Aよりも）程度が低い
③	tanto	(como A)	（Aと）同じぐらい

(1) más

muchoの代わりに**más**を置くと、「もっと〜」の意味になります。
Carlitos estudia mucho pero su hermana estudia **más**.
カルリートはよく勉強するが、彼のお姉さんはもっと勉強する。

(2) menos

muchoの代わりに**menos**を置くと、「もっと少なく〜」の意味になります。
Este semestre he estudiado **menos** que el semestre pasado.
今学期は先学期よりも勉強が少なかった。

（3）tanto

mucho の代わりに tanto を置くと、「同じぐらい〜する」の意味になります。como を伴わない場合は「そんなに」の意味です。

No trabajes **tanto**. そんなに働くなよ。

5. 比較の程度を表す表現

más, menos や不規則形の mejor 等は、「もっとずっと〜な」や、「〜歳年上」のように、比較の程度を表す表現を伴うことができます。

1）程度の差を表す副詞・形容詞

mucho は「もっとずっと〜な」、un poco は「少しだけもっと〜な」の意味で比較を表す形容詞や副詞を修飾します。

（1）形容詞の比較の程度を表す表現

下の表のように、比較を表す形容詞句の前に mucho や un poco を置くと、「もっとずっと〜な」「少しだけもっと〜な」の意味になります。mucho, un poco は性数変化しません。

mucho	más	caro/a (s)	que A	Aよりもずっと高い
	menos			Aよりもずっと高さの度合いが低い
un poco	más	caro/a (s)	que A	Aよりも少し高い
	menos			Aよりも少し高さの度合いが低い

El castillo es ***mucho / un poco* más antiguo** que la catedral.
お城はカテドラルよりもずっと/少しだけ古い。

El uso de las redes sociales es **mucho mayor** entre los jóvenes.
ソーシャルネットワークの利用は若者の間でずっと広まっている。

（2）副詞の比較の程度を表す表現

下の表のように、比較を表す副詞句の前に、mucho や un poco を置くと、「もっとずっと〜に」「少しだけもっと〜に」の意味になります。mucho, un poco は性数変化しません。

				Aよりもずっと早く
mucho	más	temprano	que A	
	menos			Aよりもずっと早さの度合いが低く
un poco	más	temprano	que A	Aよりも少し早く
	menos			Aよりも少し早さの度合いが低く

　　Las piernas me duelen **un poco menos**. 足の痛みは少し軽い。
　　El negocio le va **mucho mejor** que el año pasado.
　　商売は昨年よりずっと上手くいっている。

(3) 名詞を修飾する más, menos の程度を表す表現
　　más dinero よりたくさんのお金 の **más** は名詞を修飾しています。名詞を修飾する **más** の程度を表す表現は、次の表のようになります。

mucho	más	dinero	que A	Aよりもずっと多量のお金
mucha		agua		Aよりもずっと多量の水
muchos	más	libros	que A	Aよりもずっと多数の本
muchas		mesas		Aよりもずっと多数の机
un poco	más de	dinero	que A	Aよりも少し多量のお金
	menos de	agua		Aよりも少し少量の水
unos pocos	libros	más	que A	Aよりも少し多数の本
unas pocas	mesas	menos		Aよりも少し少数の机

a) mucho/a(s)
　　mucho/a(s)は名詞の性数に一致して形を変えます。
　　　　Él lo abrió fácilmente. A mí me costó **mucho más** trabajo.
　　　　彼は簡単にそれを開けた。私はもっとずっと大変だった。
　　　　A: A ti te dio **muchos más** detalles.
　　　　B: Sí, me contó **muchas más** cosas que a vosotros.
　　　　「君にはもっとずっと詳しく説明してくれたんだね」
　　　　「ああ、君たちに言ったことよりもずっとたくさんのことを教えてくれた」

b) un poco
　　un poco が単数名詞に伴う場合は、男性女性に関係なく **un poco** ですが、**más** は後に前置詞の **de** を伴います。
　　　　Es muy frágil. Ten **un poco más de** cuidado, por favor.

とても壊れやすいです。もう少し気を付けてください。

  c）uno/a(s) poco/a(s)
  un pocoが複数名詞に伴う場合は、**unos pocos, unas pocas**のように複数になります。また多くの場合**más**が名詞の後に置かれます。
  Todavía caben **unos pocos** libros **más** en cada caja.
  まだそれぞれの箱にもう少しずつ本が入る。

（3）代名詞mucho/a(s)の比較más, menosの程度を表す表現
  代名詞として使われる**más, menos**の程度を表す表現は次のようになります。

mucho	más	que A	Aよりもずっと多量の物（男性）
mucha	menos		Aよりもずっと少量の物（女性）
muchos	más	que A	Aよりもずっと多数の物（男性）
muchas	menos		Aよりもずっと少数の物（女性）
un poco	más	que A	Aよりも少し多量の物（男性）
	menos		Aよりも少し少量の物（女性）
unos pocos	más	que A	Aよりも少し多数の物（男性）
unas pocas	menos		Aよりも少し少数の物（女性）

 a）mucho/a(s), unos pocos, unas pocas
  これらの語は指示している名詞の性数に一致して形を変えます。
  Come todas las fresas que quieras. Hay **muchas más** en la cocina.
  好きなだけイチゴを食べなさい。キッチンにもっといっぱいあるから。
  Se han vendido casi todos los que trajimos, aunque todavía quedan **unos pocos más**.
  持ってきたものはほとんど売れたけれども、まだもう少し残っています。
 b）un poco
  un pocoは指示している名詞の性数にかかわらず形を変えません。
  Dame **un poco** más.　もう少しください。

（4）副詞muchoの比較más, menosの程度を表す表現
  動詞を修飾する副詞**más, menos**は、副詞**mucho**や**un poco**でそ

の程度を表すことができます。

mucho	más	que A	Aよりもずっと程度が高く
	menos		Aよりもずっと程度が低く
un poco	más	que A	Aよりも少し程度が高く
	menos		Aよりも少し程度が低く

a) mucho

A los niños les gusta **mucho más** la playa que el campo.
<small>子どもたちはビーチに行くほうが田舎に行くよりもずっと好きだ。</small>

La noticia le afectó **mucho menos** de lo que se esperaba.
<small>ニュースは想像していたよりもずっと影響力は少なかった。</small>

b) un poco

Me gusta escuchar música pero me gusta **un poco más** leer.
<small>私は音楽を聴くのが好きだけれども、読書のほうがどちらかと言えば好きだ。</small>

Desde que vivo en el centro, saco el coche **un poco menos**.
<small>中心地に住むようになってから、車を使う機会が減った。</small>

(5) mucho/poco 以外の比較の程度を表す表現

下のような語も同様に、比較の程度を表せます。

a) bastante(s)「かなり」

mucho同様に名詞修飾及び代名詞のmás, menosの程度を表すときは、bastantesになる場合もありますが、そのほかはbastanteになります。

Mis alumnos son **bastante mayores** que los tuyos.
<small>私の生徒たちは君の生徒たちよりかなり年上だ。</small> ➡ mayorは形容詞

Tiene **bastantes más** libros que su hermano.
<small>彼は兄よりかなり多くの本を持っている。</small> ➡ 名詞

Está **bastante más** lejos. <small>その場所のほうが、かなり遠い。</small> ➡ 副詞

b) todavía「さらに」

¡Pero si este coche es **todavía más** caro!
<small>でもこの車はもっとずっと高いじゃないの！</small>

c) algo「いくらか」

Estos ejercicios son **algo menos** difíciles que los de ese libro.
<small>こちらの練習問題のほうがその本のよりいくらかは難しくない。</small>

2）程度の差を数量で表す表現

どのくらい多いか、少ないかを示すために、**más**や**menos**の前に数量を表す語を置くことができます。

> José es **diez centímetros más alto** que Sofía.
> ホセはソフィアより10センチ背が高い。

> Este libro es **mil veces más divertido** que ese.
> この本はそれよりも1000倍愉快だ。

> En esta región amanece **quince minutos más temprano** que en Madrid.
> この地方ではマドリッドより15分早く夜が明ける。

¡OJO! tanとtanto

同等比較を表すtanとtantoの使い分けに注意しましょう。

a） tanは形容詞と副詞の前にのみ使われます。

> Es **tan** alto como Raúl. ラウルと同じぐらい背が高い。
> No puedo levantarme **tan** temprano. そんなに早く起きられない。

b） 動詞を修飾するtantoは副詞なので、性数変化しません。

> Estudio **tanto** como mi hermano. 兄と同じぐらい勉強する。

c） 名詞を修飾するtantoは形容詞なので、性数変化します。

> No hay **tantas** sillas. そんなにたくさん椅子はない。

tan / tantoを使った次のような表現がよく使われます。

a） queを伴い、「あまりに〜なので、〜だ」の意味

> La película era **tan** emocionante que casi lloré.
> 映画はあまりに感動的だったので涙が出そうだった。

> Tenía **tantos** libros que no sabía qué hacer.
> あまりにたくさん本を持っていたので、どうしたら良いか分からなかった。

b） 感嘆文、否定文

> ¡Es que hay **tanta** gente...! だってあまりに人が多かったんだもん。
> No puedo hacer **tanto** trabajo en un día.
> 1日にそんなにたくさんの仕事はできない。

3.6 最上級

> **この項目の内容**
> 1. 形容詞の最上級　　1）名詞の修飾
> 　　　　　　　　　　2）つなぎ動詞の属詞
> 2. 副詞の最上級　　　1）lo más＋副詞　　2）関係詞を使った最上級
> 　　　　　　　　　　3）比較級を使った最上級

「〜が最も〜だ」という最上級は、比較の表現同様 más や menos を使って表します。「〜が最も美しい」のような形容詞を使った最上級と「〜が最も早く〜する」のような副詞を使った最上級があります。

1. 形容詞の最上級

比較表現に定冠詞を付けると最上級になります。英語の more と most のように比較と最上級を使い分けることはせず、どちらも más が使われます。「最も〜な人や物」が複数ある場合は、複数形を使います。

最上級を表す形容詞句は次のような形をしています。

定冠詞	副詞	形容詞	
el/la/los/las	más もっと	caro/a (s) 値段が高い	1番高い
el/la/los/las	menos より少なく	caro/a (s) 値段が高い	1番高くない

「〜で一番」のような範囲を表す表現は前置詞 de を使います。
　　el más importante **de todos**　すべてで一番大切な
　　los más altos **de la clase**　クラスで一番背の高い　➡ 同率1位の場合は最上級

1）名詞の修飾

「一番高い本」のように名詞を修飾する表現を最上級にする場合、定冠詞の代わりに、所有詞 mi, tu, su... を使うこともできます。所有詞を使うと、例えば「私の〜の中で一番〜」の意味になります。名詞に対する形容詞の位置は、名詞の後、名詞の前のいずれもありますが、最上級になる形容詞は一般に名詞の後に置かれます。

3.6 最上級

（1）名詞の後に置かれる形容詞

形容詞が名詞より後に置かれる場合、下の表のような語順になります。

定冠詞		副詞	形容詞	
el/la/los/las mi, tu...	libro	más もっと	caro/a (s) 値段が高い	一番高い本 私の一番高い本
el/la/los/las mi, tu...	libro	menos より少なく	caro/a (s) 値段が高い	一番高くない本 私の一番高くない本

El hotel Sol es un hotel caro.
ソルホテルは高いホテルだ。

El hotel Sol es el hotel más caro de la ciudad.
ソルホテルは町で一番高いホテルだ。

Llevo una blusa bonita.
私はきれいなブラウスを着ている。

Llevo mi blusa más bonita.
私は自分の持っている一番きれいなブラウスを着ている。

Fue **el** viaje **más interesante** de mi vida.
私の人生で、最も興味深い旅行だった。

En este museo se encuentran **los** cuadros **más famosos** de Velázquez.
この美術館には、ベラスケスの最も有名な絵（複数）がある。

Este es **su** libro **más vendido**.
これが彼の本の中で一番売れている本だ。

（2）名詞の前に置かれる形容詞

bueno / malo の比較形である、mejor / peor は多くの場合、名詞の前に置かれます。

mi mejor amigo　私の一番の親友

Este cuadro es una de **las mejores** obras de Dalí.
この絵はダリの最高傑作の1つだ。

2）つなぎ動詞の属詞

「〜は最も〜だ」という文では、形容詞の前に定冠詞と **más / menos** を置くだけで最上級になります。

  Estos relojes son caros.
  これらの時計は高い。

  Estos relojes son los más caros de esta tienda.
  これらの時計はこの店で一番高い。

  Esta foto es **la más bonita** de las tres.
  この写真が3枚の中で一番きれいだ。

  Ese restaurante es uno de **los más frecuentados** de la ciudad.
  そのレストランはこの都市で最も人がよく行くレストランの1つだ。

2. 副詞の最上級

副詞の最上級の構文は、形容詞のように決まった形がありません。次のように表します。

1）lo más ＋副詞

「可能な限り〜に」という意味で、副詞の最上級になります。

  Terminaré **lo más rápidamente posible**.
  可能な限り急いでそれを終わらせます。

また、**que**の後に接続法の文を置くこともできます。

  Quiero vivir **lo más cerca** que **pueda** del trabajo.
  仕事場からできるだけ近くに住みたい。

2）関係詞を使った最上級

「定冠詞/所有詞＋名詞＋que＋副詞の比較形を含む文」で副詞の最上級を表すことができます。

  Mi madre es **la persona que se levanta más temprano** de la familia.
  私の母が家族で最も早起きだ。

  Jaime es **el que mejor entiende el problema**.
  ハイメが問題を最も良く分かっている人だ。

3）比較級を使った最上級

一般的な比較の形で、比較の対象を次のような否定語にすると最上級の意味になります。

nunca 決して〜でない （英）*never*　　ninguno どれでもない
nada 何もない （英）*nothing*　　nadie 誰もいない （英）*nobody*

Mi madre se levanta **más temprano que ninguno** de la familia. 私の母は家族の誰よりも早く起きる。

Lo he pasado **mejor que nunca**. 今までのいつよりも楽しかった。

Manolo calcula **más rápido que nadie**.
マノロは誰よりも速く計算できる。

第4章 動詞と動詞句

主語で表された人や物等の動作や状態を表すためには動詞句を使います。動詞句は、文の主要な要素の1つです。動詞句の中心は動詞で、動詞は弱形人称代名詞等を伴うことができます。また動詞は、時制や主語に合わせて活用します。

4.1 動詞の活用

この項目の内容

1. 活用の種類
   1) 動詞の種類　　2) 直説法と接続法
   3) 時制の種類　　4) 人称と活用形
2. 単純時制の活用
   1) 単純時制の活用の基本形
   2) 直説法現在　　3) 直説法点過去
   4) 直説法線過去　5) 直説法未来
   6) 直説法過去未来　7) 接続法現在
   8) 接続法過去　　9) 接続法未来
3. 複合時制の活用
   1) 複合時制の基本形　2) 過去分詞の形
   3) それぞれの時制の活用

　スペイン語のすべての動詞は活用します。動詞の活用形＊は、述べられている内容について話し手の態度を反映する「法」と、時間の捉え方を表す「時制」、主語の「私は」「君は」「彼らは」等の「人称」と「数」によって決まります。

＊ 動詞はこれらの活用形のほかに、tú および vosotros の命令を表す形や人称によって形を変えない不定詞、過去分詞、現在分詞を持っています。
　☞ P.190 4.4　☞ P.324 6.6

1. 活用の種類

1) 動詞の種類

　スペイン語の動詞を不定詞の語尾で分類すると -ar 動詞, -er 動詞, -ir 動詞の3種類に分けることができます。辞書の見出しは、これらの語尾で終わっています。

-ar動詞	-er動詞	-ir動詞
hablar 話す	**comer** 食べる	**vivir** 住む
encontrar 見つける	**poder** 〜できる	**pedir** 頼む

2）直説法と接続法

　法は、述べられている内容について**話し手の態度**を表すものです。例えばりんごについて話すとき、「そのりんごはおいしい」と言うか、「そのりんごは多分おいしい」と言うかの違いには、話し手自身が事実をどのように捉えるかの違いが現れています。

　スペイン語には直説法と接続法があります。直説法は事実をダイレクトに**直接**説明する法で、接続法は主に主節に**接続**した従属節で使われる法です。接続法は、主に話し手の主観を込めた文で使われます。次の例では事実だけを述べる文では直説法ですが、話し手の主観を込めた文では接続法が使われています。☞ P.329 6.7

　Es verdad que **ha venido** Jesús.
　　ヘススが来たことは本当だ。➡ **直説法**

　Me alegro de que Jesús **venga**. ヘススが来るのがうれしい。➡ **接続法**

3）時制の種類

　スペイン語では直説法、接続法それぞれにさまざまな時制があります。**直説法にも接続法にも、1語で活用形を表すことができる単純時制と、「haber＋過去分詞」の形になる複合時制があります。**またそれぞれ、現在、過去、未来といった時によって別々の活用形を使います。

　スペイン語の動詞には次の時制があります。

直説法		接続法	
単純時制	複合時制	単純時制	複合時制
現在	現在完了	現在	現在完了
点過去	直前過去*	過去	過去完了
線過去	過去完了		
未来	未来完了	未来*	未来完了*
過去未来	過去未来完了		

＊ 直説法直前過去、接続法未来、接続法未来完了は現代スペイン語ではほとんど使われません。

4）人称と活用形

人称とは、話し手、聞き手、それ以外を区別する文法用語です。話し手を1人称、聞き手を2人称、それ以外を3人称と呼びます。またそれぞれに単数と複数があります。

（1）主語人称代名詞に合わせた動詞活用形

主語の人称には次の6種類あります。スペイン語では、usted あなた と ustedes あなた方 は意味的には2人称ですが、動詞の活用形や、弱形代名詞、所有詞は3人称の él 彼、ella 彼女 等と同じ形を使うため、文法的には3人称として扱うことに注意しましょう。

ここでは ser の直説法現在を例に見てみます。

数	人称	主語	serの直説法現在
単数	1人称	yo	soy
単数	2人称	tú	eres
単数	3人称	él, ella, usted	es
複数	1人称	nosotros, nosotras	somos
複数	2人称	vosotros, vosotras	sois
複数	3人称	ellos, ellas, ustedes	son

（2）さまざまな主語の動詞活用形

主語が代名詞以外の場合や、いくつかの代名詞が y で結ばれている場合は次の人称の活用形が使われます。

a）yo を含む複数の主語 ➡ 1人称複数

　María y yo **somos** altos. マリアと私は長身だ。

b）tú を含み、yo を含まない主語

　➡ スペインでは2人称複数、イスパノアメリカでは3人称複数

　María y tú **sois** altos. マリアと君は長身だ。
　María y tú **son** altos. マリアと君は長身だ。

c）usted を含み、yo を含まない主語 ➡ 3人称複数

　Usted y María **son** altos. あなたとマリアは長身だ。

d）単数名詞の主語 ➡ 3人称単数

　El profesor **es** alto. 先生は長身だ。

e）複数名詞の主語 ➡ 3人称複数

　Los profesores **son** altos. 先生たちは長身だ。

f）名詞節が主語 ➡ 3人称単数

　Es importante que comas bien. 君が良い食事をとることが重要だ。

g）動詞の不定詞が主語 ➡ 3人称単数
　Es importante comer bien.　良い食事をとることが重要だ。
h）yで結ばれた複数の動詞の不定詞が主語 ➡ 3人称単数
　Es importante comer bien y hacer ejercicio.
　良い食事と、運動することが重要だ。

2. 単純時制の活用

1）単純時制の活用の基本形
　単純時制は次のように活用します。

（1）**語幹と活用語尾**
　動詞は、語幹と活用語尾に分けて考えます。動詞 hablar 話す の直説法現在1人称単数 hablo では、次のように語幹と活用語尾に分けることができます。

habl（語幹）　o（活用語尾）

　動詞は語幹に法、時制、人称によって異なった活用語尾を付けて活用します。活用には多くの動詞が同じパターンで活用する規則活用と、そうではない不規則活用があります。すべての時制で規則活用をする動詞もありますが、時制によって「規則活用」する場合と「不規則活用」する場合がある動詞も多くあります。
　規則活用をする動詞では、語幹はすべての人称で共通ですが、不規則活用をする動詞ではそうでないものもあります。

（2）**発音とスペリング**
　動詞の活用は、「文字」ではなく「音」で活用すると考えましょう。まず活用を声に出して言い、それから聞こえた音を書き取る、と考えると良いでしょう。次の例を見てみましょう。
- buscar 探す [buskár]
  接続法現在1人称単数 [búske] ➡ **busque**
- pagar 支払う [pagár]
  直説法点過去1人称単数 [pagé] ➡ **pagué**

また、動詞の活用形ではどの時制や人称でも ze の文字は使われず、

[θe]の音は必ずceと書きます。例えばempezarの接続法現在1人称単数の活用はempiezeと書いても同じ音になりますが、これは間違いで、必ずempieceと書かれます。

2）直説法現在 ☞ P.295 1.用法
（1）規則活用
多くの動詞が次の活用パターンに従って形を変えます*。

* 以下、一部の表では主語を表示していません。

	hablar 話す	comer 食べる	vivir 住む
yo	hablo	como	vivo
tú	hablas	comes	vives
él	habla	come	vive
nosotros	hablamos	comemos	vivimos
vosotros	habláis	coméis	vivís
ellos	hablan	comen	viven

ほかの動詞の例

-ar動詞
cuidar 世話する
llamar 呼ぶ
viajar 旅行する

-er動詞
aprender 学ぶ
responder 答える
vender 売る

-ir動詞
añadir 加える
existir 存在する
decidir 決める

次のようなスペリングに注意しましょう（いずれも1人称単数）。
☞ P.10 1)a)b)

語尾	語尾の形	例
-ger	×-go ➡ -jo	coger 取る ➡ cojo
-gir	×-go ➡ -jo	exigir 要求する ➡ exijo
-cer	×-co ➡ -zo	mecer 揺らす ➡ mezo
-guir	×-guo ➡ -go	distinguir 区別する ➡ distingo

（2）語幹母音変化活用
直説法現在の活用で、語幹の一部が変化する活用です。どのような動詞が語幹母音変化活用をするかといった規則はないので、ひとつひとつ覚える必要があります。

4.1 動詞の活用

a) e → ie

1人称複数、2人称複数以外の人称で、活用語尾のすぐ前の母音eがieになります。

cerrar 閉める		cerrar
~~cerro~~	e → ie	cierro
~~cerras~~	e → ie	cierras
~~cerra~~	e → ie	cierra
cerramos		cerramos
cerráis		cerráis
~~cerran~~	e → ie	cierran

ほかの動詞の例

-ar動詞	-er動詞	-ir動詞
calentar 温める	entender 理解する	sentir 感じる
pensar 考える	querer 欲する	divertir 楽しませる

b) o → ue

1人称複数、2人称複数以外の人称で、活用語尾のすぐ前の母音oがueになります。

volver 戻る		volver
~~volvo~~	o → ue	vuelvo
~~volves~~	o → ue	vuelves
~~volve~~	o → ue	vuelve
volvemos		volvemos
volvéis		volvéis
~~volven~~	o → ue	vuelven

ほかの動詞の例

-ar動詞	-er動詞	-ir動詞
contar 数える	poder ～できる	dormir 眠る
jugar 遊ぶ*	mover 動かす	morir 死ぬ

* jugarは、juego, juegas, juega, jugamos, jugáis, juegan

c) e → i

1人称複数、2人称複数以外の人称で、活用語尾のすぐ前の母音eがiになります。すべて-ir動詞です。

4.1 動詞の活用

pedir 頼む			pedir
~~pedo~~	e	i	pido
~~pedes~~	e	i	pides
~~pede~~	e	i	pide
pedimos			pedimos
pedís			pedís
~~peden~~	e	i	piden

ほかの動詞の例
　　elegir* 選ぶ　　　medir 測る　　　reír 笑う
　　repetir 繰り返す　servir 役立つ　　seguir** 続ける

* 　elegirの1人称単数はelijo
**　seguirの1人称単数はsigo

（3）yが挿入される動詞

　-uir -oírで終わる次のような動詞は、1人称複数、2人称複数以外の人称で活用語尾の頭にyが挿入されます。oírは1人称単数も不規則になります。

concluir 終える	construir 建てる	oír 聞く
concluyo	construyo	oigo
concluyes	construyes	oyes
concluye	construye	oye
concluimos	construimos	oímos
concluís	construís	oís
concluyen	construyen	oyen

ほかの動詞の例
　　huir 逃げる　　　incluir 含む　　influir 影響する

（4）1人称単数だけが不規則な活用をする動詞

次のような動詞は1人称単数のみが不規則変化で、そのほかの人称では規則活用をします。

hacer する、作る	➡ hago	caber 入りうる	➡ quepo
poner 置く	➡ pongo	saber 知る	➡ sé*
salir 出かける	➡ salgo	ver 見える	➡ veo
suponer 想定する	➡ supongo	conocer 知る	➡ conozco
valer 価値がある	➡ valgo	crecer 育つ	➡ crezco
caer 落ちる	➡ caigo	desaparecer なくなる	➡ desaparezco
traer 持ってくる	➡ traigo	conducir 運転する	➡ conduzco
dar 与える	➡ doy	traducir 翻訳する	➡ traduzco
estar ある、いる	➡ estoy	producir 製造する	➡ produzco

* 代名詞seと区別するためにアクセント記号を付けます。

（5）1人称単数が不規則で、さらに語幹母音変化をする動詞

次のような動詞は1人称単数が不規則で、さらに（2）の語幹母音変化をします。

動詞	1人称単数	そのほかの人称
decir 言う	digo	dices, dice, decimos, decís, dicen
tener 持つ	tengo	tienes, tiene, tenemos, tenéis, tienen
venir 来る	vengo	vienes, viene, venimos, venís, vienen

（6）すべての人称で不規則活用をする動詞

次の動詞は、すべての人称で不規則な形になります。

ser ～である	ir 行く
soy	voy
eres	vas
es	va
somos	vamos
sois	vais
son	van

3）直説法点過去 ☞ P.300 1. 用法

（1）規則活用
多くの動詞が次の活用パターンに従って形を変えます。

	hablar 話す	comer 食べる	vivir 住む
yo	hablé	comí	viví
tú	hablaste	comiste	viviste
él	habló	comió	vivió
nosotros	hablamos*	comimos	vivimos*
vosotros	hablasteis	comisteis	vivisteis
ellos	hablaron	comieron	vivieron

ほかの動詞の例

-ar動詞	-er動詞	-ir動詞
contestar 答える	correr 走る	aburrir 退屈させる
pensar 考える	volver 帰る	dirigir 指揮する

＊ 直説法現在の活用と同じなので文脈等によって時制を判断します。

次のような語尾を持つ動詞は、スペリングに注意しましょう（いずれも1人称単数）。☞ P.10 1)a)b)

語尾	語尾の形	例
-car	×-cé ➡ -qué	tocar 当たる ➡ toqué
-gar	×-gé ➡ -gué	tragar 飲み込む ➡ tragué
-guar	×gué ➡ güé	averiguar 突き止める ➡ averigüé
-zar	×zé ➡ cé	empezar 始める ➡ empecé

（2）語幹母音変化活用
現在形で語幹母音変化をする動詞の中で、-ar動詞と-er動詞は点過去では語幹母音変化をしませんが、-ir動詞は点過去においても語幹母音変化をします。

a) e → i

3人称単数、複数で活用語尾の直前の母音eがiになります。

sentir 感じる			sentir
sentí			sentí
sentiste			sentiste
~~sentió~~	e	→ i	sintió
sentimos			sentimos
sentisteis			sentisteis
~~sentieron~~	e	→ i	sintieron

ほかの動詞の例

- divertir 楽しませる
- mentir うそをつく
- pedir 依頼する
- repetir 繰り返す
- servir 役立つ
- vestir （服を）着せる

b) o → u

3人称単数、複数で活用語尾の直前の母音oがuになります。

dormir 眠る			dormir
dormí			dormí
dormiste			dormiste
~~dormió~~	o	→ u	durmió
dormimos			dormimos
dormisteis			dormisteis
~~dormieron~~	o	→ u	durmieron

ほかの動詞の例

- morir 死ぬ

（3）母音iがyに変化する動詞

-er, -uir -oírで終わる次のような動詞は3人称単数、複数で活用語尾の頭のiがyになります。

leer 読む	distribuir 分配する	oír 聞く
leí	distribuí	oí
leíste	distribuiste	oíste
leyó	distribuyó	oyó
leímos	distribuimos	oímos
leísteis	distribuisteis	oísteis
leyeron	distribuyeron	oyeron

ほかの動詞の例
　　creer 信じる　　construir 建てる　　incluir 含む　　influir 影響する

（4）語幹が不規則な動詞

次のような動詞は、不規則な語幹を持っています。活用語尾は、-ar動詞、-er動詞、-ir動詞ともに同じです。

andar 歩く	tener 持つ	venir 来る
anduve	tuve	vine
anduviste	tuviste	viniste
anduvo	tuvo	vino
anduvimos	tuvimos	vinimos
anduvisteis	tuvisteis	vinisteis
anduvieron	tuvieron	vinieron

ほかの動詞の例（1人称単数）

estar ある、いる	➡ estuve	poder 〜できる	➡ pude
saber 知っている	➡ supe	caber 入りうる	➡ cupe
poner 置く	➡ puse	intervenir 干渉する	➡ intervine
hacer する、作る	➡ hice*	querer 欲する	➡ quise

* hacerの3人称単数はhizo。

語幹が不規則な動詞のうち、次のような語幹がjで終わる動詞は、3人称複数形の活用語尾の頭にiが入らず-eronになります。

decir 言う	traer 持ってくる
dije	traje
dijiste	trajiste
dijo	trajo
dijimos	trajimos
dijisteis	trajisteis
dijeron	trajeron

ほかの動詞の例（1人称単数）

conducir 運転する　➡ conduje　　traducir 翻訳する　➡ traduje

（5）すべての人称で不規則活用をする動詞

次の動詞は、直説法現在のすべての人称で、不規則な形になります。serとirが同じ形なので、意味は文の構成や文脈等から判断します。

ser ～である	ir 行く
fui	
fuiste	
fue	
fuimos	
fuisteis	
fueron	

4）直説法線過去 ☞ P.300 1. 用法

（1）規則活用

（2）に挙げる、不規則活用をする動詞以外のすべてが次の活用パターンに従って形を変えます。-er動詞と-ir動詞の語尾は共通です。

線過去の活用では、どの人称も強勢が置かれる母音が、-ar動詞では-abaの最初のa、-er動詞や-ir動詞ではíaのíと決まっています。-ar動詞では1人称複数で、強勢の置かれる母音が最後から3番目になりますのでアクセント記号が必要です。

	hablar 話す	comer 食べる	vivir 住む
yo	hablaba*	comía*	vivía*
tú	hablabas	comías	vivías
él	hablaba*	comía*	vivía*
nosotros	hablábamos	comíamos	vivíamos
vosotros	hablabais	comíais	vivíais
ellos	hablaban	comían	vivían

* すべての動詞で1人称単数と3人称単数が同じ形なので文脈等によって人称を判断します。

（2）不規則活用

次の3つの動詞が不規則活用をします。

ser ～である	ir 行く	ver 見る
era	iba	veía
eras	ibas	veías
era	iba	veía
éramos	íbamos	veíamos
erais	ibais	veíais
eran	iban	veían

5）直説法未来 ☞ P.313 1. 用法
（1）規則活用

（2）に挙げるような不規則語幹を持つ動詞以外の動詞は、次の活用パターンに従って形を変えます。直説法未来の活用語尾はすべての動詞で共通です。

	hablar 話す	comer 食べる	vivir 住む
yo	hablaré	comeré	viviré
tú	hablarás	comerás	vivirás
él	hablará	comerá	vivirá
nosotros	hablaremos	comeremos	viviremos
vosotros	hablaréis	comeréis	viviréis
ellos	hablarán	comerán	vivirán

（2）不規則活用

次のような動詞は不規則活用ですが、活用語尾は規則活用と同じです。

tener 持つ					
tendré	ほかの動詞の例（1人称単数）				
tendrás	poner 置く	➡ pondré	poder ～できる	➡ podré
tendrá	salir 出る	➡ saldré	querer 欲する	➡ querré
tendremos	valer 価値ある	➡ valdré	saber 知る	➡ sabré
tendréis	venir 来る	➡ vendré	decir 言う	➡ diré
tendrán	caber 入りうる	➡ cabré	hacer する、作る	➡ haré

6）直説法過去未来 ☞ P.318 1. 用法
（1）規則活用

（2）に挙げるような、直説法未来と同じ不規則語幹を持つ動詞以外の動詞は、次の活用パターンに従って形を変えます。直説法過去未来の活用語尾はすべての動詞で共通です。

	hablar 話す	comer 食べる	vivir 住む
yo	hablaría*	comería*	viviría*
tú	hablarías	comerías	vivirías
él	hablaría*	comería*	viviría*
nosotros	hablaríamos	comeríamos	viviríamos
vosotros	hablaríais	comeríais	viviríais
ellos	hablarían	comerían	vivirían

＊ すべての動詞で1人称単数と3人称単数が同じ形なので文脈等によって人称を判断します。

（2）不規則活用

次のような動詞は不規則活用ですが、活用語尾は、規則活用と同じです。語幹は直説法未来と同じです。

tener 持つ	ほかの動詞の例（1人称単数、3人称単数）			
tendría	poner 置く → pondría	poder ～できる → podría
tendrías	salir 出る → saldría	querer 欲する → querría
tendría	valer 価値ある → valdría	saber 知る → sabría
tendríamos	venir 来る → vendría	decir 言う → diría
tendríais	caber 入りうる → cabría	hacer する、作る → haría
tendrían		

7）接続法現在　☞ P.330 2. 用法

（1）規則活用

多くの動詞が次の活用パターンに従って形を変えます。-er動詞と-ir動詞の語尾は共通です。

	hablar 話す	comer 食べる	vivir 住む
yo	hable*	coma*	viva*
tú	hables	comas	vivas
él	hable*	coma*	viva*
nosotros	hablemos	comamos	vivamos
vosotros	habléis	comáis	viváis
ellos	hablen	coman	vivan

＊ すべての動詞で1人称単数と3人称単数が同じ形なので文脈等によって人称を判断します。

ほかの動詞の例

-ar動詞	-er動詞	-ir動詞
amar 愛する	vender 売る	abrir 開く
pasar 過ぎる	poseer 所有する	subir 乗る

すべての人称において、次のようなスペリングに注意しましょう。

語尾	語尾の形	例
-car	×ce → que	buscar 探す → busque
-gar	×ge → gue	pagar 支払う → pague
-guar	×gue → güe	averiguar 突き止める → averigüe
-zar	×ze → ce	alcanzar 到達する → alcance
-cer	×ca → za	mecer 揺らす → meza
-ger	×ga → ja	coger 取る → coja
-guir	×gua → ga	distinguir 区別する → distinga

(2) 直説法現在1人称単数形の語幹を使う活用

接続法現在の活用の多くは、直説法現在1人称単数形の語幹に接続法現在の活用語尾を付けます。次の表は直説法現在の活用パターン別に①〜④に分類して接続法現在の活用を示してあります。

① 直説法現在で1人称単数のみ不規則な動詞
② 1人称単数が不規則でさらに語幹母音変化する動詞
③ 語幹母音変化をする -ir 動詞
④ y が挿入される動詞

不定詞			① salir 出る	② tener 持つ	③ pedir 依頼する	④ huir 逃げる
直説法	現在	1人称単数	salgo	tengo	pido	huyo
		語幹	salg	teng	pid	huy
接続法	現在	yo	salga	tenga	pida	huya
		tú	salgas	tengas	pidas	huyas
		él	salga	tenga	pida	huya
		nosotros	salgamos	tengamos	pidamos	huyamos
		vosotros	salgáis	tengáis	pidáis	huyáis
		ellos	salgan	tengan	pidan	huyan

①〜④のように変化するほかの動詞には次のような語があります。それぞれ、接続法現在1人称単数形が示してあります。

①

hacer する、作る	➡ haga	conocer 知る	➡ conozca
poner 置く	➡ ponga	crecer 育つ	➡ crezca
valer 価値がある	➡ valga	reconocer 認識する	➡ reconozca
caer 落ちる	➡ caiga	conducir 運転する	➡ conduzca
traer 持ってくる	➡ traiga	traducir 翻訳する	➡ traduzca
caber 入りうる	➡ quepa	producir 製造する	➡ produzca

②

| decir 言う | ➡ diga | venir 来る | ➡ venga |

③

elegir 選ぶ	➡ elija	medir 測る	➡ mida
reír 笑う	➡ ría	repetir 繰り返す	➡ repita
servir 役立つ	➡ sirva	seguir 続ける	➡ siga

④

| concluir 終える | ➡ concluya | incluir 含む | ➡ incluya |
| construir 建てる | ➡ construya | oír 聞く | ➡ oiga |

（3）語幹母音変化活用

　接続法現在の活用で、語幹の一部が2重母音になる活用です。どの動詞が語幹母音変化活用をするかを判別する規則はないので、ひとつひとつ覚える必要があります。

　a) e ➡ ie

　1人称、2人称複数以外で、語尾の直前の母音eがieになります。

cerrar 閉める		cerrar 閉める
×cerre	e ➡ ie	cierre
×cerres	e ➡ ie	cierres
×cerre	e ➡ ie	cierre
cerremos		cerremos
cerréis		cerréis
×cerren	e ➡ ie	cierren

　ほかの動詞の例

-ar動詞	-er動詞
calentar 温める	entender 理解する
empezar* 始める	querer 欲する

* empezarはすべての人称で、empieceのようにzではなくcで書かれます。

　b) o ➡ ue

　1人称、2人称複数以外で、活用語尾の直前の母音oがueになります。

volver 戻る		volver
×volva	o ➡ ue	vuelva
×volvas	o ➡ ue	vuelvas
×volva	o ➡ ue	vuelva
volvamos		volvamos
volváis		volváis
×volvan	o ➡ ue	vuelvan

ほかの動詞の例

 -ar動詞　　　　　　　　-er動詞
 contar 数える　　　　　cocer 煮る＊＊
 jugar 遊ぶ（u ➡ ue）＊　morder 噛む
 　　　　　　　　　　　poder ～できる

＊　jugar：juegue, juegues, juegue, juguemos, juguéis, jueguen
＊＊　cocer：cueza, cuezas, cueza, cozamos, cozáis, cuezan

c) e ➡ ie, i　o ➡ ue, u

これらの動詞では、語幹母音が次のように変化します。
- 語幹母音がeの動詞 ➡ 1人称複数、2人称複数　e ➡ i
　　　　　　　　　　　そのほかの人称　　　　　e ➡ ie
- 語幹母音がoの動詞 ➡ 1人称複数、2人称複数　o ➡ u
　　　　　　　　　　　そのほかの人称　　　　　o ➡ ue

sentir 感じる	divertir 楽しませる	dormir 眠る
sienta	divierta	duerma
sientas	diviertas	duermas
sienta	divierta	duerma
sintamos	divirtamos	durmamos
sintáis	divirtáis	durmáis
sientan	diviertan	duerman

(4) 不規則な語幹や語尾を持つ動詞

次のような動詞は不規則な語幹や活用語尾を持っています。

estar ある、いる	dar 与える	ir 行く	saber 知る	ser ～である
esté	dé＊	vaya	sepa	sea
estés	des	vayas	sepas	seas
esté	dé＊	vaya	sepa	sea
estemos	demos	vayamos	sepamos	seamos
estéis	deis	vayáis	sepáis	seáis
estén	den	vayan	sepan	sean

＊　前置詞deと区別するためにアクセント記号を付けます。

8）接続法過去　☞ P.332 4. 用法

(1) 規則活用

接続法過去の活用にはすべての動詞が -ra形と -se形の2種類を持っ

4.1 動詞の活用

ていますが、意味や用法に大きな違いはありません。多くの動詞が次の活用パターンに従って形を変えます。すべての動詞の活用語尾は共通です。

a）-ra 形の活用

	hablar 話す	comer 食べる	vivir 住む
yo	hablara*	comiera*	viviera*
tú	hablaras	comieras	vivieras
él	hablara*	comiera*	viviera*
nosotros	habláramos	comiéramos	viviéramos
vosotros	hablarais	comierais	vivierais
ellos	hablaran	comieran	vivieran

* すべての動詞で1人称単数と3人称単数が同じ形なので文脈等によって人称を判断します。

b）-se 形の活用

	hablar 話す	comer 食べる	vivir 住む
yo	hablase*	comiese*	viviese*
tú	hablases	comieses	vivieses
él	hablase*	comiese*	viviese*
nosotros	hablásemos	comiésemos	viviésemos
vosotros	hablaseis	comieseis	vivieseis
ellos	hablasen	comiesen	viviesen

* すべての動詞で1人称単数と3人称単数が同じ形なので文脈等によって人称を判断します。

（2）直説法点過去3人称複数形の語幹を使う活用

接続法過去の活用は、直説法点過去3人称複数形の語幹（活用語尾のronを除いた部分）に接続法過去の活用語尾を付けます。

次の表は直説法点過去の活用パターン別に①〜④に分類して接続法過去の活用を示してあります。表では、-ra 形を示してありますが、-se 形も同じように活用します。

① 語幹母音変化する動詞
② 語幹が不規則な動詞
③ 母音 i が y に変化する動詞
④ すべての人称で不規則に活用する動詞

4.1 動詞の活用

		①	②	③	④
不定詞		sentir 感じる	tener 持つ	creer 信じる	ser 〜である
直説法 点過去	3人称複数	sintieron	tuvieron	creyeron	fueron
	語幹	sintie	tuvie	creye	fue
接続法 過去	yo	sintiera	tuviera	creyera	fuera
	tú	sintieras	tuvieras	creyeras	fueras
	él	sintiera	tuviera	creyera	fuera
	nosotros	sintiéramos	tuviéramos	creyéramos	fuéramos
	vosotros	sintierais	tuvierais	creyerais	fuerais
	ellos	sintieran	tuvieran	creyeran	fueran

①〜③のように変化するほかの動詞には次のような語があります。それぞれ、接続法過去1人称単数形が示してあります。

①
mentir うそをつく	➡ mintiera	dormir 眠る	➡ durmiera
pedir 依頼する	➡ pidiera	morir 死ぬ	➡ muriera
repetir 繰り返す	➡ repitiera	decir 言う	➡ dijera
servir 役立つ	➡ sirviera	venir 来る	➡ viniera

②
estar ある	➡ estuviera	poder 〜できる	➡ pudiera
caber 入りうる	➡ cupiera	poner 置く	➡ pusiera
hacer する、作る	➡ hiciera	querer 欲する	➡ quisiera

③
leer 読む	➡ leyera	incluir 含む	➡ incluyera
construir 建てる	➡ construyera	influir 影響する	➡ influyera
huir 逃げる	➡ huyera	oír 聞く	➡ oyera

4 動詞と動詞句

9）接続法未来

接続法未来の活用ではすべての動詞が接続法過去と同じ語幹を持っています。すべての動詞の活用語尾は共通です。

	hablar 話す	comer 食べる	vivir 住む
yo	hablare*	comiere*	viviere*
tú	hablares	comieres	vivieres
él	hablare*	comiere*	viviere*
nosotros	habláremos	comiéremos	viviéremos
vosotros	hablareis	comiereis	viviereis
ellos	hablaren	comieren	vivieren

* すべての動詞で1人称単数と3人称単数が同じ形なので文脈等によって人称を判断します。

3. 複合時制の活用

1）複合時制の基本形

すべての複合時制は、haberの活用に過去分詞が伴った形になっています。直説法現在完了の活用は次のようになります。

	hablar 話す	comer 食べる	vivir 住む
yo	he hablado	he comido	he vivido
tú	has hablado	has comido	has vivido
él	ha hablado	ha comido	ha vivido
nosotros	hemos hablado	hemos comido	hemos vivido
vosotros	habéis hablado	habéis comido	habéis vivido
ellos	han hablado	han comido	han vivido

次の点に注意しましょう。

a) haberも過去分詞も、文中でともに強勢が置かれます。
b) 複合時制で使われる過去分詞は時制、人称、性数等によって形を変えません。すなわち、×hemos habladosや×hemos habladasのような形にはなりません。
c) 「haber＋過去分詞」は形の上では2語で、必ずスペースを空けて書かれますが、hehabladoのように1語であると考えると良いでしょう。すなわちhablado heのように語順が逆になったり、he とhabladoの間にほかの語が入ったりすることは絶対にありません。
d) 動詞haberの3人称単数は「ある」「いる」という意味で使われますが、活用形は直説法現在ではhayのようにこの表とは異なった

形が使われます。☞ P.210 3. 1)(1)

2) 過去分詞の形 ☞ P.196 3.

過去分詞には次のような規則的形と不規則形があります。

(1) 規則形

-ar動詞	-er動詞	-ir動詞
hablar ➡ hablado	comer ➡ comido	vivir ➡ vivido

(2) 不規則形

abrir 開く ➡ abierto	absolver 無罪とする ➡ absuelto
cubrir 覆う ➡ cubierto	decir 言う ➡ dicho
escribir 書く ➡ escrito	hacer する、作る ➡ hecho
morir 死ぬ ➡ muerto	poner 置く ➡ puesto
pudrir 腐る ➡ podrido	resolver 解決する ➡ resuelto
romper 壊す ➡ roto	satisfacer 満足させる ➡ satisfecho
ver 見る ➡ visto	volver 戻る ➡ vuelto

3) それぞれの時制の活用

複合時制は次のように活用します。①から⑧の番号はそれぞれ下の表に付いた番号に対応しています。動詞 **abrir** を例に、形を確認してみましょう。それぞれの用法は下記のページにまとめてあります。

① 直説法現在完了: haberの直説法現在＋過去分詞
② 直説法直前過去: haberの直説法点過去＋過去分詞
③ 直説法過去完了: haberの直説法線過去＋過去分詞
④ 直説法未来完了: haberの直説法未来＋過去分詞
⑤ 直説法過去未来完了: haberの直説法過去未来＋過去分詞
⑥ 接続法現在完了: haberの接続法現在＋過去分詞
⑦ 接続法過去完了: haberの接続法過去＋過去分詞
⑧ 接続法未来完了: haberの接続法未来＋過去分詞

① ☞ P.298 2.　③ ☞ P.310 2.　④ ☞ P.315 2.
⑤ ☞ P.322 2.　⑥ ☞ P.331 3.　⑦ ☞ P.334 5.

- 動詞 **abrir** 開く の活用は以下の通りです。

①直説法現在完了	②直説法直前過去	③直説法過去完了
he abierto	hube abierto	había abierto
has abierto	hubiste abierto	habías abierto
ha abierto	hubo abierto	había abierto
hemos abierto	hubimos abierto	habíamos abierto
habéis abierto	hubisteis abierto	habíais abierto
han abierto	hubieron abierto	habían abierto

④直説法未来完了	⑤直説法過去未来完了	⑥接続法現在完了
habré abierto	habría abierto	haya abierto
habrás abierto	habrías abierto	hayas abierto
habrá abierto	habría abierto	haya abierto
habremos abierto	habríamos abierto	hayamos abierto
habréis abierto	habríais abierto	hayáis abierto
habrán abierto	habrían abierto	hayan abierto

⑦接続法過去完了		⑧接続法未来完了
hubiera abierto	hubiese abierto	hubiere abierto
hubieras abierto	hubieses abierto	hubieres abierto
hubiera abierto	hubiese abierto	hubiere abierto
hubiéramos abierto	hubiésemos abierto	hubiéremos abierto
hubierais abierto	hubieseis abierto	hubiereis abierto
hubieran abierto	hubiesen abierto	hubieren abierto

4.2 動詞の役割：つなぎ動詞、自動詞、他動詞

> **この項目の内容**
>
> 1. 動詞の種類
> 2. つなぎ動詞　　1) 文の必須要素　2) 文の随意要素
> 3. 自動詞　　　　1) 文の必須要素　2) 文の随意要素
> 4. 他動詞　　　　1) 文の必須要素　2) 文の随意要素

　スペイン語の文の構成は動詞を中心に考えると分かりやすくなります。ここでは動詞を、**英語のbe動詞に当たるつなぎ動詞、それだけで意味が完結する自動詞、必ず直接目的語を伴う他動詞の3種類に分け**

てその使い方を整理してみましょう。

1. 動詞の種類

動詞は文中でどのような要素を伴うかによって、つなぎ動詞、自動詞、他動詞の3つに分けることができます。

文は基本的には、主語と動詞から成り立っていますが、多くの場合それだけでは完結しません。英語のbe動詞に当たるserやestar等の**つなぎ動詞は、必ず名詞や形容詞等の属詞を伴います。他動詞は必ず直接目的語を伴う動詞です。またどの動詞も状況補語等の要素を伴うことができます。** ☞ P.225 2.

動詞の種類別の必ず必要な要素（必須要素）と意味上必要なら加える要素（随意要素）は次の表のようになります。

動詞の種類	例	必須要素	随意要素
つなぎ動詞	ser, estar, parecer	属詞	
自動詞	vivir, ir, llover		主格補語　間接目的語 状況補語
他動詞	buscar, decir, dar	直接目的語	目的格補語

☞ P.54 4. 弱形代名詞　☞ P.227 5.2 属詞と目的語　☞ P.237 5.3 補語

1つの動詞は必ず1つの役割しか持たないわけではなく、同じ動詞が自動詞としても他動詞としても働くことはよくあります。例えばcomerには自動詞に「食事をする」、他動詞「（〜を）食べる」の意味があります。下の動詞は、それぞれ次のような役割を果たします。

estar		comer		ir	poner
つなぎ動詞	自動詞	自動詞	他動詞	自動詞	他動詞
〜だ	いる、ある	食事をする	（〜を）食べる	行く	（〜を）置く

次の点に注意しましょう。
a) 直接目的語は主語と異なり、省略することはできません。文脈等から明らかな場合は弱形代名詞に置き換えます。すなわち、動詞

が自動詞として使われているか、他動詞として使われているかの見分け方は直接目的語の有無から判断することができます。
- 直接目的語がない ➡ 自動詞
- 直接目的語がある ➡ 他動詞

b）再帰代名詞を伴う動詞を代名動詞と呼びます。多くの代名動詞は自動詞ですが、他動詞として働き、直接目的語を伴うことのできる代名動詞もあります。 ☞ P.180 4.3

2. つなぎ動詞

主なつなぎの動詞は、ser と estar で、英語の be 動詞に当たります。この本では、「つなぎ動詞」を「属詞を伴う動詞」と考えることにしますので、estar が「ある、いる」の意味になる場合、**Yo estoy aquí.** 私はここにいる は自動詞として扱います。ser, estar のほかにも parecer のように、つなぎ動詞になる動詞がありますが、数は多くありません。

1）文の必須要素

つなぎ動詞を使った文で必ず必要な要素は、主語、動詞と属詞です。主語は動詞の形などから判断できる場合は省略できますので、一番短い文は、動詞と属詞の2語で成り立ちます。

主語 Yo
動詞 soy **属詞** estudiante

Yo soy estudiante.
私は学生です。

語順は、主語や属詞の長さ等によって変わりますが、つなぎ動詞を使った文で、属詞が弱形代名詞ではない場合、一般に属詞は動詞より後に置かれます。上の文では次の語順が可能です。
- 主語―動詞―属詞　Yo **soy** estudiante.
- 動詞―主語―属詞　**Soy** yo estudiante.
- 動詞―属詞―主語　**Soy** estudiante yo.

☞ P.56 3）位置　☞ P.227 1. 属詞
☞ P.204 1）ser　☞ P.206 2. estar

2）文の随意要素

つなぎ動詞は、状況補語や間接目的語を伴うことができます。

（1）状況補語 ☞ P.237 1.

文中のさまざまな位置に置くことができます。

Al final del partido estaban todos muy tristes.
試合の最後には皆悲しんでいた。

Carmen **parecía** una princesa **el día de su boda**.
カルメンは彼女の結婚式の日、王女様のようだった。

（2）間接目的語 ☞ P.56 3) ☞ P.232 3.

つなぎ動詞を使った文は間接目的語を伴うと、「述べられていることが誰にとってそうであるのか」を加えることができます。

間接目的語は普通、me, te, le, nos, os, les 等弱形代名詞で表しますが、必要に応じて「a＋名詞」を加えることができます。

A la madre le es difícil compaginar el hogar con el trabajo.
母親にとって家庭と仕事の両立は難しい。

Me parece muy interesante la reacción de tu padre.
君のお父さんの反応はとても興味深いと思う。

3. 自動詞

自動詞は、直接目的語という「他」の要素に頼ることなく、それだけで意味が完結することができる動詞です。

1）文の必須要素

自動詞を使った文で必ず必要な要素は、主語と動詞のみです。主語は動詞の形などから判断できる場合は省略できますので、一番短い文は動詞のみで成り立ちます。

主語
Pedro

動詞
canta

Pedro canta.
ペドロは歌う。

4.2 動詞の役割：つなぎ動詞、自動詞、他動詞

語順は主語と動詞のどちらが先でもかまいません。主語が長い場合は、動詞の後に置かれる傾向があります。

 Ella **come**.　彼女は食事をする。
 Viven Juan y Hiroko.　ファンと弘子が住んでいる。

2）文の随意要素

自動詞は、**状況補語、間接目的語、主格補語**を伴うことができます。

(1) 状況補語　☞ P.237 1.

文中のさまざまな位置に置くことができます。

 Viven en la costa.　彼らは海岸沿いに住んでいる。

(2) 間接目的語　☞ P.232 3.

数は多くありませんが、間接目的語を伴う自動詞もあります。間接目的語は普通、me, te, le, nos, os, les等弱形代名詞で表しますが、必要に応じて「a＋名詞」を加えることができます。動詞gustar 好きだ がこのパターンの動詞の代表的な語ですが、ほかにもencantar 大好きだ、interesar 興味を持たせる のような動詞があります。

 Me gusta leer en la cama.　ベッドで読書をするのが好きだ。
 ¿**Te apetece** cenar fuera esta noche?　今日外食したいですか。

(3) 主格補語　☞ P.239 2.

自動詞の文が、主語の状態を描写する形容詞や過去分詞を主格補語として伴うことができる場合があります。このとき形容詞、過去分詞は主語の性数に一致します。

 Anda muy cansado estos días.　彼はこのところとても疲れている。
 Se ha vuelto muy antipático desde que le tocó la lotería.
 彼は宝くじが当たってから感じが悪くなった。

4. 他動詞

他動詞は、**直接目的語**という「他」の要素に頼って意味を完結させる動詞です。ある動詞が「他動詞」として働く場合、その動詞は必ず直接目的語を伴います。「動詞が直接目的語を伴っていれば、その動詞は他動詞である」と考えることができます。☞ P.229 2.

1）文の必須要素

他動詞を使った文で必要な要素は、主語と動詞、直接目的語です。

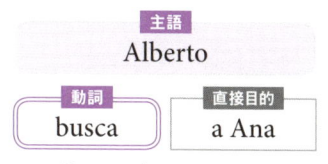

主語
Alberto

動詞 | **直接目的**
busca | a Ana

Alberto busca a Ana.
アルベルトはアナを探します。

語順は次のようになります。
- 直接目的語が名詞句の場合は、一般に直接目的語は動詞より後に置かれます。

  Alberto **busca a Ana**.
  Busca Alberto **a Ana**.
  Busca a Ana Alberto.

- 直接目的語が代名詞の場合、直接目的代名詞は活用している動詞の直前に置かれます。 ☞ P.56 3)

  Alberto **la busca**. アルベルトは彼女を探します。

2）文の随意要素

他動詞は状況補語、間接目的語、目的格補語を伴うことができます。

（1）状況補語 ☞ P.237 1.

文中のさまざまな位置に置くことができます。

Compro verduras **en el supermercado**. 野菜はスーパーで買います。
Mañana la **llamaré** por teléfono. 明日彼女に電話します。

（2）間接目的語 ☞ P.232 3.

他動詞の中には、動作が向いている相手を示す間接目的語を伴うことができる語があります。間接目的語は普通、me, te, le, nos, os, les といった弱形代名詞で表しますが、必要に応じて「a＋名詞」を加えることができます。

El conferenciante **dio** las gracias **a los organizadores**.
講演者は企画した人たちにお礼を言った。

Carmen **les ha regalado a sus padres** entradas para un

concierto.
カルメンは両親にコンサートの入場券をプレゼントした。

(3) 目的格補語 ☞ P.240 3. ☞ P.193 (2)(3)

他動詞の文が、目的語の状態を描写する形容詞や過去分詞、動詞の不定詞を伴うことができる場合があります。形容詞、過去分詞は目的語の性数に一致します。

Como su madre lo **vio tan cansado**, le **hizo acostarse** enseguida.
彼の母は彼があまりに疲れていたのを見て、すぐに寝させた。

4.3 代名動詞

この項目の内容

1. 代名動詞の形	1) 代名動詞と再帰代名詞
	2) 代名動詞の活用
	3) 再帰代名詞の位置　4) 重複表現
2. 代名動詞の用法	1) 再帰用法　2) 相互用法
	3) 無人称用法と受け身用法
	4) 異なるニュアンスになる代名動詞
	5) 代名動詞としてのみ使われる動詞
3. 代名動詞の随意要素	1) 直接目的語を伴う代名動詞
	2) 間接目的語を伴う代名動詞
	3) 主格補語を伴う代名動詞

動詞の中には、再帰代名詞と呼ばれる弱形代名詞を必ず伴って使われる語があります。動作主が「私」の場合は必ず1人称単数の代名詞 me を伴うといったように、動詞に伴う代名詞は主語によって決まっています。これらの動詞は常に代名詞を伴うことから、代名動詞と呼ばれます。

1. 代名動詞の形

1) 代名動詞と再帰代名詞

代名動詞*は、**me, te, se, nos, os, se** といった代名詞を伴って使わ

れる動詞です。代名動詞も、自動詞や他動詞の役割を果たすことができます。代名動詞の不定詞は、一般に3人称のseで代表してlevantarseのように書かれます。

* 再帰動詞とも呼ばれます。

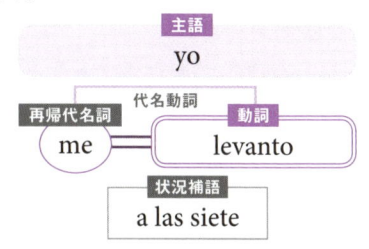

主語
yo

代名動詞
再帰代名詞　動詞
me　levanto

状況補語
a las siete

Yo me levanto a las siete.
私は7時に起きます。

次のような点に注意しましょう。

a) 代名動詞は、必ず再帰代名詞を伴って使われるので、再帰代名詞は動詞の活用の一部だと考えると良いでしょう。

b) 再帰代名詞の指している人や物等は、必ずその動詞の動作主と一致します。例えば動作主がyoならme, 動作主がvosotrosならosが必ず使われます。

c) 1人称、2人称のme, te, nos, osは直接目的語、間接目的語を表す弱形人称代名詞と同じ形をしていますが、動作主の人称と同じ代名詞が使われている場合が再帰代名詞なので、見分け方は難しくありません。

2) 代名動詞の活用

代名動詞は必ず代名詞を伴うため、その活用形は次のように書かれます。 P.153 4.1

	levantarse 起きる 直説法現在	ponerse 着る 直説法点過去	dormirse 眠り込む 接続法現在
yo	me levanto	me puse	me duerma
tú	te levantas	te pusiste	te duermas
él	se levanta	se puso	se duerma
nosotros	nos levantamos	nos pusimos	nos durmamos
vosotros	os levantáis	os pusisteis	os durmáis
ellos	se levantan	se pusieron	se duerman

3）再帰代名詞の位置

再帰代名詞はほかの弱形人称代名詞同様、**活用している**動詞の前、もしくは動詞の**不定詞、現在分詞、肯定命令**の後に付きます。

（1）動詞が活用している場合

再帰代名詞は動詞のすぐ前に置かれます。ただし、同じ動詞が、再帰代名詞以外の弱形代名詞を伴う場合、再帰代名詞は、直接目的人称代名詞や間接目的人称代名詞よりも動詞から離れた位置に置かれます。
☞ P.56 3）(1)

> Yo **me levanto** a las siete. 私は7時に起きます。
>
> **Se** me **olvidó** traer el paraguas. 私は傘を持ってくるのを忘れた。

➡ se は再帰代名詞。me は間接目的人称代名詞

（2）不定詞、現在分詞、肯定命令の場合

a）不定詞、現在分詞

助動詞的に働く動詞は、しばしば動詞の不定詞や現在分詞を伴います。再帰代名詞は、助動詞的に働いている活用している動詞の前に置かれるか、不定詞や現在分詞の後にスペースを置かず書かれるかのどちらかになります。 ☞ P.56 3）(2)　☞ P.200 2）b)

次の2つの例は、どちらも文法的に正しく、どちらの文も「私は起きたい」という意味になります。

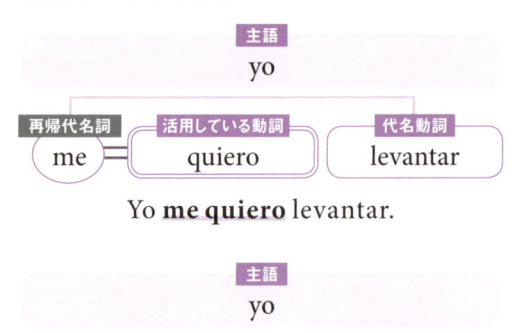

主語
yo

再帰代名詞	活用している動詞	代名動詞
me	quiero	levantar

Yo **me quiero** levantar.

主語
yo

動詞	代名動詞
quiero	levantarme

↓ 不定詞

Yo quiero **levantarme**.

Yo voy a **ducharme** ahora.　　私は今シャワーを浴びます。
= Yo **me** voy a **duchar** ahora.
Yo estoy **duchándome**.　　私はシャワーを浴びています。
= Yo **me** estoy **duchando**.

不定詞が前置詞の後に置かれたり、名詞として働く場合や、現在分詞の独立構文等でも、再帰代名詞は動詞の後に置かれスペースを空けずに書きます。☞ P.190 2. ☞ P.326 2)

b）肯定命令文では、再帰代名詞は必ず動詞の後に置かれます。
Dúchate. シャワーを浴びなさい。

4）重複表現

再帰代名詞と同じ意味を表す「a＋前置詞後置形」が同じ文の中で両方使われている表現を重複表現と呼びます。再帰代名詞は必須要素なので、強調したい等の理由がある場合のみ「a＋前置詞後置形」が使われます。多くの場合 mismo / a(s) を伴います。☞ P.53 3.

Se dijo a sí mismo que nunca volvería a mencionar el tema.
彼は自分自身に二度とその話をしないと言った。
Demuéstrate a ti mismo que puedes hacerlo.
それをやることができることを、君自身に示しなさい。

2. 代名動詞の用法

代名動詞には、1）再帰用法、2）相互用法、3）無人称用法と受け身用法などさまざまな用法があります。また再帰代名詞を伴う場合とそうでない場合で異なるニュアンスになる代名動詞や、代名動詞としてのみ使われる動詞もあります。

1）再帰用法

代名動詞の主な用法は、動詞で表される動作が主語で表される人に「再び帰ってくる」という再帰用法です。そのため、代名動詞はしばしば再帰動詞とも呼ばれます。

代名動詞の再帰用法では、再帰代名詞は直接目的人称代名詞と同じような働きをしています。次の例を見てみましょう。

a）直接目的人称代名詞 lo
Juan lo mueve. ファンはそれを動かす。 ➡ lo はファン以外の人や物を指す

b）再帰代名詞 se

Juan **se mueve**. ファンは動く（ファンは自分自身を動かす）。

➡ se はファン自身を指す

　このように「自分自身を〜する」と解釈できる代名動詞はたくさんあります。他動詞 mover 動かす は、代名動詞では「自分自身を動かす」から自動詞の moverse 動く になるといったように、代名動詞でない場合は他動詞、代名動詞の場合は自動詞になるのが普通です。例えば次のような動詞がこれに当たります。

abrir	開ける	➡	abrirse	開く
acostar	横にする	➡	acostarse	横になる
casar	結婚させる	➡	casarse	結婚する
meter	入れる	➡	meterse	入る
preocupar	心配させる	➡	preocuparse	心配する
sentar	座らせる	➡	sentarse	座る
sorprender	驚かせる	➡	sorprenderse	驚く

La situación económica **preocupa** a los ciudadanos.
経済状況は市民を心配させる。➡ 他動詞

Los ciudadanos **se preocupan** por la situación económica.
市民は経済状況を心配している。

Despierta a los niños. 子どもたちを起こしなさい。➡ 他動詞

Me suelo **despertar** sobre las siete. 私は普通7時頃に起きる。

2）相互用法

　主語が複数形で代名動詞が使われている場合、「お互いに〜し合う」の意味になる動詞があります。

Ben y Raquel **se quieren** mucho. ベンとラケルは愛し合っている。

Se saludaron. 彼らは挨拶した。

No **se hablan** desde hace años. 彼らは何年も口をきいていない。

Nos conocimos en la universidad. 私たちは大学で知り合った。

3）無人称用法と受け身用法

（1）無人称用法

　無人称用法は「一般的に人は〜」といった意味を表す代名動詞の用法です。必ず3人称単数形で使われます。無人称の文は3人称単数の

主語があって、それが省略されているわけではなく、もともと主語のない文です。代名詞の se が「一般的に人は」の意味だと考えると分かりやすいでしょう。主語のある文と、無人称の se を伴う文には次のような意味の違いがあります。

> Yo **veo** a los niños jugar en el parque.
> 私には子どもたちが公園で遊んでいるのが見える。
> ➡ 他の人には見えないかもしれない
>
> Desde la ventana **se ve** a los niños jugar en el parque.
> 窓からは子どもたちが公園で遊んでいるのが見える。 ➡ 誰にでも見える

また、無人称用法では、次のような表現がよく使われます。

> ¿**Se puede** pagar con tarjeta de crédito?
> クレジットカードで支払うことができますか。
> ¿Cómo **se hace** el gazpacho? ガスパチョはどうやって作りますか。
> **Se come** muy bien en este restaurante. このレストランはおいしい。
> ¡Eso no **se hace**! そういったことはしちゃいけないんだ。

（2）受け身用法 ☞ P.198（3） ☞ P.205（2） ☞ P.262（13）

　代名動詞は、物や事柄を主語にした受け身表現を作ることができます。この構文では人を主語にすることはできないため、動詞は3人称単数か複数のみで使われますので再帰代名詞は必ず se になります。単数で使われた場合は無人称用法と特に区別して考える必要はありません。

　受け身構文の主語は、動詞の前にも後にも置かれますが、主語が後に置かれる場合は、しばしば無冠詞になります。

a）主語が動詞の前

> Sus novelas **se tradujeron** a varios idiomas.
> 彼の小説はさまざまな言語に翻訳された。
> La casa **se vendió** sin problemas. 家は問題なく売れた。

b）主語が動詞の後

> **Se solucionaron** los problemas. 問題は解決した。
> **Se requieren** referencias. レファレンスを付ける必要がある。

（3）動詞の3人称複数を使った受け身表現

　代名動詞を使わず、動詞の3人称複数の活用で、主語のない表現も受け身を表すことができます。次のような文です。

Luis, te **llaman**. ルイス、電話ですよ。

Me **han dicho** que hoy no hay clase. 今日は授業はないと言われた。

　上の文はいずれも、電話をした人、授業がないと言った人は1人であっても動詞を複数形にすると、主語が誰であるかに重きを置かない表現となるときには、「～される」といった受け身の意味になります。

4）異なるニュアンスになる代名動詞

　動詞の中には再帰代名詞の有無により若干ニュアンスが違ってくる語があります。再帰代名詞は、動詞が表しきれない細かいニュアンスを付け加える働きをしています。例えば次のような語があります。

beber	飲む	➡	beberse	飲み干す
caer	落ちる	➡	caerse	うっかりころぶ
comer	食べる	➡	comerse	すべて食べてしまう
venir	来る	➡	venirse	来てこの場にとどまる

　再帰代名詞を伴う場合と伴わない場合の意味の違いを **ir** 行く と **dormir** 眠る の例で少し詳しく見てみましょう。

a）ir と irse　P.213 4.

Voy a Correos. 郵便局に行きます。
➡ ir「郵便局」という目的地を相手に伝えたい場合に使う

Me voy. いってきます。／さようなら。／もう行くよ。
➡ irse 目的地を伝える必要がない場合に使う

Me voy a Correos. 郵便局に行きます。
➡ irse 目的地よりも「この場からいなくなる」ことを言いたい場合に使う

b）dormir と dormirse

Dormí ocho horas. 8時間眠った。
➡ dormir「寝ている」「眠る」という状態を表す自動詞

Tengo que **dormir** al niño. 子供を寝かさなければいけない。
➡ dormir「寝かせる」という他動詞

Me dormí a las ocho. 8時に眠りについた。
➡ dormirse「眠りにつく」という動作を表す

En clase **me dormí** un poco. 授業中に少し居眠りした。
➡ dormirse「居眠りする」の意味

5）代名動詞としてのみ使われる動詞

次のような動詞は常に再帰代名詞を伴って使われます。一般に辞書には -se という形で載せられています。

arrepentirse	後悔する	jactarse	自慢する
suicidarse	自殺する	quejarse	不平を言う

Nunca **me arrepentiré** de haber dejado ese trabajo.
私はその仕事を辞めたことを絶対に後悔しないだろう。

3. 代名動詞の随意要素

代名動詞は直接目的語や間接目的語を伴う場合があります。

1）直接目的語を伴う代名動詞

代名動詞には直接目的語を伴うものがあります。再帰代名詞は、動作が向いている相手を表します。語順は次のようになります。
- 直接目的語が名詞句で表される場合、直接目的語は動詞の後。
- 直接目的語も代名詞になる場合、直接目的人称代名詞が動詞に最も近い位置に来ます。つまり、再帰代名詞、直接目的人称代名詞、動詞の順になります。

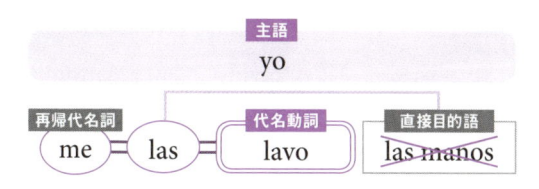

【主語】yo
【再帰代名詞】me —【代名動詞】las — lavo —【直接目的語】~~las manos~~

Me lavo las manos. 私は手を洗う。
Me las lavo. 私はそれを洗う。

Tenemos que **ponernos** la corbata.
私たちはネクタイをしなければいけない。
→ 目的語 la corbata は 1 人 1 本なので単数

Mis vecinos **se han comprado** un coche nuevo.
隣の人が（自分のために）新しい車を買った。

Para la fiesta de Rosana **me he hecho** un vestido nuevo.
ロサーナのパーティーのために、私は新しいドレスを（自分用に）作った。

次のような表現は、常に再帰代名詞と直接目的人称代名詞を伴います。直接目的人称代名詞は、特に指示しているものがありません。

arreglárselas	切り抜ける	echárselas de	ふりをする
dárselas de	気取る	vérselas con	対決する

El piso es muy pequeño pero **nos las arreglamos**.
アパートは小さいけれど、どうにかやっている。

No **te las eches de** buen conductor. 運転が上手いふりをするな。

2）間接目的語を伴う代名動詞

代名動詞には間接目的語を伴うものがあります。

☞ P.235（4）

（1）受け身用法の代名動詞に伴う間接目的語

間接目的人称代名詞は必ず使われ、必要な場合は「a＋名詞」で、その内容を明らかにしたり強調したりします。受け身用法の代名動詞は3人称のみで使われますので、再帰代名詞は必ず se になります。

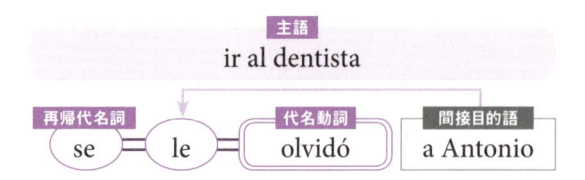

```
                主語
              ir al dentista
  再帰代名詞      代名動詞       間接目的語
    se  —  le   olvidó       a Antonio
```

Se le olvidó a Antonio ir al dentista.
アントニオは歯医者に行くのを忘れた。

上の文では、主語は、「歯医者に行くこと」で不定詞で表されています。直訳すると「歯医者に行くことが忘れられた」になります。「誰によって」忘れられたかは、間接目的語の le と a Antonio で表されています。

ほかにも次のような動詞が間接目的語を伴います。

Se me rompió el ordenador. コンピューターが壊れた。

Se me han ocurrido unas ideas maravillosas.
良い考えが思いついた。

Se nos **hacen** aburridas tantas conferencias seguidas.
こんなに講演会ばかり続くとちょっと退屈だ。

（2）感情移入の間接目的語 ☞ P.236 (4)

代名動詞はほかの動詞同様、動作の影響を受ける人の感情移入を示す間接目的語を伴うことができます。次のような場合です。

Se me murió mi abuela. 祖母が亡くなってしまった。

ここでは、代名動詞 morirse 死ぬ が「祖母の死に感情的な影響を受けた人」を表す間接目的語 me を伴っています。

Se me **fue** mi mejor amigo. 私の親友が行ってしまった。

3）主格補語を伴う代名動詞

代名動詞には形容詞や名詞の主格補語を伴って使われる語があります。例えば次のような動詞です。☞ P.239 2.

a) volverse ＋名詞/形容詞

Ella **se volvió** una egoísta. 彼女はエゴイストになった。

b) sentirse ＋名詞/形容詞

Se sintió un fracasado. 彼は負け犬のように感じた。

Ellos **se sintieron** abandonados. 彼らは見捨てられたように感じた。

c) hacerse ＋名詞

Quiero **hacerme** maestra en el futuro. 私は将来先生になりたい。

4.4 動詞の非人称形

> **この項目の内容**
> 1. 動詞の非人称形の種類
> 2. 不定詞　　　1）不定詞の形　2）不定詞の特徴
> 　　　　　　　3）不定詞の用法
> 3. 過去分詞　　1）過去分詞の形　2）過去分詞の特徴
> 　　　　　　　3）過去分詞の用法
> 4. 現在分詞　　1）現在分詞の形　2）現在分詞の特徴
> 　　　　　　　3）現在分詞の用法

　動詞は、直説法、接続法等の法、現在、過去等の時制、そして1人称、2人称等の人称によって活用しますが、法、時制、人称によって形を変えない非人称形があります。

1. 動詞の非人称形の種類

　スペイン語では不定詞、過去分詞、現在分詞の3つが非人称形です。文中でそれぞれ、名詞、形容詞、副詞と同じような役割を果たします。

	規則形			主な役割
不定詞	hablar	comer	vivir	名詞的な役割
過去分詞	hablado	comido	vivido	形容詞的な役割
現在分詞	hablando	comiendo	viviendo	副詞的な役割

2. 不定詞

　不定詞は主に名詞として働きます。

1）不定詞の形

　-ar, -er, -ir のいずれかで終わる形を不定詞と呼びます。辞書の見出しは不定詞で書かれています。

　日本語で「勉強する」という動詞を名詞として使うためには、「勉強すること」のようにしますが、不定詞はこの「～のこと」のような意味になると考えることができます。動詞はこの不定詞の形により、-ar動詞、-er動詞、-ir動詞に分類することができます。☞ P.153 1.1)

2）不定詞の特徴

不定詞は「～のこと」の意味で使われますが、動詞的な特徴と名詞的な特徴を合わせ持っています。

（1）動詞的な特徴

不定詞は次のような動詞的特徴を持っています。

a) 不定詞は、目的語や属詞、補語などを伴うことができます。

estudiar hasta muy tarde　遅くまで勉強すること　➡ 状況補語を伴う

hacer una investigación　リサーチをすること　➡ 直接目的語を伴う

b) 不定詞が目的人称代名詞や再帰代名詞を伴う場合、代名詞は不定詞の後にスペースを空けずに書かれます。助動詞的に使われる動詞に伴っている場合は、代名詞を活用している動詞の前に置くこともできます。☞ P.56 3)

Quiero **ducharme** antes de salir.　出かける前にシャワーを浴びたい。

= **Me** quiero **duchar** antes de salir.

c) 必要な場合は主語を付けることができます。また代名動詞では、再帰代名詞の人称で主語が分かります。

Ir el jefe en persona es muy raro.

上司が自分で行くというのはとても珍しい。

levantarme temprano　私が早く起きること

d) 不定詞は、「haber＋過去分詞」の形にすると、「～したこと」の意味になります。その文の主な動詞の表している時制の時点では完了している事柄について使います。

Se disculpó por **haber llegado** tarde.　彼は遅刻したのを謝った。

➡ disculparse「謝る」より、llegar「着く」ことのほうが前に起こっている

No sé dónde está Carlos. Tendría que **haberme llamado**.

カルロスはどこにいるんだろう。電話が来ていなければいけないのに。

（2）名詞的な特徴

不定詞は次のような名詞的特徴を持っています。

a) 不定詞は定冠詞男性単数形を伴うことができます。

El **levantarse** temprano le sienta muy bien.

早起きは彼にとって気持ちが良い。

El **perder** el trabajo ha sido un duro golpe.

失職することは大きなショックだった。

b) 不定詞は形容詞等の修飾語を伴うことができます。形容詞は男性単数形になります。

El día fue un **constante ir y venir** de visitas.

一日中来客が絶えなかった。

c) 完全に名詞化していて、辞書で名詞として掲載されるような語を除き、複数形はありません。また estudiar y trabajar のように 2 つの不定詞が y で結ばれた場合も単数とみなします。

Me gusta **jugar al fútbol** y **nadar**.

私はサッカーをすることと泳ぐことが好きです。

A: ¿Puedes **terminar este trabajo** y **enviárselo al cliente** antes de las cinco?　B: Sí, **lo** puedo **hacer** sin problema.

「5時までにこの仕事を終えてお客さんに送ってもらえますか？」
「ええ、問題なくできますよ」

3) 不定詞の用法

不定詞には名詞句として使われたり、使役動詞とともに使われたりする等のさまざまな用法があります。

(1) 名詞句としての用法　☞ P.33 2.

名詞は文中で主に次のような役割を果たしますが、それらの役割はそのまま不定詞が担うことができます。

a) 主語

Este examen es difícil.　この試験は難しい。

Entender todo lo que dice el profesor es difícil.

先生が言うことをすべて理解することは難しい。

b) 目的語

Le he prometido **una bicicleta** para su cumpleaños.

彼に誕生日に自転車を約束した。

Le he prometido **llegar a tiempo**.　私は彼に時間通りに着くと約束した。

c) 属詞

Querer es **lo importante**.　やりたいと思うことが重要なのだ。

Querer es **poder**.　やりたいと思うことはできるということだ。

d) 前置詞＋補語

Estudio **para el examen**.　試験のために勉強する。

Estudio **para aprobar el examen**.　試験に合格するために勉強する。

（2）知覚動詞とともに使われる不定詞

ver 見る、**oír** 聞く、**sentir** 感じる のような知覚を表す動詞の目的語は、不定詞を目的格補語として従えることができます。

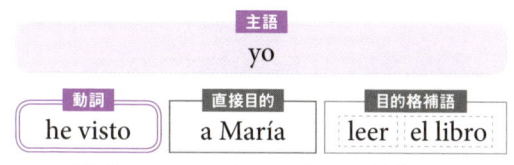

　　　　　　　　　　　　　主語
　　　　　　　　　　　　　yo
　　　動詞　　　　直接目的　　　　目的格補語
　　he visto　　　a María　　　leer　el libro

Yo he visto a María leer el libro.
　　私はマリアが本を読むのを見た。

上の文では直接目的語が不定詞の目的格補語を伴っています。不定詞は目的語等を伴うことができますので、それぞれ次のように弱形代名詞に置き換えることができます。

- **a María** を代名詞に置き換える
  Yo la he visto **leer** el libro. 私は彼女が本を読むのを見た。
- **el libro** を代名詞に置き換える
  Yo he visto a María **leerlo**. 私はマリアがそれを読むのを見た。
- **a María** と **el libro** を代名詞に置き換える
  Yo la he visto **leerlo**. 私は彼女がそれを読むのを見た。

次のように使われます。
　　Los vecinos la **oyeron gritar**. 近隣の人は彼女が叫ぶのを聞いた。
　　Los **vimos salir** muy temprano.
　　私たちは彼らがとても早く出かけるのを見た。

（3）使役動詞とともに使われる不定詞　☞ P.220 3）

「〜させる」という意味の動詞を使役動詞と呼びます。不定詞は **hacer** や **dejar** のような使役動詞に伴って使われます。
　　Sus padres solo la **dejan salir** por la noche los fines de semana.
　　彼女の両親は週末のみ夜出かけることを許す。

（4）疑問詞＋不定詞　☞ P.85 3）(2)

不定詞は疑問詞とともに使われ、「〜すべき」という意味になります。
　　No sé **qué hacer**. 私は何をして良いか分からない。

4.4 動詞の非人称形

(5) al＋不定詞 ☞ P.253 b)

「al＋不定詞」で「〜のとき」の意味になります。現在、過去、未来のいずれの場合も使えますので、時制は文脈から判断します。

a) 現在

¿Te quitas los zapatos **al entrar** a casa?
家に入るとき、靴を脱ぎますか。

b) 過去

Al abrir la puerta, se escapó el gato. ドアを開けたら猫が逃げた。

c) 未来

Ten cuidado **al cruzar la calle**. 道を渡るとき気を付けなさい。

(6) a＋不定詞

「a＋不定詞」は命令を表します。「さあ〜しなさい」といったニュアンスの命令になります。

A **comer**. 食べなさい。

(7) ほかの動詞に伴って使われる不定詞

不定詞を伴うことができる動詞は数多くあります。

a) 前置詞なしで不定詞を伴う動詞には次のような語があります。

- poder 〜できる ☞ P.307 g)

「〜することが可能である」の意味です。多くの場合、「状況が許すので可能」の意味で使われます。

No **puedo ir** a Hokkaido hoy porque se ha cancelado el vuelo.
飛行機がキャンセルになったので、今日は北海道に行けない。

No **puedo dormirme** en el autocar. 私は長距離バスでは眠れない。

- saber 〜できる ☞ P.307 i)

「〜する能力がある」の意味で使われます。

José **sabe nadar**, pero hoy no puede porque está resfriado.
ホセは泳げるけれど、今日は風邪を引いているのでできない。

- querer 〜したい ☞ P.307 h)

quererは「a＋人」を目的語とすると「愛している」、「物」を目的語とすると「欲しい」の意味になりますが、不定詞を目的語とすると「〜したい」の意味です。

Quiero hablar contigo cuando puedas.
君の都合の良い時に話したいのだが。

- deber 〜すべきだ

「**deber** + 不定詞」は「〜すべきだ」の意味で、否定文では「〜してはならない」になります。「**deber de** + 不定詞」は「〜に違いない」の意味ですが、**de**が省略されることもよくあるため意味は状況から判断します。

Debes ayudarlo. 君は彼を助けるべきだ。
Deberías ayudarlo. 君は彼を助けるべきなのではないだろうか。
No **debes preguntar**le la edad a una mujer.
女性には年齢を聞くものではない。
Debe de haber terminado el trabajo ya.
彼はもう仕事を終えたに違いない。

- pensar 〜するつもりだ

「**pensar** + 不定詞」は「〜するつもりだ」、**pensar en** は「〜することを考える」の意味です。

Pensamos comprar este coche. 私たちはこの車を買うつもりだ。
Pensé en llamarte, pero no lo hice.
君に電話をすることを考えたがしなかった。

- soler よく〜する ☞ P.308 c)

直説法現在では「よく〜する」、線過去では「〜したものだ」の意味ですが、これ以外の時制では用いられません。

El paquete no **suele tardar** mucho en llegar.
小包は普通、到着までそれほど長くかからない。
Solíamos pasear por aquí. 私たちはこのあたりをよく散歩したものだ。

b) 動詞の中には前置詞とともに不定詞を伴う語があります。例えば次のような語です。 ☞ P.266 4.

a	acostumbrarse a 〜に慣れる	empezar a 〜を始める
	aspirar a 〜を狙う	llegar a 〜するに至る
	atreverse a 思い切って〜する	ponerse a 〜にとりかかる
	echarse a 突然〜する	volver a 再び〜する
de	acabar de 〜したばかりだ	dejar de 〜をやめる
	acordarse de 〜を思い出す	disfrutar de 〜を楽しむ
	arrepentirse de 〜を後悔する	parar de 〜が終わる
	cansarse de 〜に疲れる	terminar de 〜を終える
en	colaborar en 〜に協力する	quedar en 〜に合意する

195

3. 過去分詞

過去分詞は、主に形容詞として働く動詞の非人称形です。

1）過去分詞の形

過去分詞には次のような規則形と不規則形があります。

（1）規則形

-ar動詞は不定詞の語尾を -ado に、-er動詞と -ir動詞は -ido にします。

-ar動詞	-er動詞	-ir動詞
hablar ➡ hablado	comer ➡ comido	vivir ➡ vivido

（2）不規則形

次のような不規則形があります。そのほかの形は173ページ 2）過去分詞（2）不規則形を参照してください。

cubrir 覆う	➡ cubierto	decir 言う	➡ dicho
hacer する、作る	➡ hecho	poner 置く	➡ puesto
ver 見る	➡ visto	volver 戻る	➡ vuelto

次のような点にも注意しましょう。

a）前出の表中にある動詞の派生語も同じような変化をします。
　　posponer 延期する ➡ pospuesto
　　envolver 包む ➡ envuelto

b）過去分詞の中には、形容詞として頻繁に使われるため、形容詞として辞書に載っている語もあります。
　　cansar 疲れさせる ➡ cansado 疲れている
　　ocupar 占める ➡ ocupado 忙しい

c）同じように使われる2通りの過去分詞を持つ語があります。
　　imprimir 印刷する ➡ imprimido, impreso
　　freír 揚げる ➡ freído, frito

d）2通りの過去分詞を持ち、複合時制には規則形、形容詞としては不規則形が使われる語があります。 P.172 3.
　　bendecir 祝福する ➡ 複合時制 bendecido、形容詞 bendito
　　maldecir 呪う ➡ 複合時制 maldecido、形容詞 maldito

2）過去分詞の特徴

過去分詞には「～した」という完了の意味で使われる、あるいは他動詞の過去分詞では「～された」という受け身の意味で使われるものがあり、次のような特徴を持っています。また代名動詞の過去分詞は再帰代名詞なしの動詞の過去分詞と同じ形です。

a）過去分詞は **haber** とともに完了形の活用の一部として使われます。このとき、過去分詞は形を変えません。☞ P.173 2)

b）過去分詞は形容詞のように用いられます。この時形容詞同様、指している名詞の性と数に合わせて形が変化します。

- 動詞 **abrir** 開くの過去分詞 ➡ abierto abierta, abiertos, abiertas
  un libro **escrito** en ruso　ロシア語で書かれた本
  unas puertas **abiertas**　いくつかの開いているドア

c）過去分詞は muy, un poco, poco 等の形容詞を修飾する副詞によって、その意味の程度を表すことができます。☞ P.116 1.1)
  Es un escritor **muy poco leído** estos días.
  彼は最近ではあまり読まれていない作家だ。
  Me gusta la carne **poco hecha**.　私は肉はレアが好きだ。

d）「前置詞＋名詞」を伴うことができます。
  hecho a mano　手製の　　**cansado de esperar**　待ちくたびれた

3）過去分詞の用法

過去分詞は複合時制の活用で使われますが、普通の形容詞にもなります。また受け身表現や独立構文で使われます。

（1）複合時制の活用の一部

過去分詞が複合時制の活用で使われるときは性数変化しません。

（2）形容詞としての用法

形容詞は文中で主に次のような役割を果たしますが、それらの役割はそのまま過去分詞も担うことができます。

a）つなぎ動詞の属詞 ☞ P.207 (2)
  La fruta ya está **lavada**.　果物はもう洗ってある。
b）名詞の修飾語
  un lugar **olvidado**　忘れられた場所

c）目的格補語
　　Ya tengo **terminada** toda la tarea.　もう仕事は全部終えてある。
d）主格補語
　　Terminaron **enfadados**.　彼らは最後には怒っていた。

（3）過去分詞を使った受け身表現

　日本語で「〜される」という受け身の言い方は、スペイン語ではさまざまな表現を使って表すことができますが、その中の1つに「ser＋過去分詞」があります。動作主は前置詞porやdeを使って表します。
☞ P.185 (2)　☞ P.205 (2)　☞ P.262 (13)

```
                     主語
                  estas casas
        動詞                   属詞
       fueron              construidas
     状況補語                 状況補語
    hace 50 años         por el gobierno
```

Estas casas fueron construidas
hace cincuenta años por el gobierno.
これらの家は50年前に政府によって建てられた。

　「ser＋過去分詞」で受け身を表す構文は、過去分詞がつなぎ動詞の属詞として働く構文の1つの形と考えることができます。過去分詞は性数変化します。この受け身表現は現在や線過去の時制ではあまり使われませんが、点過去ではよく使われます。

　　Fueron **despertados** por las voces de los vecinos.
　　彼らは近所の人の声で目が覚めた。
　　Esta película fue **dirigida** por Luis Buñuel.
　　この映画はルイス・ブニュエルに監督された。

（4）過去分詞を使った独立構文

　過去分詞は次のように独立して使うことができます。意味は文脈から判断します。

- 時を表す

    Terminada la conferencia, hubo quince minutos para preguntas.
    講演が終わってから、質疑応答のために15分あった。
- 条件を表す

    Una vez **instalada** la calefacción, la casa estará lista para habitarla.
    暖房が備え付けられたら、もう家に住めるようになる。

    Llegado el caso, vendremos a ayudarte.
    そういうことになったら、私たちが君を助けに来るよ。

    ➡ 自動詞の過去分詞の場合完了の意味になる

4. 現在分詞

現在分詞は、主に副詞のように働く動詞の非人称形です。英語の -ing と共通する点は多くありますが、英語の -ing 形が動名詞として名詞の役割をするのに対して、スペイン語の現在分詞は名詞の役割や形容詞の役割をしない点に特に注意する必要があります。

1) 現在分詞の形

現在分詞には次のような規則形と不規則形があります。

(1) 規則形

-ar 動詞は不定詞の語尾を -ando に、-er 動詞、-ir 動詞は語尾を -iendo にします。

-ar動詞	-er動詞	-ir動詞
hablar ➡ hablando	comer ➡ comiendo	vivir ➡ viviendo

(2) 不規則形

現在分詞の不規則形はあまり多くありません。次の2つのパターンに分けられます。

a) 直説法現在の活用で語幹母音変化をする -ir 動詞は次のページの表、A の列に表された語幹の変化のパターンに応じて、現在分詞の語幹が B の列のように変化します。 ☞ P.157 2) (2)

A	B	例	
e ➡ ie	e ➡ i	divertir 楽しませる	divirtiendo
		sentir 感じる	sintiendo
e ➡ i		decir 言う	diciendo
		reír 笑う	riendo
o ➡ u	o ➡ u	dormir 寝る	durmiendo
		morir 死ぬ	muriendo

b）規則的な変化をすると「母音+-iendo」になる動詞はiをyにします。

caer 落ちる ➡ cayendo　　traer 持ってくる ➡ trayendo
leer 読む ➡ leyendo　　creer 信じる ➡ creyendo
oír 聞こえる ➡ oyendo　　ir 行く ➡ yendo

2）現在分詞の特徴

現在分詞は「〜しながら」等の意味で使われ、性数変化しません。

a）現在分詞は目的語や属詞、補語などを伴うことができます。

Pasa la vida leyendo novelas de ciencia ficción.
SF小説ばかり読みながら毎日を過ごしています。　➡ 直接目的語を伴う

Siendo el presidente del comité organizador, tiene mucho poder.
彼は組織委員会の会長なので大きな権力を持っています。　➡ 属詞を伴う

b）現在分詞が目的語や再帰代名詞等の弱形代名詞を伴う場合、代名詞は現在分詞の後にくっつけます。助動詞的に使われる動詞に伴っている場合は、代名詞を活用している動詞の前に置くこともできます。　☞ P.56 3）　☞ P.182 (2)

Mi hermano está **duchándose**. 弟はシャワーを浴びている。
= Mi hermano **se** está **duchando**.

c）必要な場合は主語を付けることができます。また代名動詞では、代名詞の人称で主語が分かります。

Llegando yo antes, no podemos adelantar nada.
僕が先に着いても何も進まないよ。

¿Qué haces **bañándote** en la piscina a estas horas?
こんな時間にプールで泳ぐなんて何をしてるんだ。

d）現在分詞は「habiendo+過去分詞」の形で、その文の動詞の表しているときにはすでに完了していたことを表します。

Habiendo salido de casa cinco minutos antes, no habríamos perdido el tren.
もし家を5分前に出ていたら、電車に遅れなかったのに。

Habiendo fallecido sus padres, Marta ya no viene por aquí con tanta frecuencia.
両親が亡くなったので、マルタはもうあまりここに来なくなった。

3）現在分詞の用法

現在分詞は副詞のように、動詞を修飾したり進行形を作ったりするほか、動詞の補語になったり独立構文で使われたりします。

（1）副詞としての用法

現在分詞は、動詞を修飾して「～しながら」の意味になります。

Cenamos **viendo** la tele. 私たちはテレビを見ながら夕食を食べる。
No puedo estudiar **escuchando** música, ¿y tú?
僕は音楽を聴きながらは勉強できない。君は？

（2）進行形

現在分詞は動詞 estar とともに使われ進行形を表します。進行形はすべての時制で使うことができます。いずれもそれぞれの時制の時点で動作が進行していることを表します。☞ P.208 (2)
また各時制における進行形の意味は第6章を参照してください。

¿De qué **estáis hablando**? 君たちは何のことを言っているんだい。
Este modelo **se está vendiendo** mucho. この型はよく売れている。
Ayer, cuando me llamaste por teléfono, **estaba trabajando** en la oficina.
昨日君が電話をくれたとき、事務所で働いていた。
Ayer **estuve trabajando** en la oficina todo el día.
昨日は一日中事務所で働いていた。

（3）知覚動詞の目的格補語として

ver 見る、oír 聞く、sentir 感じる のような知覚を表す動詞の目的語は、現在分詞を補語として従えることができます。☞ P.241 3)

4.4 動詞の非人称形

主語
yo

動詞	直接目的	目的格補語
he visto	a María	leyendo el libro

Yo he visto a María leyendo el libro.

<small>私はマリアが本を読んでいるのを見た。</small>

　上の文では、直接目的語が現在分詞の形の目的格補語を伴っています。現在分詞は目的語等を伴うことができますので、それぞれを次のように弱形代名詞に置き換えることができます。

- **María**を代名詞に置き換える
Yo **la** he visto **leyendo** el libro.　<small>私は彼女が本を読んでいるのを見た。</small>
- **el libro**を代名詞に置き換える
Yo he visto a María **leyéndolo**.　<small>私はマリアがそれを読むのを見た。</small>
- **a María**と**el libro**を代名詞に置き換える
Yo **la** he visto **leyéndolo**.　<small>私は彼女がそれを読むのを見た。</small>

（4）現在分詞を使った独立構文

　現在分詞は次のように独立して使うことができます。意味は文脈から判断します。

- 条件を表す
Habiendo estudiado tan poco, no te quejes ahora de las notas.
<small>そんなに少ししか勉強しなかったんだから、今成績について文句を言うな。</small>
Hablando se entiende la gente.　<small>話せば人は分かってくれる。</small>
- 原因を表す
Viviendo tan lejos de tu familia, comprendo que la eches de menos.
<small>家族からそんなに離れて住んでいるのだからいなくて寂しいと思うのは分かる。</small>

（5）ほかの動詞に伴って使われる現在分詞

　現在分詞を伴って使うことができる動詞もあります。

- **acabar**　結局〜になる
El vino más barato **acabó siendo** el mejor.

一番安いワインが結局一番良かった。

Acabó arrepintiéndose de lo que había dicho.

結局自分が言ったことを後悔した。

- andar 〜してまわる
  Anda haciendo correr el rumor. 彼は噂をあちこちで振りまいている。
- continuar / seguir「〜続ける」
  Ya no **continua intentando** vender su obra.

  もう作品を売ろうとはしていない。

  Mi hermana **sigue viviendo** con sus amigos.

  姉は今も友人たちといっしょに住んでいる。

4.5 いろいろな動詞

この項目の内容		
1. ser	1) ser＋名詞句、名詞節　¡OJO! 動詞serと冠詞	
	2) ser＋形容詞句　3) ser＋前置詞＋名詞　4) ser＋副詞句	
	5) serの自動詞的な用法	
2. estar	1) estar＋形容詞句、形容詞節　2) estar＋副詞句	
	3) estar＋前置詞＋名詞　4) estarの自動詞的な用法	
	¡OJO! ser＋形容詞と、estar＋形容詞	
3. haber	1) haberを使った文の構成　2) haberの意味	
	¡OJO! 存在を表すhaberとestar	
4. ir	1) 自動詞irの随意要素　2) ir a＋不定詞	
5. gustar	1) gustarを使った文の構成　2) gustarの主語	
	3) gustarの間接目的語	
	4) gustarの程度を表す補語	
	5) gustarの意味　6) gustar型のほかの動詞	
6. hacer	1) 他動詞hacerの必須要素	
	2) 他動詞hacerの随意要素	
	3) 使役表現　4) 天候表現　5) hacer＋期間を表す表現	
7. llover	1) lloverの用法　2) llover型のほかの動詞	

動詞の中には、つなぎ動詞、他動詞、自動詞などの複数の役割を果

たす語が多くあります。この項目では最もよく使われる動詞をいくつかとりあげ、特に注意すべき重要な用法をまとめてあります。

1. ser ☞ P.176 2. ☞ P.227 1.

「〜です」のように訳されることの多い、代表的なつなぎ動詞の1つであるserは次のような属詞を伴います。

1）ser ＋名詞句、名詞節

つなぎ動詞serは、属詞として名詞の働きをする語句を伴います。

（1）名詞句

Soy Takeshi Fukuda. 私は福田武司です。 ➡ 人の名前

La mayoría de los turistas que vienen a visitarnos **son chinos**.
ここを訪れる旅行者の大部分は中国人だ。 ➡ 国籍

Son las dos. 2時です。 ➡ 時刻表現 ☞ P.106（2）

¿Cuánto es? **Son 43 euros con 50**.
「いくらですか」「43ユーロ50セントです」 ➡ 値段 ☞ P.263（15）a)

（2）名詞節

Lo importante **es que te tomes las medicinas**.
大切なのは薬を飲むことだ。 ☞ P.341 2.1)

Carmona **es donde paramos a comer**.
カルモナは私たちが食事のために立ち寄るところだ。 ☞ P.284 6)

El sábado **es cuando ponen el mercadillo en la plaza**.
土曜日は広場に市が立つ日だ。 ☞ P.286 7)(2)

Yo no **soy quien para darle consejos**.
私には彼にアドバイスはあげられない。 ☞ P.283 (2)

（3）動詞の不定詞 ☞ P.192 3)(1)c)

Mi intención **es abrir** un negocio.
私がやりたいのはビジネスを始めることだ。

Su vida **es un viajar** constante entre Madrid y Barcelona.
彼は始終マドリッドとバルセロナの往復をしている。

¡OJO! 動詞 ser と冠詞

　動詞 ser の属詞は、冠詞の有無によっていろいろなニュアンスで使われます。次の例を見てみましょう。

a) **El Sr. López es presidente de esa empresa.**
　　ロペス氏はその会社の会長だ。

b) **El Sr. López es el presidente de esa empresa.**
　　ロペス氏がその会社の会長だ。

c) **El Sr. López es uno de los consejeros de esa empresa.**
　　ロペス氏がその会社の取締役の1人だ。

　人の身分や職業を言う場合、属詞（ここでは presidente de esa empresa）は a)のように無冠詞で使われます。b)のように、属詞が定冠詞を伴った場合は、話題がロペス氏の身分や職業ではなく、「その会社の会長が誰か」の意味になります。c) の文は、その会社にいる複数の取締役のうちの1人であることをわざわざ言いたい場合に使います。

2) ser ＋形容詞句

「ser＋形容詞」は人の容姿や性格、物等の性質や特徴を表します。間接目的語を伴うこともできます。

(1) ser＋形容詞句　☞ P.121 2)

A: **¿Cómo es** tu novio?　B: **Es moreno y un poco gordo**.
「君の彼氏はどういう人？」「髪の毛は茶色っぽくて、少し太っています」

Mi hijo ya **es mayor** para jugar con el tobogán en el parque.
うちの息子は、公園のすべり台で遊ぶにはもう大きいです。

Sé bueno con tu hermana, ¿vale?　妹に優しくしなさいよ。　➡ 命令

Los trenes japoneses **son muy cómodos y puntuales**.
日本の電車は快適で時間に正確だ。

Esta asignatura me **es muy difícil**.　この科目は私にはとても難しい。

(2) ser＋過去分詞

「ser＋過去分詞」で受け身表現になります。　☞ P.185 (2)　☞ P.198 (3)
☞ P.262 (13)

Yerma **fue escrita** por Federico García Lorca.
『イェルマ』はフェデリコ・ガルシア・ロルカによって書かれた。

3）ser ＋前置詞＋名詞

前置詞 de や para 等伴った名詞句/節は、ser の属詞になることができます。前置詞 de は所有者や起源、材料等を、para は相手や目的を表します。 ☞ P.257 (6)　☞ P.265 (17)　☞ P.260 (10)

A: ¿**De dónde son** estas latas de sardinas? B: **Son de España**.
「このイワシの缶詰はどこの？」「スペインだよ」 ➡ 起源

A: ¿**De quién es** la idea de este proyecto tan interesante?
B: **Es de Tomás**.
「この面白い企画は誰のアイディアですか」「トマスのです」 ➡ 所有

Este vestido **es de seda**. このドレスは絹製だ。 ➡ 材料

¿**Para quién es** este libro? この本は誰のためのものですか。 ➡ 相手

4）ser ＋副詞句

主に、時や場所を表す副詞の一部が ser の属詞になることができます。

Ya **es tarde**＊. もう遅い。
Todavía **es temprano**＊. まだ早い。
Es ahora o nunca. 今やるか、全くやらないかだ。

＊tarde, temprano を形容詞とみなすこともあります。

5）ser の自動詞的な用法

動詞 ser は自動詞として、「（イベント等が）行われる」という意味になります。自動詞ですので属詞を伴いません。

El concierto **es** en la sala C a las siete de la tarde.
コンサートはホールCで午後7時から行われる。

2. estar ☞ P.176 2.　☞ P.227 1.　☞ P.267 3)

動詞 estar には、属詞を伴うつなぎ動詞としての働きと、「ある、いる」という意味の自動詞としての働きの2つがあります。属詞としては次のような語句を伴います。

1）estar ＋形容詞句、形容詞節
（1）estar ＋形容詞句

「動詞 estar ＋形容詞句」は、「主語」が「形容詞」の状態であること

を表します。 ☞ P.121 2)

  A: ¡Qué **mayor está** tu hijo!
  B: Sí, acaba de cumplir cinco años.
  「息子さん大きくなりましたね！」「ええ、5歳になったところなんです」
  Estate quieto. じっとしていなさい。 ➡ estarseの命令
  ¿**Está libre** este asiento? この席は空いていますか。

（2）estar ＋過去分詞 ☞ P.197 3)(2)

過去分詞は形容詞的に働き、estarの属詞になります。
  No pude hablar con él; **estaba hecho** una furia.
  彼とは話せなかった。激しく怒っていたので。
  El Quijote **está traducido** a muchos idiomas.
  『ドン・キホーテ』は、多くの言語に翻訳されている。
  Está prohibido fumar dentro de los restaurantes.
  レストランの中は禁煙だ。

（3）estar ＋形容詞の働きをする句

次のような形容詞の働きをする句も属詞になります。性数変化はしません。
  Aquí **estamos muy a gusto**. 私たちはここは居心地が良い。
  Este estilo de mangas **está de moda** ahora. この袖の形は今流行だ。
  La nueva política ya **está en marcha**.
  新しい政策はもう実行されている。

（4）estar ＋形容詞節 ☞ P.351 1.

まれに形容詞節を属詞とすることもあります。
  Está que trina. 彼はかんかんに怒っている。

2）estar ＋副詞句

「estar + 副詞句」は間接目的語を伴うこともできます。

（1）estar+ 副詞句 ☞ P.176 2. ☞ P.227 1.

estarは副詞句を伴うことができます。「ser+ 副詞句」よりも頻度が高いとはいえ、どんな副詞でもestarの属詞になるわけではありません。bien / malとその比較の形のmejor / peorはestarの属詞としてよ

く使われる副詞です。ほかにも様態を表す estupendamente, tranquilamente, así 等の副詞が estar の属詞になります。

> A: ¿**Cómo está** tu madre? B: **Está muy bien**, gracias.
> 「お母さんはお元気ですか」「はい元気です。ありがとう」
>
> Le **están** muy bien **esos pantalones**, ¿verdad?
> 彼にはこのズボンはぴったりでしょう？

(2) estar＋現在分詞

現在分詞は副詞的に働く動詞ですので、「estar＋現在分詞」の進行形も、「estar＋副詞」の用法の1つと考えることができます。

☞ P.201 3)(2)

> En esa época **estaba trabajando** en Chile.
> その頃は彼はチリで働いていた。

3) estar＋前置詞＋名詞　☞ P.267 3)

動詞 estar は前置詞 para や por とともに使われます。どちらもこれからすることを表しますが、por は「まだ〜していない」に、para は「これから〜する」にそれぞれ重きを置いた表現です。

> Me temo que lo peor **está por llegar**.
> 私は最悪の事態がこれから起こることを恐れている。
>
> **Estoy por comprarme un coche nuevo**. Este funciona fatal.
> 私は新しい車を買おうと思っている。これはポンコツだ。
>
> ¡Qué dolor de cabeza! **Estoy para acostarme**.
> ひどい頭痛がする。これから寝ようと思う。

4) estar の自動詞的用法

estar には「ある、いる」という意味があります。多くの場合、場所を表す副詞句を伴って使われます。　☞ P.250 3)(1)

> Hasta 2004 Juan **estuvo** en España.
> ＝ Juan **estuvo** en España hasta 2004.
> ファンは2004年までスペインにいた。

上の文では、時を表す hasta 2004 や場所を表す en España は属詞ではなく状況補語です。そのため、lo で置き換えることはできません。文中では動詞の前後のどちらの位置にも置くこともできます。

☞ P.212 ¡OJO!

El Museo de Arte Abstracto Español **está** en Cuenca.
スペイン抽象画美術館は、クエンカにあります。

Los niños **están** en el parque. 子どもたちは公園にいます。

Las gafas **estaban** encima de la mesa. 眼鏡は机の上にありました。

A: ¿Dónde **estamos**?
B: Acabamos de pasar la estación de Shizuoka.
「今どこ？」「静岡駅を通過したところだよ」

A: ¿Dónde **estamos**? B: **Estamos** en la página 34.
「今どこをやっていますか」「34ページです」

¡OJO! ser＋形容詞と、estar＋形容詞

主なつなぎ動詞はserとestarですが、名詞を属詞とすることができるのはser、「いる」「ある」の意味で使われるのはestarなので、実際にどちらを使うか迷う可能性があるのは、形容詞を属詞とする場合のみです。次のように使い分けます。

a) serは特徴、estarは状態を表す形容詞が属詞になります。以下の形容詞は、主に特徴を表すか状態を表すかが決まっています。

主にserとともに使われる形容詞	主にestarとともに使われる形容詞
común 共通の	contento うれしい
distinto 異なった	deprimido 落ち込んだ
importante 重要な	enfadado 怒った
necesario 必要な	embarazado 妊娠した
normal 普通の	lleno 満ちた
posible 可能な	preocupado 心配した

b) 多くの形容詞はserとともに使うか、estarとともに使うかによって、特徴を述べるか、状態を述べるかの区別をします。

Mi hermana es muy guapa. 姉は美人だ。

Mi hermana está muy guapa. 姉はきれいにしている。
　➡ 洋服やアクセサリー等

Mi abuela es muy joven. 祖母は年が若い。

Mi abuela está muy joven. 祖母は年よりも若く見える。

c) serを使うかestarを使うかで、かなり意味やニュアンスが異なる形容詞もあるので注意しましょう。

Esta película es aburrida. この映画は退屈だ。 ➡ 英語の *boring*
Yo estoy aburrida. 私は退屈している。 ➡ 英語の *bored*

	ser	estar
abierto	性格がオープンな	開いている
atento	気遣いのある	注意している
bueno	良い (人) / 質が良い	元気な* / 美味しい
despierto	賢い	目を覚ましている
interesado	利己的な	興味のある
listo	頭が良い	準備ができている
malo	悪い (人) / 質が悪い	病気の / まずい
orgulloso	プライドが高い	誇りに思う
verde	緑の、卑猥な (人)	熟していない

* 人に対して使うと卑語になる場合があるので避けたほうが無難です。「元気な、病気な」の意味では副詞 bien, mal を使いましょう。

3. haber

動詞 haber には複合時制の活用の一部となる用法と、「いる」「ある」という意味を表す他動詞的な用法があります。ここでは他動詞 haber の使い方を扱います。 ☞ P.172 3.

1) haber を使った文の構成
(1) 活用

動詞 haber の3人称単数が「いる」「ある」という意味で使われる場合、その文には主語がありません。「いる」「ある」の対象は直接目的語になります。そのため動詞は人称によって変化しませんので、各時制で1つの形のみ使われます。

直説法	現在	hay	現在完了	ha habido
	点過去	hubo		
	線過去	había	過去完了	había habido
	未来	habrá	未来完了	habrá habido
	過去未来	habría	過去未来完了	habría habido
接続法	現在	haya	現在完了	haya habido
	過去	hubiera hubiese	過去完了	hubiera habido hubiese habido

（2）文の構成
　動詞haberを使った文は次のような構成をしています。直接目的語は必ず必要ですが、状況補語は必要に応じて加えます。

```
        主語
        ────
   動詞      直接目的語
           数量を表す語  名詞
   hay     muchos    estudiantes
              状況補語
           en la universidad
```

Hay muchos estudiantes en la universidad.
大学にはたくさん学生がいる。

（3）haberの直接目的語
　haberの直接目的語は一般に数量を表す語を伴いますが、無冠詞で使われることもあります。☞ P.212 ¡OJO!

　　A: ¿**Hay agua**?　B: No, no **hay agua**.
　　「水はありますか」「いいえ、水はありません」

　　A: ¿**Hay libros**?　B: No, no **hay libros**.
　　「本はありますか」「いいえ、本はありません」

　　A: ¿**Hay algún libro**?　B: No, no **hay ningún libro**.
　　「本が何かありますか」「いいえ、1冊もありません」

　haberの直接目的語は、何について話しているか分かっている場合は、lo / la / los / lasで言い換えることができます。

　　A: ¿No **había zapatos rebajados**?
　　B: Sí, **los había**, pero no de mi número.
　　「割引されている靴はあるかな」「あるだろうけれど、私のサイズはないよ」

　　Hay tortillas de muchos tipos; **las hay** con verduras, con patatas, con queso, etc.
　　いろいろな種類のトルティージャがある、野菜、ジャガイモ、チーズ等だ。

2）haberの意味　☞ P.307 f)
　動詞haberは「〜が存在する」「〜が行われる」の意味です。
　a)「〜が存在する」の意味では人、物、または抽象的な概念等も含みます。また、過去は線過去が使われ、点過去は使われません。

Hay muchos niños en este hotel. このホテルには子どもがたくさんいる。
Había gente por todas partes. いたるところに人がいた。
Hoy hay gazpacho de primer plato. 今日は1皿目にはガスパチョがある。

b)「～が行われる」「出来事がある」の意味では、過去の事実を表す場合は、現在完了や点過去が使われます。

En esta carretera **hay** muchos accidentes. この道路は事故が多い。
Ha habido un terremoto en Nepal. ネパールで地震があった。
El mes pasado **hubo** un concierto estupendo en el auditorio.
先月講堂で、すばらしいコンサートがあった。

¡OJO! 存在を表す haber と estar

haberとestarはどちらも存在を表すことができます。使い分けを整理してみましょう。

a) 一般的には英語で *there is / are* 等で表される文は haber で、be動詞を使う文は、estarを用います。

（英）*There are some stores here.* ➡ Hay unas tiendas aquí.
ここに何軒か店がある。

（英）*Today the boss is not here.* ➡ Hoy el jefe no está aquí.
今日は上司がいない。

b) haber は不特定な人や物、estarは特定の人や物の存在を表します。

No hay cables en la caja. 箱にケーブルが入っていない。
No está el cable para la pantalla. スクリーンのためのケーブルがない。

c) 多くの場合、haberはまず、ある場所を思い浮かべ、そこに「何があるか」を表すときに使われます。estarはある具体的な人や物を思い浮かべ、それが「どこにあるか」を表すときに使われます。

A: ¿Qué hay encima de la mesa? B: Hay un libro.
「机の上には何がありますか」「本が1冊あります。」

A: ¿Dónde está tu libro de español? B: Está encima de la mesa.
「あなたのスペイン語の本はどこにありますか」「机の上にあります」

d) 動詞haberは目的語が、estarは主語が、存在する人や物を表します。hayの目的語は数量を表す語を伴うか無冠詞で使われます。estarの主語は固有名詞か人や物を特定する語句を伴います。

hayの目的語の例	estarの主語の例
不定冠詞 un / una / unos... uno / una / unos / unas ＋φ	**定冠詞** el / la / los / las ＋名詞
数詞 dos, tres, cuatro... ＋複数名詞 dos, tres, cuatro... ＋φ	**主語になる人称代名詞** yo, tú, usted, nosotros...
無冠詞の名詞 libros 本, mesas 机, dinero お金...	**固有名詞** Tokio, Pepa, Las Islas Canarias...
不定語 mucho, poco 等 mucho/a(s), poco/a(s), unos pocos, unas pocas un poco de ＋名詞	**所有詞** mi, mis, tu, tus... ＋名詞 el mío, la tuya, los suyos...
mucho/a(s), poco/a(s), unos pocos, unas pocas un poco ＋φ	**指示詞** este, estos, ese, eso... ＋φ, estos, ese, esos... ＋名詞
algún, algunos, ningún, nada de... ＋名詞	
alguno/a(s), ninguno/a otro/a(s) ＋名詞	
otro/a(s) ＋φ	
nadie, nada	

4. ir

動詞 **ir** は主に「行く」という意味で使われる動詞ですが、ほかにもさまざまな用法があります。☞ P.186 4)a)

1）自動詞 ir の随意要素

動詞 **ir** は自動詞ですが、さまざまな語を伴って、次のような異なった意味になります。☞ P.239 2.

- 目的地を示す語句を伴い「ある地点に向かう」という意味。目的地は、話し手も聞き手も分かっている場合は省略可能です＊。
  Los niños **van al colegio** a pie.　子どもたちは歩いて学校に行く。
- 主格補語になる形容詞や副詞を伴い「〜の状態である」の意味
  La maleta **iba llena de libros**.　スーツケースは本でいっぱいだ。

Iba vestida de largo.　彼女はロングドレスを着ていた。
Ese plato **va muy bien con vino tinto**.　この料理は赤ワインによく合う。
A: ¿**Cómo vas**?　B: Bien, gracias.　「調子はどう？」「いいよ、ありがとう」

- 間接目的語を伴い「（人にとって）物事が進む」の意味　☞ P.232 3.
Todo **me va** estupendamente.　すべてが私にとって上手くいっている。
¿**Te va** bien el domingo a las seis?　日曜日の6時は君は都合が良いですか。

- 現在分詞を伴い「〜しつつある」「〜してまわる」の意味
Iba diciendo que yo la había engañado.
彼女は私が彼女をだましたと言ってまわっていた。
El miedo **se fue apoderando** de ellos.
恐怖が彼らを支配しつつあった。

＊ 代名動詞irseも「行く」という意味で使われますが、irはある場所に向かって行く、その目的地を言いたい場合に使われるのに対して、irseは今いる場所からいなくなることを言いたい場合に使われます。☞ P.186 4)a)

2) ir a ＋不定詞

未来に起こるだろう事柄は、動詞の未来形を使って表すこともできますが、「ir a+不定詞」で表すことも可能です。☞ P.308 j)

Yo **voy** a hacerlo.　私がそれをやる。
Lo **haré**.　私がそれをやる。

(1) ir a＋不定詞の意味

動詞の未来形と、「ir a＋不定詞」で表される未来は、ほとんど同じ意味で使われることも多くありますが、「ir a＋不定詞」は、表されている事柄がより現在と続いて捉えられるため、話し手の意志を表すことが多いのに対して、未来形で表す未来は、未来の独立したある時点に行う事柄と捉えられる傾向があります。

Me han recomendado este libro. **Voy** a **leerlo** este verano.
この本を推薦された。この夏に読む予定だ。　➡ 意志

Mi hijo **va** a **estudiar** en Londres el año que viene.
私の息子は来年ロンドンで勉強する。　➡ 予定

El equipo está jugando muy mal. **Va a perder**.
チームは調子が悪い。負けるに違いない。　➡ 事実に基づいた推定

（2）ir a+不定詞の時制

「**ir a**＋不定詞」は、「〜しに行く」という意味もあるため、使われる時制によってどのような意味になるかを注意する必要があります。

a）現在

Voy (a casa de mi hermana) **a comer**. 私は（姉の家に）食事に行く。

Voy a comer (en casa de mi hermana).

私は（姉の家で）これから食事をする。

b）点過去

Fui (a casa de mi hermana) **a comer**.

私は（姉の家に）食事に行った。

c）線過去

Iba (a casa de mi hermana) **a comer**.

私は（姉の家に）よく食事に行っていた。

Iba a comer (en casa de mi hermana).

私は（姉の家で）食事をするつもりだった。

d）未来

Iré (a casa de mi hermana) **a comer**.

私は（姉の家に）食事に行くつもりだ。

5. gustar

動詞 **gustar** は「〜が好きです」の意味です。

1）gustar を使った文の構成

動詞 **gustar** は間接目的語を伴う自動詞ですが、好きなものが主語で、好きだと思っている人が間接目的語で表されます。

主語: la música
動詞: gusta
間接目的語: a Ana
le ← gusta

A Ana le **gusta** la música.

アナは音楽が好きです。

主語と「a + 名詞」の間接目的語は省略可能です。
>Le **gusta** la música.　彼女は音楽が好きです。
>A Ana le **gusta**.　アナはそれが好きです。
>Le **gusta**.　彼女はそれが好きです。　⇒ 主語の省略

2) gustar の主語

gustar を使った文では「好きなもの」「好きなこと」が主語です。次のような語句が主語になります。

(1) 名詞句

固有名詞以外の名詞は、普通定冠詞（el, la, ...）や所有詞（mi, tu, ...）、指示詞（este, ese, ...）等を伴います。人称代名詞が主語になることもあります。主語は多くの場合、動詞より後に置かれます。

>A mi hermano le **gusta** mucho Osaka y no quiere vivir en otra ciudad.
>兄は大阪が大好きなので、ほかの都市には住みたがらない。
>Nos **gustó** mucho **el museo**.　私たちはその博物館がとても気に入った。
>Le **gustan los animales**.　彼は動物好きだ。
>Me **gustas tú**.　私は君のことが好きだ*。
>¿Te **gusto yo**?　僕のことが好き？*

* gustar は人を主語とすることができますが、その場合は、気軽に言う「好き」で、愛しているの意味で使われる querer とは異なります。

(2) 動詞の不定詞

不定詞が主語になると「〜することが好き」の意味になります。trabajar y estudiar のように動詞が2つ以上並んでも、単数とみなします。

>Me **gusta leer**.　私は読書が好きだ。
>No le **gusta ir** de compras.　彼は買い物に行くのが好きではない。
>Me **gusta nadar** y **jugar** al tenis.　私は泳ぐことと、テニスをすることが好きだ。

(3) que で導かれる名詞節

「私は君が本を読むのが好きだ」のように、間接目的語で表される人とは異なる人が何かをすることが好き、と言う場合は接続詞 que で導かれた名詞句を使います。名詞句の動詞は接続法になります。

☞ P.343 2)

Me **gusta** que **me regalen flores**. 私は花をプレゼントされるのが好きだ。
A su padre no le **gusta** que vaya sola al cine.
彼女のお父さんは彼女が1人で映画に行くのを好まない。
No me **gustó** que me dijera eso. 私はそう言われたことが嫌だった。

3）gustarの間接目的語

gustarの使われている文では、「何かを好きだと思っている人」を間接目的語で表します。

A Ana **le gusta** la música. アナが音楽が好きです。

上の文では、a Ana と le はどちらも同じ人物を指す間接目的語です。間接目的人称代名詞の位置は、活用している動詞の前か、不定詞等の後ですが、「a + 人」は動詞の前後どちらに置くこともできます。

☞ P.232 3.

「a+ 人」が使われるのは次のような場合です。

a）具体的に誰を指すかをはっきりさせたいとき

Los domingos no salimos mucho porque **a mi mujer** le **gusta** estar tranquilamente en casa.
日曜日は、妻が家でゆっくりしたいので私たちはあまり出かけない。

A todos los miembros del equipo nos **gusta** ese restaurante.
チームのメンバー皆がそのレストランが好きだ。

b）対比させる場合

A mí me **gusta** ir a la playa pero **a mi novia** le gusta ir a la montaña.
私はビーチに行くのが好きだが、私の恋人は山が好きだ。

c）特に強調したい場合

¿**A Juan**? No, **a esa persona tan perezosa** no le **gusta** caminar tanto.
ファンだって？ いや、あいつは横着なんでそんなに歩くのは好きじゃない。

d）動詞が省略されている場合

A: Te **gustan** las matemáticas, ¿verdad?
B: ¿**A mí**, las matemáticas? ¡Qué va!
「君は数学が好きだろう」「私が数学が好きですって？ まさか！」

A: **A mí** me **gusta** el cine. ¿Y a ti?　B: **A mí** también.
「私は映画が好きだ。君は？」「私も」

e）そのほか文体的な理由もあります。

4) gustarの程度を表す補語

gustar型の動詞は次のような語を伴って、程度を表すことができます。muchoのような副詞は一般に動詞の直後に置かれます。

muchísimo	ものすごく	bastante	かなり
mucho	とても	no / mucho	あまり〜でない
más (que…)	（〜より）もっと	poco	ほとんど〜でない
menos (que…)	（〜より）もっと少なく	no / nada	全然〜でない

Nos **gustó muchísimo** la Sagrada Familia.
私たちは聖家族教会が大変気に入った。

Me **gusta más** la pintura que la escultura.
私は絵画のほうが彫刻より好きだ。

No le **gusta mucho** salir. 彼はあまり出かけるのが好きではない。

No me **gustan nada** las verduras. 私は野菜は全然好きではない。

5) gustarの意味

動詞gustarは使われる時制によって、意味が若干異なります。

現在	Me **gusta** la paella.	私はパエージャが好きです。
点過去	Me **gustó** la paella.	私はパエージャが気に入りました。
線過去	Me **gustaba** la paella.	私は（昔）パエージャが好きでした。
未来	Te **gustará** la paella.	君はパエージャが気に入りますよ。
過去未来	Me **gustaría** comer una paella.	私はパエージャが食べたいのだが。

6) gustar型のほかの動詞

次のような動詞が、gustar同様、直接目的語を伴わず、間接目的語のみを伴うことができる動詞です。

encantar	とても好まれる	extrañar	不審に感じさせる	doler	痛む
importar	気に障る	interesar	興味を持たせる		
convenir	都合が良い	apetecer	気を起こさせる		

Le **dolía** mucho la espalda y no pudo ir a trabajar.
彼は背中がとても痛くて仕事に行けなかった。
Me **encantaría** ir. とても行きたいのだが。
¿Por qué te **extraña** que llegue tarde?
彼が遅れてくるのがどうして変だと思うの？

6. hacer

hacerは、主に「する」「作る」といった意味を持つ他動詞です。

1）他動詞hacerの必須要素

動詞hacerは他動詞なので、必ず直接目的語を伴います。

Mi madre me **ha hecho este vestido**. 母がこのワンピースを作った。
Ese empleado siempre **hace muy bien su trabajo**.
その従業員はいつも良い仕事をする。
¿Qué **haces**? 今何をやっているの？ ☞ P.297 ¡OJO!

日本語の「料理する」「勉強する」「仕事する」など「する」を使った表現の多くは、スペイン語ではcocinar, estudiar, trabajarのように対応する動詞がありますが、動詞hacerを使う表現もあります。また、日本語の「する」「作る」以外の訳語を使ったほうが良い場合もあります。

次のような例が挙げられます。

hacer los deberes 宿題をする	hacer la reserva 予約する
hacer una rebaja 値引きする	hacer la limpieza 清掃する
hacer la compra 日常の買い物をする	hacer la cama ベッドを整える
hacer recados 用事をする	hacer tiempo 時間をつぶす
hacer ejercicio 運動をする	hacer ruido 音を立てる

Yo **hago la compra** en ese supermercado. 私はそのスーパーで買い物をする。

2）他動詞hacerの随意要素

hacerを使った文は、目的格補語を伴い「～にする」という意味になります。目的格補語は形容詞や名詞です。 ☞ P.241 3)

Tus palabras me **han hecho muy feliz**.
君の言葉で私はとても幸せになった。 ➡ 形容詞

Entre todos me **han hecho representante del grupo**.
皆で私をグループの代表にした。 ➡ 名詞

3）使役表現 P.193 (3)

動詞 hacer は、「～させる」といった使役の意味で使われます。

（1）文の構成

a）hacer ＋他動詞 P.241 3)

「～させる」相手を間接目的語。その内容を直接目的語で表します。

```
                主語
                yo
         動詞      間接目的    目的格補語
  le ─ hago    a María    leer  el libro
```

Yo le hago leer el libro a María.
私は彼女に（マリアに）本を読ませる。

上の文では、動詞の直前に間接目的人称代名詞を置き、「～させる相手」を表します。3人称で、その相手を限定したい等で必要な場合は、「a ＋名詞」を置くことができます。動詞の後には不定詞や接続法を使った名詞節を置き、「何をさせたいか」を表します。

不定詞は目的語等を伴うことができます。例えば上の文では、leer が el libro という目的語を伴っています。代名詞に置き換えると lo になりますが、その位置は下の2つのいずれかになります。

・不定詞の後
　Yo le **hago leerlo** a María. 私はマリアにそれを読ませる。
・活用している動詞の前
　Yo **se lo hago leer** a María. 私はマリアにそれを読ませる。

b）hacer ＋自動詞

「～させる」相手は直接目的語になります。
　Su hijo siempre la **hace reír**. 彼女の息子はいつも彼女を笑わせる。

（2）ほかの使役動詞

hacer 以外にも、**dejar** ～させてあげる、**permitir** ～を許すなどの動詞が

使役動詞として働き、動詞の不定詞を目的語とします。
📖 P.193 (3)

Sus padres solo la **dejan salir** por la noche los fines de semana.
彼女の両親は、週末のみ夜出かけることを許す。

4）天候表現

動詞 **hacer** は天候などを表す語を伴って使われます。主語はなく、動詞は3人称単数で使われます。

（1）文の構成

hacer は直接目的語として「暑さ」「寒さ」のような名詞を伴います。
A:¿Qué tiempo **hace**?　B:**Hace** calor.「天気はどうですか？」「暑いです」
また、次の名詞を使います。

bochorno うだるような暑さ	**calor** 暑さ
fresco 涼しさ	**frío** 寒さ
sol 太陽光	**viento** 風

（2）程度を表す表現

名詞は程度を表す言葉として次のような語句を伴います。

mucho 非常に	**bastante** かなり
un poco de 少し	**demasiado** ～すぎる
(no) nada de 全く～でない 📖 P.77 7)	

Hace mucho calor. とても暑い。
No **hace** nada de viento. まったく風がない。
No **hace** tanto frío en marzo como en febrero.
3月は、2月ほど寒くない。

良い天気、悪い天気は **buen tiempo, mal tiempo** を使います。
Hace muy buen tiempo. / No **hace** tan mal tiempo.
とても良い天気です。そんなに悪い天気ではありません。

5）hacer＋期間を表す表現 📖 P.312 3.

動詞 **hacer** は期間を表す表現を伴って、「～前に」の意味になります。主語はなく、動詞は3人称単数で使われます。

（1）hacer ＋期間を表す表現の意味 ☞ P.312 3.

時制によって次のような意味になります。

a）現在

現在を基準として、それよりも前の意味になります。

　　Hace tres años vi a Jaime. 3年前にハイメに会った。

b）線過去

過去の一時点を基準として、「その時点より前」の意味になります。

　　Yo había empezado a estudiar español **hacía** ya cuatro meses cuando fui a España.

　　スペインに行ったとき、その4か月前にスペイン語の勉強を始めていた。

c）未来

現在を基準として「〜前だろう」の意味になります。

　　Manolo ya llegó a Japón, **hará** un mes quizá.

　　マノロはもう日本に着いた。多分1か月になるだろう。

（2）hacer ＋期間＋que＋直説法

「**hacer** ＋期間＋**que**＋直説法の文」は「〜前から〜する／〜して〜になる」の意味です。**que**で始まる節の動詞の時制や、肯定、否定によって次のようになります。

a）現在（肯定）➡ 過去に始まった事柄が現在も続いている

　　Hace un mes que estudio español.

　　私は1か月前から、スペイン語を勉強している。

b）現在（否定）➡ 過去の一時点からずっと〜していない

　　Hace un mes que no estudio nada de español.

　　私は1か月前からスペイン語を全く勉強していない。

c）現在完了（否定）➡ 過去に始まった事柄が現在も続いている

　　Hace un mes que no he visto a Jaime. ハイメには1か月会っていない。

　　＝**Hace** un mes que no veo a Jaime.

d）点過去（肯定）➡ 近い過去の一時点に何かが行われた

　　Hace un mes que vi a Jaime. 1か月前にハイメに会った。

e）線過去（否定）➡ 続いていた事柄が終わった

　　Hacía un mes que no veía a Jaime.

　　1か月もハイメに会っていなかった。➡ 過去の一時点が基準

7. llover

1）lloverの用法
　動詞lloverは「雨が降る」の意味で主語はなく、動詞は3人称単数で使われます。比喩的な用法では主語を持つこともあります。

　　Hoy **ha llovido** mucho. 今日はたくさん雨が降った。
　　No salí porque **llovía** mucho.
　　雨がたくさん降っていたので、出かけなかった。
　　Le **llovieron** las críticas. 彼に批判の声が浴びせられた。

2）llover型のほかの動詞
　主語がなく常に3人称単数で使われる動詞の多くは天候を表します。

amanecer	夜が明ける	atardecer	日が暮れる
anochecer	夜になる	oscurecer	暗くなる
granizar	ひょうが降る	lloviznar	霧雨が降る
nevar	雪が降る	tronar	雷が鳴る

　　En esta época del año **amanece** más temprano.
　　この季節はもっと夜明けが早い。
　　Está nevando muchísimo. 非常にたくさん雪が降っている。
　　Ya **está oscureciendo**. もう暗くなりつつある。

第5章 文の成り立ち

どんなに長い文でも、その文の最も大切な部分のみを取り出すと主語と述語で成り立つとても簡単な文にすることができます。複雑な内容を表す場合も、まずその骨組みを考え、それに修飾語を付けていくという方法で組み立てると良いでしょう。この章では、それらの文の骨組みとなる部分を分析します。

5.1 文の要素

この項目の内容
1. 主語、述語、状況補語
2. 文の成り立ちの図
3. 文の要素と語順　1）文の要素　2）主語や状況補語の位置

　文の分析の方法はいろいろありますが、文は基本的には主語と述語から成り立っています。スペイン語では主語が省略されたり、動詞の後に置かれたりすることが多いため、まず主語が何か、述語の中心となる動詞がどこにあるかに注目することが非常に重要です。

1. 主語、述語、状況補語

　右の図は、文を「主語」「述語」「状況補語」の3つに分けて分析しています。述語は、動詞、目的語などの要素に分けられます。

（1）主語
　主語は、動作や状態の担い手を表します。文は無人称文＊を除き、必ず主語を持っています。主語は名詞の働きをする語句によって表されますが、文脈等から明らかな場合は、省略できるので、代名詞等に置き換える必要はありません。

＊　天候を表すlloverや時を表すhacer、また代名動詞の無人称用法などがその例です。
☞ P.184 3)　☞ P.221 4)　☞ P.221 5)　☞ P.223 7.

（2）述語
　動作や状態を表すのが述語で、述語の中心は動詞です。動詞は法や時制を表し、主語の人称や数に合わせて活用します。動詞は直接目的語、間接目的語や属詞を伴うことができます。

(3) 状況補語

「いつ」「どこで」「誰と」「どのように」等を表す要素を状況補語と呼び、意味的に必要な場合に付け加えることができます。状況補語は副詞、副詞句、副詞節や「前置詞+名詞」などで表します。

2. 文の成り立ちの図

文の成り立ちは次のような図で表すことができます。ここでは、「名詞」とは「名詞的役割をする語句」の意味であり、名詞句、名詞節を含みます。形容詞、副詞も同様です。

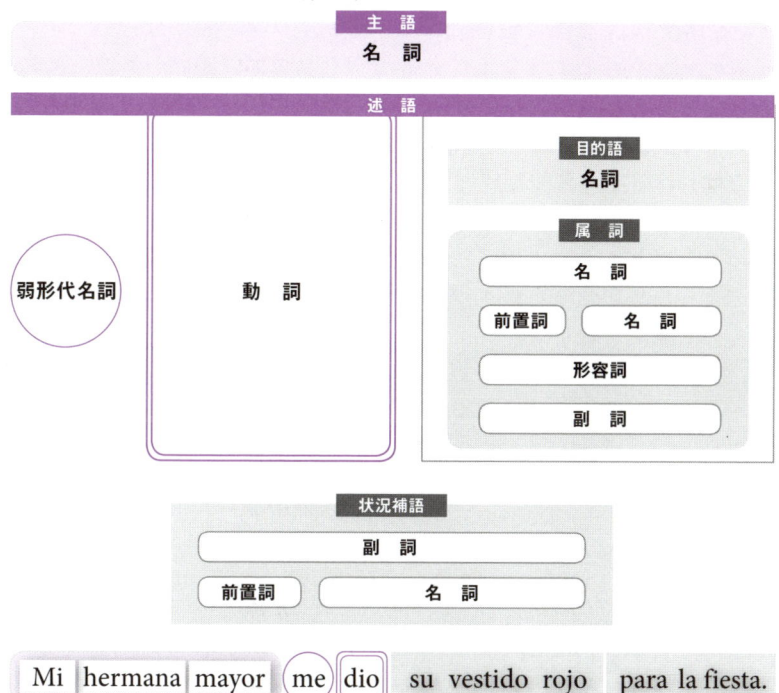

主語
名詞

述語
- 弱形代名詞
- 動詞
- **目的語** 名詞
- **属詞**
  - 名詞
  - 前置詞 + 名詞
  - 形容詞
  - 副詞

状況補語
- 副詞
- 前置詞 + 名詞

Mi hermana mayor (me dio) su vestido rojo para la fiesta.
姉はパーティーのために彼女の赤いドレスを私にくれた。

3. 文の要素と語順

1）文の要素
　前ページの図で、同じ枠内に入りまとまった1つの役割をする語句を、この本では「文の要素」と呼びます。前置詞はその後の名詞と組み合わさって1つの要素になります。いくつかの語が1つのまとまった要素として働く場合、その中での語順は変えることはできません。例えば、**para la fiesta** パーティーのためには は、まとまって文の補語として働きますが、この語順は変えることはできません。

2）主語や状況補語の位置
　前ページの図では、1番上に主語、2段目には述語が置かれています。述語の中心となる動詞は2重枠で囲まれていて、目的語や属詞を伴っています。3段目には、意味的に必要ならば付け加えるけれど、そうでなければ省略が可能な状況補語が置かれています。

　この図では特に1段目の主語や、3段目に置かれている状況補語は、述語の前後どちらにも置くことができます。2段目の述語は、普通は図のような語順で使われます。下の図で示された文は、例えば以下のような語順になります。

```
           主語
           Juan

      動詞          目的語
 no   estudia     español

          状況補語
       en la universidad
```

Juan no estudia español en la universidad.
ファンは大学ではスペイン語を勉強しない。

En la universidad Juan no estudia español.
大学でファンはスペイン語を勉強しない。

No estudia español Juan en la universidad.
スペイン語をファンは大学では勉強しない。

5.2 属詞と目的語

> **この項目の内容**
> 1. 属詞　　　　1) 属詞になる語句　2) 弱形人称代名詞lo
> 2. 直接目的語　1) 直接目的語の位置と種類
> 　　　　　　　2) 前置詞aを伴う直接目的語
> 　　　　　　　3) 弱形直接目的人称代名詞
> 3. 間接目的語　1) 間接目的語と直接目的語
> 　　　　　　　2) 間接目的語の用法
> 　　　　　　　3) 間接目的語の意味
> 　　　　　　　¡OJO! 直接目的語と間接目的語の区別

　つなぎ動詞に伴って、主語の性質などを表す語句は**属詞**です。また他動詞に必ず伴って動作の対象となる人や物を表す語は**直接目的語**、さまざまな種類の動詞に伴って、動作の向けられている相手を表す語は**間接目的語**と呼ばれます。これらの語句は文脈等で明らかな場合は、弱形代名詞で置き換えるといった、共通の特徴を持っています。
☞ P.54 4.

1. 属詞

　属詞はser, estarのようなつなぎ動詞を必ず伴う語句で、主語で表されている人や物等の名前、種類、性質、状態等を表します。
☞ P.176 2.　☞ P.204 1.　☞ P.206 2.

1) 属詞になる語句

　つなぎ動詞serやestarの属詞になる語は次のような語句です。

		ser		estar
名詞句 名詞節	○	Soy estudiante. 私は学生です。	×	
形容詞句 形容詞節	○	Soy alto. 私は背が高い。	○	Estoy contento. 私はうれしい。
副詞句 副詞節	△*	Ya es tarde. もう遅い。	○	Estoy bien. 私は元気です。

227

| 前置詞＋名詞 | ○ Soy de Japón.
私は日本出身です。 | ○ Estoy a gusto.
私は快適だ。 |

* tarde「遅い」, temprano「早い」など限られた副詞のみ。

2）弱形人称代名詞 lo

属詞は文脈等から意味が明らかな場合は、同じ語を繰り返さないため弱形代名詞に置き換えることができます。属詞として使われる弱形人称代名詞は、ほかの弱形人称代名詞同様、次の位置のいずれかに置かれます。☞ P.56 3）

a）活用している動詞の直前

　　A: Es español, ¿no? B: No, no **lo** es. Nació en Perú.
　　「彼はスペイン人なんでしょう？」「いいえ、違います。ペルー生まれです」

b）不定詞、現在分詞、肯定命令の形の動詞の直後にスペースを置かずに書かれる。

　　Mi madre es enfermera. Yo también quiero ser**lo**.
　　母は看護師だ。私も看護師になりたい。

属詞の lo は直接目的人称代名詞男性単数形と同じ形ですが、次の点に注意しましょう。

- 属詞の lo は性数変化しません。女性名詞や、複数形で使われている名詞や形容詞を言い換える場合も lo になります。

　　A: ¿Usted es **la madre de este chico**? B: Sí, **lo** soy.
　　「あなたは、その子のお母さんですか」「はい、そうです」

　　➡ lo は la madre de este chico という**女性**を指す

- 名詞以外の属詞も lo で置き換えることができます。

　　A: No estabas muy **a gusto** ahí, ¿verdad?
　　B: Sí, sí, **lo** estaba.
　　「君はそこであまり居心地が良くなかったようですね」
　　「いいえ、居心地が良かったです」 ➡ lo は a gusto という前置詞句

　　A: ¿Te pareció **interesante** la obra? B: Sí, me **lo** pareció.
　　「作品は興味深かったですか」「はい、とても興味深かったです。」

　　➡ lo は interesante という形容詞

- 属詞が動詞の前に来る場合、さらに動詞の直前にも lo を置きます。

Cansado lo estoy pero aun así iré al partido.
僕は疲れてはいるが、それでも試合に行く。

➡ lo は cansado を指す

2. 直接目的語

　直接目的語は、動詞が表す動作の対象となる人や物を表す語です。他動詞は必ず直接目的語を伴います。直接目的語は、名詞の働きをする語句や弱形代名詞で表されます。　☞ P.178 4.

1）直接目的語の位置と種類
（1）語順
　直接目的語の役割を果たすのは、名詞の働きをする語句です。弱形人称代名詞以外の直接目的語は通常は動詞の後に置かれます。

主語
Pedro

動詞
busca

直接目的語
su móvil

Pedro busca **su móvil**.
ペドロは携帯電話を探している。

　上の文では、**busca su móvil** は普通この順番ですが主語は、省略したり後に置いたりすることができるので、次のような語順が可能です。

　　Busca **su móvil**.　Busca Pedro **su móvil**.

（2）直接目的語になる語句
　次のような語句が直接目的語になります。
a）名詞句
　　Hicieron **fotos**. 彼らは写真を撮った。
　　Me recomendaron **este hotel**. 私はこのホテルを推薦された。
b）動詞の不定詞
　　Necesitas **descansar**. 君は休む必要がある。
　　Preferimos **quedarnos en casa**. 私たちは家にいたほうが良い。
c）名詞節

Me han recomendado **que haga yoga**.
　私はヨガをすることを勧められた。
　　➡ recomendar は接続法を使う　☞ P.346 2) d)

Soñé **que estaba en una isla desierta**.
　無人島にいる夢をみた。

2）前置詞 a を伴う直接目的語

原則として、直接目的語が特定の人を指す場合は a を伴います。主語の位置が比較的自由なため、次のような文では a がないと誰が誰を探しているか分からないから、と考えると分かりやすいでしょう。

　Alberto busca **a Laura**. / Busca Alberto **a Laura**.
　アルベルトはラウラを探している。

「特定の人」かどうかは定冠詞や不定冠詞でも表されます。下の文はいずれも会計係を探しているという意味ですが、次のような違いがあります。

　Busco **al contable**. ➡ 話し手、聞き手にとって特定の会計係
　Busco **a un contable**. ➡ 特定の会計係だが、聞き手はその人を知らない
　Busco **un contable**. ➡ 会計係募集等、不特定の人

ただし、次の点に注意しましょう。

a）次のような語が人を指す場合、特定の人ではなくても直接目的語は a を伴います。

alguien / nadie 誰か/誰も	alguno / ninguno 誰か/誰も～ない
este / ese / aquel この/その/あの	uno 1人
todos 全員	otro ほかの
cualquiera どの人でも	quien... ～の人

　No vimos **a ninguno** de nuestros compañeros.
　私たちの仲間には誰にも会わなかった。

　¿Conoces **a alguien** en Perú? ペルーに誰か知っている人はいますか。
　Ayuda **a cualquiera**. 彼は誰でも助ける。

b）動詞 tener の目的語は一般に a を伴いません。ただし、次のように修飾語句が付いているときは a を伴います。

　Tengo **una hija**. 娘が1人いる。
　Tengo **a mi hija** en EEUU. 娘が1人アメリカにいる。

3) 弱形直接目的人称代名詞

(1) 直接目的人称代名詞の形 ☞ P.54 4.

　直接目的語は他動詞の文には必要な要素です。**文脈などから分かっているため直接目的語を繰り返さない場合は必ず弱形代名詞が使われます**。直接目的語を表す弱形代名詞は次のようになります。

単数	1人称	me	私
	2人称	te	君
	3人称	lo, la	彼 / 彼女 / あなた / それ
複数	1人称	nos	私たち
	2人称	os	君たち
	3人称	los, las	彼ら / 彼女ら / あなた方 / それら

Perdro busca **a Laura**.　ペドロはラウラを探している。
→ Pedro **la** busca.　ペドロは彼女を探している。

(2) 直接目的人称代名詞の位置

　弱形代名詞の位置は、動詞の位置を基準にして、その前、後等、厳密に決まっています。語順について次の点に注意しましょう。

a) 弱形代名詞が活用している動詞の前に置かれる場合、直接目的人称代名詞は、**動詞に最も近い位置（動詞の直前）**になります。
　　Ya terminó **la tarea**. Es que **la** terminó en media hora.
　　彼は仕事を早く終えた。30分で終わったんだ。

b) 否定の **no** は普通、動詞の前に来ますが、直接目的人称代名詞のほうが動詞に近い位置を占めるため、**no** はその前になります。
　　Busqué **las revistas** pero no **las** encontré.
　　雑誌を探したが見つからなかった。

c) 強調のために直接目的語となる名詞等が動詞の前に置かれることがあります。その場合、動詞の直前に目的語代名詞も重ねて置く必要があります。
　　Los libros los dejé en la mesa del despacho.
　　本はオフィスの机に置いておいた。
　　A María la conozco desde hace muchos años.
　　マリアは何年も前から知っている。

（3）直接目的人称代名詞の用法

次の点に注意しましょう。

a）「前置詞＋人称代名詞1人称、2人称」、すなわち **a mí, a ti, a nosotros, a vosotros** 等は目的語として単独で使うことはできません。弱形直接目的人称代名詞を使います。

Pedro **me** busca. ペドロは私を探している。

× Pedro busca a mí.

b）3人称の **lo, la, los, las** はどれも人も物も指すことができますが、**lo** は次の場合も使われます。

- 動詞の不定詞、節や文全体

    A: Necesito descansar.
    B: Yo también **lo** necesito.
    「休まなければいけない」「私も休む必要がある」

    A: Me han dicho **que mañana no hay clase**.
    B: Pero ¿cuándo te **lo** han dicho?
    「明日授業ないらしいよ」「でもいつそれを言われたんだい？」

- 状況から判断できる事柄

    No **lo** entiendo. （ある状況に対して）私には理解できない。

c）特にスペインでは、男性名詞で人を表す場合 **lo, los** の代わりに **le, les** が使われることがよくあります。特に **usted** や **ustedes** の場合は、**le, les** が好んで使われます。

¿**Le** puedo ayudar en algo? 何かお手伝いできることはありますか。
Les saluda atentamente. 彼らに丁寧に挨拶する。

（4）直接目的語をとる代名動詞

代名動詞には直接目的語をとる語もあります。 ☞ P.187 3. 1)

Me lavo **los dientes**. 私は歯を磨く。

3. 間接目的語

間接目的語は、動詞で表される動作や状態が向けられている相手を表します。「前置詞 a ＋名詞句」や、弱形人称代名詞で表されます。
☞ P.177 2)(2)　☞ P.178 2)(2)　☞ P.179 2)(2)　☞ P.217 3)

1）間接目的語と直接目的語

間接目的語には直接目的語とは異なる、次のような特徴があります。
a）ほとんどの場合、間接目的語は人を指します。そのため間接目的語は常に名詞句です。動詞の不定詞や名詞節は間接目的語になりません。
b）間接目的語は自動詞、他動詞、つなぎ動詞のいずれにも伴うことができます。代名動詞に伴うこともできます。
c）間接目的語の働きをすることができるのは「a＋名詞」または弱形人称代名詞ですが、1つの文の中でその両方を使うこともあります。

2）間接目的語の用法

間接目的語の用法を、動詞の種類別に整理してみましょう。

（1）間接目的語を伴う自動詞

直接目的語をとらず、間接目的語のみをとる動詞の多くは、gustar型の動詞です。gustar型の動詞以外にも、直接目的語をとらず、間接目的語をとる動詞がありますが、数は多くありません。　☞ P.217 3)

　Escribo a María. マリアに手紙を書く。 ➡ Le escribo.

（2）間接目的語を伴う他動詞　☞ P.179 2)(2)

「～を与える」「～と言う」「～を約束する」のような意味の動詞は、直接目的語のほかに、動作の相手を示す間接目的語をとります。間接目的語は、「a＋名詞の形」のみが使われることもありますが、多くの場合、弱形代名詞も合わせて使われます。

a）直接目的語が名詞句等の場合

直接目的語が名詞の役割をする語句、すなわち名詞句や名詞節の場合は、間接目的語の弱形代名詞は次の形になります。

単数	1人称	me	私
	2人称	te	君
	3人称	le	彼/彼女/あなた/それ
複数	1人称	nos	私たち
	2人称	os	君たち
	3人称	les	彼ら/彼女ら/あなた方/それら

```
                     主語
                  El profesor
     動詞        直接目的語      間接目的語
le    dio        el libro      al alumno
```

El profesor le dio el libro al alumno.
先生はその生徒に本を与えた。

　上の文では、間接目的語は本を与える相手を表しています。al alumnoは3人称単数なので弱形代名詞に置き換えるとleになります。弱形代名詞leは動詞の直前に置かれますが、al alumnoは必要な場合はそのまま残します。

b）直接目的語が弱形代名詞の場合
　直接目的語、間接目的語がともに弱形代名詞の場合は、間接目的人称代名詞、直接目的人称代名詞の順に動詞の前に置きます。動詞が不定詞で使われていて、弱形代名詞が動詞の後に置かれる場合も、間接目的語、直接目的語の順です。

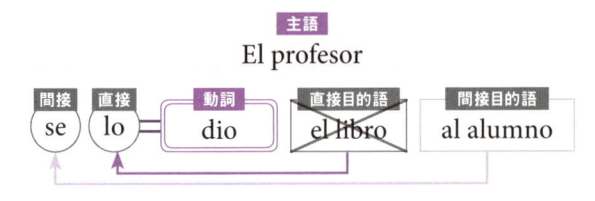

```
                        主語
                    El profesor
間接  直接    動詞    直接目的語    間接目的語
 se   lo     dio     el libro     al alumno
                                 (el libro に×)
```

El profesor se lo dio al alumno.
先生はその生徒にそれを与えた。

　直接目的語は基本的には、1つの文中に1つしか置かれませんのでel libroをloに置き換えると、文中からel libroはなくなります。この文で、間接目的語を弱形代名詞にすると3人称は単数、複数ともにseになります。次の表のような語順になります。

間接目的語	直接目的語	
me		
te	lo	
se	la	動詞
nos	los	
os	las	
se		

c) 間接目的語を伴うほかの他動詞

直接目的語、間接目的語の両方を伴うことができる動詞には次のような語があります。

comprar	買う	comunicar	伝える	conceder	授与する
contar	語る	contestar	答える	dar	与える
decir	言う	devolver	返す	entregar	渡す
enviar	送る	llevar	持って行く	mandar	送る

Ayer **le** dieron la buena noticia. 昨日彼は良いニュースを知った。
A:¿**Entregaron** los premios **a los ganadores**?
B:Sí, **se** los entregaron.
「勝者たちに賞が与えられましたか」「はい、与えられました」
A:¿**Te han concedido** la beca? B:No, no **me** la han concedido.
「君は奨学金がもらえたの」「いえ、もらえなかった」

（3）間接目的語を伴うつなぎ動詞 ☞ P.177 2)(2)

つなぎ動詞も間接目的語を伴うことができます。
　　Ese vestido **te está** un poco pequeño. そのドレスは君には少し小さい。
　　Lo que hagas **me es** indiferente. 君が何をしようと私にはどうでも良い。

（4）間接目的語をとる代名動詞 ☞ P.188 2)

代名動詞の中にも間接目的語をとるものがあります。
　　Se **me** olvidó darte el documento. 私は君に書類を渡すのを忘れた。

3）間接目的語の意味

間接目的語には次のような意味があります。

（1）動作が向けられる相手を表す

5.2 属詞と目的語

　間接目的語の最も基本的な用法で、他動詞に伴う間接目的語の多くがこの意味で使われます。「相手に与える」だけではなく「相手からとる」場合も使われます。

Le regalaron un ordenador para su cumpleaños.
彼は誕生日にコンピューターをもらった。

Se lo quitaron porque siempre jugaba a videojuegos.
ゲームばかりしていたので彼はそれを取り上げられた。

（2）動作の影響を受ける相手を表す

　「〜にとって」の意味で、つなぎ動詞に伴う間接目的語の多くがこの意味で使われます。

Me pareció raro que no vinieras.
君が来なかったのが私には不思議だった。

（3）意味上の主語を表す

　gustar型動詞のような動詞では、間接目的語は意味上の主語を表していると考えることができます。　☞ P.217 3)

Me gusta este libro.　私はこの本が好きだ。

（4）感情移入を表す

　つなぎ動詞、自動詞、他動詞、代名動詞のいずれも、動作の影響を受ける人の感情移入を示す間接目的語を伴うことができます。

Se **me** murió mi abuela.　祖母が亡くなった。

　この文は単に事実を述べるのではなく、そのことによって自分が影響を受けて非常に悲しく思った、ということを表しています。

Se **me** escapó el gato.　猫が逃げてしまった。

> **¡OJO!** 直接目的語と間接目的語の区別
>
> 　直接目的語を間接目的語と区別するために、日本語で「～を」と置き換えられる語が直接目的語、「～に」は間接目的語と覚えてしまう初学者が多くいます。例えば間接目的語を伴う他動詞 dar を使って「～に～を与える」と言う場合は、だいたいそれで何とかなってしまうものですが、日本語で「～に」「～を」と両方の目的語が出てくる場合以外は日本語で区別することはできません。例えば ver ～に会う、saludar ～に挨拶するはどちらも直接目的語をとる他動詞です。直接目的語か間接目的語かで迷った場合は、日本語訳で判断せず、動詞を辞書で引き、直接目的語を伴う他動詞か、そうではない自動詞かを調べるようにしましょう。

5.3　補語

> **この項目の内容**
>
> 1. 状況補語　　1) 状況補語の特徴　2) 状況補語になる語句
> 　　　　　　　3) 状況補語の用法　4) 状況補語の意味
> 2. 主格補語
> 3. 目的格補語　1) 目的格補語になる名詞句
> 　　　　　　　2) 目的格補語になる形容詞句
> 　　　　　　　3) 目的格補語になる不定詞、現在分詞

　文には、主語、動詞、属詞や目的語等のように、それらの語句がなければ文法的に完結しない要素のほかに、意味上必要なら加える要素があります。主語と述語で表された内容の時や場所などを述べる状況補語がこれに当たります。また、主語や目的語の性質や状態を述べる主格補語や目的格補語があり、これらをまとめて補語と呼びます。

1. 状況補語

　「いつ」「どこで」「誰と」「どのように」等のように、主語と述語で表された事柄の状況を述べる文の要素を、状況補語と呼びます。

1) 状況補語の特徴

状況補語は文中で複数使うことができます。

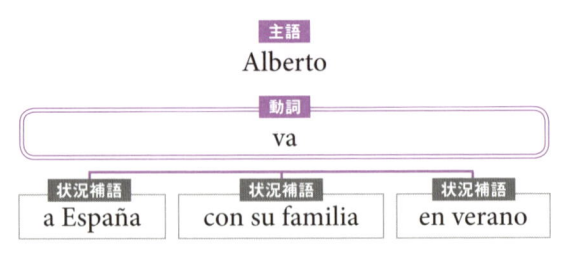

主語
Alberto

動詞
va

状況補語 a España **状況補語** con su familia **状況補語** en verano

Alberto va a España con su familia en verano.
アルベルトは夏に家族とスペインに行く。

この文では、**a España, con su familia, en verano** という3つの状況補語が使われています。動詞の前後いずれにも置くことができますし、3つの補語の順番にも決まりはありません。状況補語はほかに次のような特徴を持っています。

a) 意味を加える上で必要な場合のみ使われます。
b) 主語同様、文中のさまざまな位置に置くことができます。
c) 状況補語はつなぎ動詞、自動詞、他動詞を持つ、いずれの文でも使うことができます。☞ P.44 2)

2) 状況補語になる語句

副詞的な機能を持つ語句が、状況補語の働きをします。

副詞句	ayer きのう	antes 前に
	ahora 今	muy bien とてもよく
名詞句	el lunes 月曜日に	el 3 de junio 6月3日に
前置詞＋名詞	en el parque 公園で	en tren 電車で
	por la mañana 午前中に	con sus amigos 友人と
	desde 2013 2013年から	por ese motivo この理由で
副詞節	cuando pueda できる時に	porque quería やりたかったので

☞ P.132 4) 副詞句   ☞ P.34 f) 名詞句
☞ P.249 2) 前置詞   ☞ P.355 6.11 副詞節

3) 状況補語の用法

状況補語は、どんな種類の動詞の文でも使うことができます。

a）つなぎ動詞
　　Está casado **con una abogada**. 弁護士の奥さんがいる。
b）他動詞
　　El verano pasado alquilamos una casa **en el campo**.
　　この前の夏は田舎に家を借りた。
c）自動詞
　　Saldremos **temprano**. 私たちは朝早く出る。
　　Viven **bastante cerca**. 彼らはかなり近くに住んでいる。
d）代名動詞
　　Me lo encontré **por casualidad**. 私は偶然彼に会った。

4）状況補語の意味

　状況補語は、場所、時、手段、目的、条件等、さまざまな意味を表すことができます。ここでは ir 行く を例にして確認しましょう。次のような意味の状況補語を伴うことができます。

	(Tú) vas.	君は行く。
場所	(Tú) vas a España.	君はスペインに行く。
時	(Tú) vas el lunes.	君は月曜日に行く。
同伴	(Tú) vas con tu familia.	君は家族と行く。
手段	(Tú) vas en avión.	君は飛行機で行く。
様態	(Tú) vas con prisa.	君は急いでいく。
目的	(Tú) vas para trabajar.	君は仕事に行く。
理由	(Tú) vas porque quieres.	君は行きたいから行く。
譲歩	(Tú) vas aunque llueve.	君は雨なのに行く。
条件	(Tú) vas si no llueve.	君は雨が降らなければ行く。
頻度	(Tú) vas con frecuencia.	君は頻繁に行く。

2. 主格補語

　自動詞が使われている文では、主語の状態を描写する形容詞や過去分詞などを伴うことができる場合があります。このように**主語の意味を説明したり、補足したりする役割を果たす語を主格補語**と呼びます。
　次のような特徴があります。　☞ P.121 3) (1)

a）　主格補語は主語の性数に一致します。
　　Las niñas llegaron **cansadas**. 女の子たちは疲れて到着した。

先の例文では、主語が **las niñas** と女性複数形なので、主格補語として働いている形容詞も女性複数形になっています。

b)　主格補語は形容詞、過去分詞などで表します。

- 形容詞

　　Se volvió **muy estudiosa** al entrar en la universidad.
　　大学に入ってから彼女はとても勉強家になった。

　　Se puso **muy alegre** cuando te vio llegar.
　　君が到着するのを見たとき、彼はとても陽気になった。

- 過去分詞

　　Andamos **muy ocupados** desde que nos mudamos de casa.
　　私たちは引っ越しをしてからとても忙しい。

　　Viven **alejados** de todos.　彼らは皆から離れて住んでいる。

3. 目的格補語

　他動詞が使われている文で、目的語がその意味を説明、補足する補語を伴うことができる場合があります。目的格を修飾する補語には、名詞や形容詞、動詞の不定詞等があります。

1) 目的格補語になる名詞句

　「～を～に選ぶ」「任命する」といった意味の動詞は、名詞句を目的格補語とすることができます。次のような動詞です。☞ P.34 e)

elegir 選ぶ	designar 指名する
proclamar 授与する	nombrar 任命する

　　Nombraron **director** al menos esperado.
　　一番意外な人が部長に指名された。

　　La nadadora australiana fue proclamada **campeona**.
　　オーストラリアの水泳選手がチャンピオンになった。

　　Lo eligieron **secretario** a pesar de que no quería.
　　彼は嫌だったが、事務長に選ばれた。

2) 目的格補語になる形容詞句

　他動詞は、直接目的語の状態などを述べる形容詞や過去分詞を目的

格補語として伴うことができます。☞ P.122 (2)

　Este hombre me tiene **loco**. あの男の人といたらおかしくなりそうだ。
　Lleva **rotas** las gafas. 彼は眼鏡を壊れたままかけていた。
　¿Tienes **conectada a internet** la televisión?
　君はテレビをインターネットに接続しているの？

3）目的格補語になる不定詞、現在分詞

　hacer, dejarのように「～させる」の意味の使役の動詞や、ver 見る、oír 聞くのように知覚を表す動詞は、不定詞や現在分詞を目的格補語とすることができます。☞ P.193 (2)(3)　☞ P.220 3)

・不定詞
　Déjame **descansar**. 休ませて。　➡ 使役
　No vimos **empezar el partido**. 試合が始まるのは見なかった。
　➡ 知覚動詞
　No te oí **llegar**. 君が着いたのが聞こえなかった。　➡ 知覚動詞
・現在分詞　☞ P.201 (3)
　Dentro de nada te veo **abriendo tu propio restaurante**.
　まもなく君は自分自身のレストランを開くだろう。　➡ 知覚動詞

5.4 単文、複文、重文

> **この項目の内容**
>
> 1. 単文
> 2. 複文　　1）名詞節を含む複文　2）形容詞節を含む複文
> 　　　　　3）副詞節を含む複文
> 3. 重文

　大文字で始まり、ピリオド、疑問符、感嘆符のいずれかで終わる1つのかたまりを文と呼びます。文には、主語と動詞の関係が1つだけの単文と、従属節を含む複文、そして2つ以上の単文や複文が接続詞によって対等な関係で結ばれた重文があります。

5.4 単文、複文、重文

1. 単文 ☞ P.335 6.8

　主語、動詞の関係を1つだけ含む文を単文と呼びます。単文は主語、動詞のほかに、属詞、目的語、目的格補語、主格補語、状況補語等を伴うことができます。単文は次のような構造をしています。

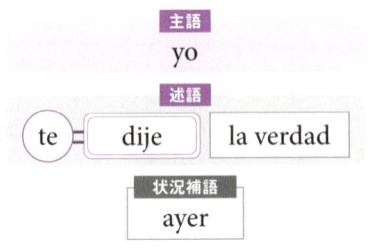

主語
yo

述語
te － dije　la verdad

状況補語
ayer

Yo te dije la verdad ayer.
私は昨日君に真実を告げた。

　上の文には主語のyoと主語に合わせて1人称単数に活用している動詞のdijeがあり、主語と動詞はこの1組だけです。

2. 複文 ☞ P.339 6.9　☞ P.351 6.10　☞ P.355 6.11

　文の中に、従属節を含む文を複文と呼びます。複文は、名詞節を含む文、副詞節を含む文、形容詞節を含む文の3つに分けることができます。

1）名詞節を含む複文 ☞ P.339 6.9
（1）文の構造
　名詞句を含む複文は次のような構造をしています。

主語
yo

述語
te － dije　que no podía ir

状況補語
ayer

Yo te dije ayer que no podía ir.
私は昨日君に行けないと言った。

上の文では、**1. 単文**で見た例文の、名詞句 **la verdad** 真実（直接目的語）を、接続詞 que を伴った名詞節 **que no podía ir** 行けないこと に置き換えて複文を作っています。

(2) 名詞節の作り方
　名詞節は、主に次のように作られます。
a) 接続詞 que を用いる　☞ P.274 3.1)
　　No creo **que haga tanto frío en Francia**.
　　フランスはそんなに寒いことはないと思う。
b) 疑問詞を用いる　☞ P.85 3)(1)
　　Dime **quién viene**. 誰が来るか言ってください。
　　¿Puedes indicarme **cómo se va a la estación**?
　　駅にどうやって行くか教えてください。

2) 形容詞節を含む複文　☞ P.351 6.10
(1) 文の構造
　形容詞節を含む複文は次のような構造をしています。

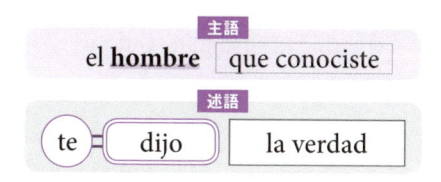

主語：el **hombre** que conociste
述語：te — dijo — la verdad

　El hombre que conociste te dijo la verdad.
　君が知り合った男性は君に本当のことを言った。

　上の文では、**1. 単文**で見た文の人称代名詞 yo（主語）を「君が知り合った男性」に置き換えています。el hombre 男性 に関係詞を使った que conociste を付けた、**el hombre que conociste** 君が知り合った男性 がこの文の主語になっています。

(2) 形容詞節の作り方
　形容詞節は次のように作られます。　☞ P.277 5.7
a) 関係代名詞を用いる

El ordenador **que compré** es de segunda mano.
私が買ったコンピューターは中古品だ。

b) 関係詞を用いる

El hombre ingresó en su cuenta bancaria 100 000 euros **cuya procedencia no pudo justificar**.
男はどこで手に入れたか証明できない10万ユーロを銀行口座に入金した。

Esta es la universidad **donde estudió mi hermano**.
ここが私の兄が勉強した大学だ。

3) 副詞節を含む複文 ☞ P.355 6.11

(1) 文の構造

副詞節を含む複文は次のような構造をしています。

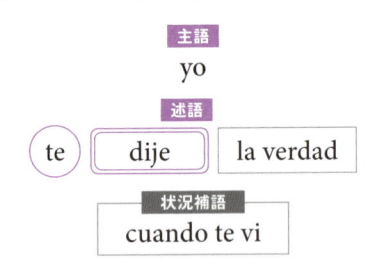

主語
yo

述語
te dije la verdad

状況補語
cuando te vi

Yo te dije la verdad cuando te vi.
私は君に会ったとき、真実を告げた。

上の文では、**1. 単文**で見た例文の副詞 ayer（状況補語）を、「君に会ったとき」の意味の副詞節 cuando te vi に置き換えて複文を作っています。

(2) 副詞節の作り方

副詞節は従属節を作る接続詞を用いて作られます。 ☞ P.275 4.

No quiso salir de casa **porque hacía demasiado calor**.
あまりに暑かったので出かけたくなかった。

3. 重文

2つ以上の単文や複文が、接続詞によって対等な関係で結ばれた文を重文と呼びます。重文が複文と異なる点は、まとめられた2つの文を分けて2文にしても、文法的な文として成立することです。また、

意味的、文体的に問題がないなら、複数の文を次々と結んで1つの文にすることが可能です。 ☞ P.269 2.

　　Fuimos a un restaurante español. スペインレストランに行った。
　　(No) comimos paella. パエージャを食べた／食べなかった。
➡ Fuimos a un restaurante y comimos paella.
　　スペインレストランに行ってパエージャを食べた。
➡ Fuimos a un restaurante pero no comimos paella.
　　スペインレストランに行ったがパエージャは食べなかった。

5.5 前置詞

> **この項目の内容**
> 1. 前置詞の形　　1）主な前置詞　2）前置詞と冠詞の縮約
> 2. 前置詞の用法　1）前置詞を伴う語句　¡OJO! 前置詞と名詞
> 　　　　　　　　2）前置詞を伴う語句の働き
> 3. 前置詞の意味　1）前置詞の表す意味
> 　　　　　　　　2）それぞれの前置詞の意味
> 　　　　　　　　3）意味による分類　¡OJO!「～年後に」「～年間」を表す表現
> 4. 動詞に付帯する前置詞
> 　　　　　　　　1）acabar　2）dar　3）estar

　名詞の働きをする語の前に置き、文中でそれらに補語、目的語等の機能を持たせる語を**前置詞**と呼びます。前置詞を伴った名詞句等は、場所、時、理由、原因、目的等さまざまな意味を表します。

1. 前置詞の形

1）主な前置詞
　主な前置詞は次の通りです。**según**＊以外の前置詞は弱勢語で、文中で弱く発音されます＊＊。

a	ante	bajo	con	contra	de
desde	durante	en	entre	hacia	hasta
mediante	para	por	según	sin	sobre
tras	versus	vía			

* segúnは強勢語なので、副詞に分類されることもあります。
** スピーチなどの特定の状況によりイントネーションの流れで高く発音されることがあります。

これらの語には、前置詞としてのみではなく、ほかの品詞として別の意味で使われる語もあります。例えば次のような語です。

bajo	低い (形容詞)、1階 (男性名詞)
contra	反対意見 (男性名詞)
hasta	～さえ (副詞)
para	止まる (動詞pararの直説法現在3人称単数)
sobre	封筒 (男性名詞)
vía	通り (女性名詞)

2) 前置詞と冠詞の縮約

前置詞は名詞や形容詞のように性数変化したり、動詞のように活用したりはしません。前置詞が形を変えるのは次の場合のみです。

a) de / a ＋定冠詞男性単数形
　　de + el ➡ del (×de el)　a + el ➡ al (×a el) ☞ P.36 3)

b) con ＋人称代名詞 mí / ti / sí
　　con + mí ➡ conmigo (×con mí)
　　con + ti ➡ contigo (×con ti)
　　con + sí ➡ consigo (×con sí)
　　☞ P.53 1) a)

2. 前置詞の用法

前置詞は文字通り「前に置く」短い語で、名詞の働きをする語句の前に置かれます。「前置詞＋名詞」は1つの単位なので、文中で離れた位置に置かれることはありません。

1）前置詞を伴う語句

次のような語句が前置詞の後に置かれます。

a）前置詞＋名詞句

固有名詞、普通名詞、定冠詞を伴う名詞、伴わない名詞等あらゆる名詞句が前置詞の後に置かれます。

sin mochila リュックなしで　　**de mi hermano** 私の兄の

b）前置詞＋人称代名詞 ☞ P.53 3.

前置詞の後に置かれる人称代名詞には特有の形があります。

con él 彼と一緒に　　**para mí** 私のために

c）前置詞＋疑問詞

多くの疑問詞は前置詞を伴うことができます。

¿**Con quién** hablaste? 君は誰と話したの？

¿**A qué** hora empieza la película? 映画は何時に始まりますか？

d）前置詞＋不定語

代名詞の働きをする不定語は、前置詞を伴うことができます。

Mal **de muchos**, consuelo de tontos.
　大勢の不幸は愚か者の慰み。（諺）

¿Puedo ayudarte **en algo**? 何かお手伝いできますか。

e）前置詞＋動詞の不定詞 ☞ P.192 3)(1)d)

動詞の不定詞は意味が許す限り、いつでも名詞として働くことができますので、しばしば前置詞の後にも置かれます。

sin cesar 休みなしで、絶えず

para estudiar español スペイン語を勉強するために

f）前置詞＋名詞節

前置詞は次にさまざまな名詞節をとることができます。

sin que esté el profesor 先生不在で

Busca **por donde están los libros de economía**.
　経済の本があるあたりを探しなさい。

> **¡OJO!** 前置詞と名詞
>
> 「あなたはどこ出身ですか」と尋ねるとき、英語では *Where are you from?* スペイン語では ¿De dónde eres tú? と言いますが、英語では前置詞 *from* が直後に名詞を伴わずに文末に置かれることがあるのに対して、スペイン語では、前置詞が単独で使われることはありません。前置詞 de と 疑問詞 dónde は、この文の中で切り離すことのできない1つのかたまりです。また省略して答える場合に、主語や動詞を省いても、前置詞を落とすことはできませんので、短く「東京出身」と答える場合は、"De Tokio." になります。

2）前置詞を伴う語句の働き

前置詞を伴う語句は、文中で状況補語や ser や estar の属詞、目的語として働くことができます。また名詞や形容詞等を修飾する要素として働き、名詞句、形容詞句等を構成します。

a）状況補語

Voy **a España con mi familia**. 私はスペインに家族と行く。

b）属詞

El euro está **a 134 yenes** hoy. ユーロは今日は134円だ。

c）目的語

Veo **al profesor** hoy. 今日先生に会う。

d）名詞の補語

ventana **del comedor** 食堂の窓

e）形容詞の補語

hecho **por un alumno** 学生によって作られた

f）副詞の補語

cerca **de la estación** 駅の近く

g）動詞の補語

empezar **a trabajar** 仕事を始める

3. 前置詞の意味

1）前置詞の表す意味

前置詞は、非常に多様な意味を次に来る名詞等に加えます。ここでは前置詞のとりうる意味を21に分けて整理してみました。

(1) 場所	(2) 時	(3) 目的
(4) 理由・原因	(5) 譲歩・逆接	(6) 特徴・材料等
(7) 様態	(8) 手段・道具	(9) 随伴・付加・持ち物
(10) 相手・動作の対象	(11) 関連性	(12) 比較の対象と範囲
(13) 受け身の動作主	(14) 範囲	(15) 数字
(16) 出身・起源	(17) 所有	(18) 話題
(19) 条件	(20) 代理	(21) 間

2）それぞれの前置詞の意味

ほとんどの前置詞はその意味を1つにまとめて述べることはできません。非常に多様な意味を持つ前置詞もあります。主な前置詞の意味を分類してまとめてみましょう。

a	(1) 場所　(2) 時　(3) 目的　(6) 特徴・材料等　(7) 様態　(8) 手段・道具　(10) 相手・動作の対象　(12) 比較の対象と範囲　(14) 範囲
ante	(1) 場所　(10) 相手・動作の対象
bajo	(1) 場所　(7) 様態
con	(4) 理由・原因　(5) 譲歩・逆接　(6) 特徴・材料等　(7) 様態　(8) 手段・道具　(9) 随伴・付加・持ち物　(10) 相手・動作の対象　(15) 数字
contra	(10) 相手・動作の対象
de	(1) 場所　(2) 時　(6) 特徴・材料等　(7) 様態　(8) 手段・道具　(10) 相手・動作の対象　(12) 比較の対象と範囲　(13) 受け身の動作主　(15) 数字　(16) 出身・起源　(17) 所有　(18) 話題
desde	(1) 場所　(2) 時　(15) 数字　(16) 出身・起源
durante	(2) 時
en	(1) 場所　(2) 時　(6) 特徴・材料等　(7) 様態　(8) 手段・道具　(15) 数字
entre	(1) 場所　(2) 時　(12) 比較の対象と範囲　(15) 数字　(16) 出身・起源　(17) 所有　(21) 間
hacia	(1) 場所　(2) 時　(10) 相手・動作の対象
hasta	(1) 場所　(2) 時
mediante	(8) 手段・道具
para	(1) 場所　(2) 時　(3) 目的　(5) 譲歩・逆接　(10) 相手・動作の対象　(11) 関連性

por	（1）場所　（2）時　（3）目的　（4）理由・原因 （5）譲歩・逆接　（8）手段・道具　（10）相手・動作の対象 （11）関連性　（13）受け身の動作主 （14）範囲　（15）数字　（20）代理
según	（11）関連性　（19）条件
sin	（6）特徴・材料等　（7）様態　（8）手段・道具 （9）随伴・付加・持ち物
sobre	（1）場所　（2）時　（9）随伴・付加・持ち物 （15）数字　（18）話題
tras	（1）場所　（2）時
versus	（12）比較の対象と範囲
vía	（8）手段・道具

3）意味による分類

ここからは21に分けた前置詞の意味ごとに、前置詞の使い方とニュアンスの違いに触れていきます。

（1）場所

次のような前置詞が、空間的な位置を表します。

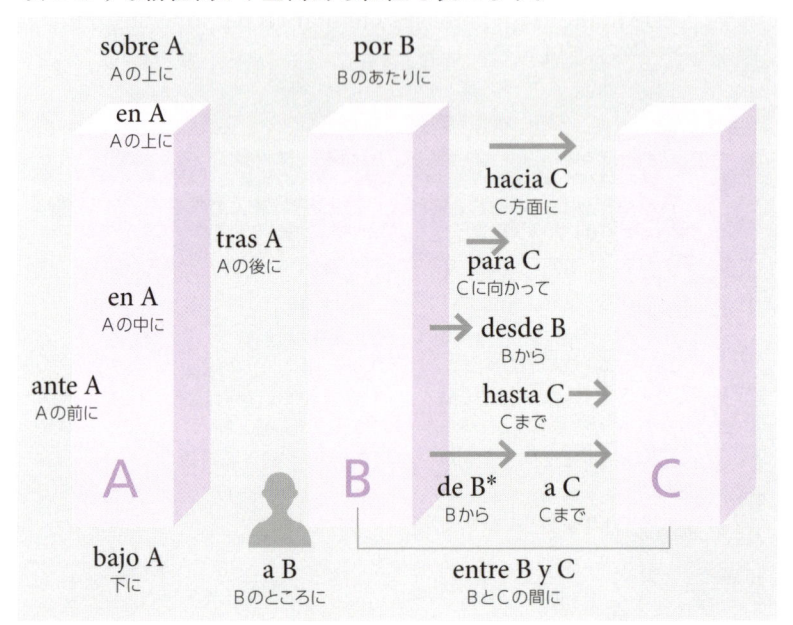

- sobre A　Aの上に
- por B　Bのあたりに
- en A　Aの上に
- hacia C　C方面に
- tras A　Aの後に
- para C　Cに向かって
- en A　Aの中に
- desde B　Bから
- ante A　Aの前に
- hasta C　Cまで
- de B*　Bから
- a C　Cまで
- bajo A　下に
- a B　Bのところに
- entre B y C　BとCの間に

＊　一般に"de B"は"a C"を伴って使われます。

5.5 前置詞

a	tirar al blanco 的を射る *Fui / Llegué / Vine* a Osaka. 私は大阪に行った／着いた／来た。 ➡ 目的地、到達点 Te espero a la salida. 出口のところで待っているよ。 ➡ 離れずについて Vivo a *cinco kilómetros* / *dos horas* de la ciudad. 町から5キロ／2時間の所に住んでいる。 ➡ ＋距離／時間 camino *a* / *de* Roma ローマへの道 ➡ 名詞句 ventana al jardín 庭に面した窓 ➡ 名詞句
ante	Se arrodillaron ante la imagen de la virgen. 彼らはマリア像の前でひざまずいた。
bajo	bajo tierra 地下で bajo los escombros がれきの下で bajo un cielo estrellado 星空の下で
de	Voy andando de casa al trabajo. 家から職場まで歩いて行く。 De mandar un mensaje a hablar en persona hay mucha diferencia. メッセージを送るのと実際に会って話すのとは全然違う。 a la izquierda de la casa 家の左に cerca de la estación 駅の近くに encima de la mesa 机の上に
desde	desde *Tokio* / *su casa* / *el quinto piso* 東京／彼の家／5階から
en	en el cajón 引き出しの中に en el sofá ソファーの上に ➡ 接触 Me lo encontré en la calle. それを通りで見つけた。
entre	una ciudad entre Madrid y Murcia マドリッドとムルシアの間の町
hacia	hacia *delante* / *atrás* / *el centro* 前／後／中心へ向かって Miró hacia la Luna. 月のほうを見た。 ➡ 方向
hasta	Corrió hasta la estación. 彼は駅まで走った。
para	Cuando empezó a llover ya iba para casa. 雨が降り始めたときもう家に向かっていた。 ➡ 〜に向かって

5 文の成り立ち

5.5 前置詞

por	por aquí このあたり ➡ あいまいに範囲を指定 viajar por Europa ヨーロッパを旅行する ¿Por dónde empiezo? どのあたりから始めましょうか。 Saltó por la ventana. 窓から飛び降りた。 ➡ 通過点 Empezó a repartir por la derecha. 右から配り始めた。 ➡ 通過点 La camisa se ha roto por el bolsillo. シャツのポケットが破れた。
sobre	Dejó los libros sobre la mesa. テーブルの上に本を置いておいた。 ➡ 接触 Sobre la playa volaban las cometas. ビーチの上を凧が飛んでいた。 ➡ 上方
tras	Tras la cortina, había una puerta. カーテンの後に扉があった。
vía	He venido *vía* / *por* Madrid. マドリッドを通って来た。

（2）時

時刻、日にち、月、年や「〜の頃」「〜後に」等を表す前置詞です。

a）時刻 ☞ P.106 (2)

a	a las tres	3時に
sobre	sobre las tres	3時頃に *
hacia	hacia las tres	3時頃に *
para	para las tres	3時までに
desde	desde las tres	3時から
hasta	hasta las tres	3時まで
entre	entre las tres y las cinco	3時と5時の間に
de… a…	de tres a cinco	3時から5時に
de	las tres de la tarde **	午後の3時

* sobre las tres と hacia las tres はほぼ同じ意味ですが、hacia las tres は3時より前の時間を指すニュアンスが強い表現です。

** de la *mañana* / *tarde* / *noche*…は、a las cinco de la mañana「朝の5時に」のように時刻を表す表現とともに使われます。単に「午前中に/午後に/夜に」という場合は、por la *mañana* / *tarde* / *noche*…になります。

b) 日にち、月、年等

a	a la mañana siguiente　次の朝に al día siguiente　次の日に Se conocieron en 2010 y a los dos años se casaron. 彼らは2010年に知り合い、2年後に＊結婚した。　➡ ＋期間 Llámame al llegar al aeropuerto. 空港に着いたら電話ください。　☞ P.194 (5) A su llegada, empezaremos la reunión. 彼が着いたら会議を始めよう。 Estamos a *jueves / veinte*.　今日は木曜日/20日だ。 bonos del estado a diez años　10年国債　➡ ＋名詞句
en	en otoño　秋に　➡ ＋季節 en junio　6月に　➡ ＋月 en 1990　1990年に　➡ ＋年 Tienes que terminarlo en cinco días. 君はそれを5日で終えなければならない。 ➡ ある行いをするためにかかる時間
de	de *niño / pequeño / joven*　子どもの/小さい/若い頃 de lunes a viernes　月曜日から金曜日まで del lunes al viernes　特定の月曜日から金曜日まで
desde	desde hoy　今日から desde hace diez años　10年前から No nos hablamos desde la última reunión. 会合のとき以来話していないね。 Desde que se fue su amigo, está muy triste. 友人が行ってしまってからとても沈んでいる。
durante	*Durante / en* las vacaciones he leído mucho. 休暇の間たくさん読書をした。 Estudié español durante los años que viví en México. メキシコに住んでいる間にスペイン語を勉強した。
hasta	desde el lunes 20 de agosto hasta el viernes 24 8月20日月曜日から24日金曜日まで　➡ ある時点までずっと Esperó hasta que llegó su amigo. 彼は友人が着くまで待った。

para	para mayo 5月までに Tengo que terminarlo para el martes. 火曜日までにそれを終えなければならない。　➡ 期限
por	por mayo 5月頃に por aquellos días あの頃 por la *mañana* / *tarde* / *noche* 午前中/午後/夜に
tras	Tras dos meses de rehabilitación, se ha recuperado completamente. 3か月のリハビリの末、完全に回復した。

> **¡OJO!** 「〜年後に」「〜年間」を表す表現
>
> 「〜年後に」「〜か月後に」等を表す表現は「今から〜年後」なのか「過去や未来のある時点から〜年後」なのかで変わってきます。
>
> a) 基準が現在のとき
>
> **Dentro de tres días** vendrá a Japón.
> 彼は**3日後に**日本に来るだろう。
>
> b) 基準が過去や未来のとき
>
> El año que viene empezará a trabajar en la empresa, pero *a los dos años* / dos años más tarde / dos años después,* irá a estudiar en el extranjero.
> 来年その会社で働き始めるが、**2年後には**留学するだろう。
>
> * a los XX años は「xx年後に」の意味と「xx歳のときに」の意味があります。状況で判断します。
>
> 「〜年間」「〜か月間」のような表現は、前置詞は不要です。「〜の間」を強調したいときは、**durante**を使うこともできます。
>
> Estudié español (durante) tres años.
> スペイン語を3年（間）学んだ。

（3）目的

「〜のために」を表す前置詞で、名詞のほか、動詞の不定詞や名詞節「**que**＋文」がよく使われます。

a) **a, para, por**は次のようなニュアンスの違いがあります。

- **a / para / por** ＋ 人

  aは間接目的語に伴う前置詞です。「〜のために」や「〜から」の意味になります。**para**は「〜がそれを受け取るように」、**por**は「〜

に好意を示して」「〜の利益ために」「〜を守って」等の意味です。
☞ P.232 3.

a	Se lo compré a María. マリアのために/からそれを買った。
para	Lo compré para María. マリアのためにそれを買った。
por	Lo compré por María. マリアの(利益の)ためにそれを買った。

- **a / para / por + 不定詞**

   aとparaはほぼ同じ意味です。porは文脈によって「わざわざ」や「そうでなければ来なかった」といった意味が加わります。

a	He venido a ver a Luis. ルイスに会いに来た。
para	He venido para ver a Luis. ルイスに会うために来た。
por	He venido por ver a Luis. ルイスに会うためにわざわざ来た。

- **a / para + que + 文（接続法）**

   aとparaはほぼ同じ意味です。

a	Fui a que me ayudara. 手伝ってもらうために行った。
para	Fui para que me ayudara. 手伝ってもらうために行った。

b) そのほかの例

a	Fue a despedirse de su madre. 母親を見送りに行った。 Iba a despedirse de su madre. 母親にさよならを言うつもりだった。 ☞ P.214 2) Ha ido a que le corten el pelo. 髪の毛を切ってもらいに行った。
para	Practica para el examen oral. 口頭試験のために練習する。 Para adelgazar hay que comer menos. 痩せるためには食事を減らさなければいけない。 ¿Para qué sirve este aparato? この機器は何のために役に立つの？ * una mesa para seis 6人用のテーブル ➡ 名詞句

por	Lo digo por tu bien. 君の**ために**（よかれと思って）言っているんだよ。 Fui a por mi chaqueta. 上着を**取りに**行った。 Mañana hay una manifestación por las víctimas del terrorismo. 明日はテロの犠牲者**のための**デモがある。 Daría cualquier cosa por unas vacaciones. 何が何でも少しの休暇が欲しい（少しの休暇の**ために**、何でもあげるのに）。 Estoy aquí por verle. 彼に会いたい**がため**に来たんだよ。 Eso es hablar por hablar. それはただ何か話す**ために**話しているに過ぎない。 ➡ 不定詞＋por＋不定詞

* ¿Por qué...?「どういう理由で」、¿Para qué...?「何の目的で」 ☞ P.95 8)

(4) 理由・原因

「〜だから」や「〜のおかげで」等の意味を表す前置詞です。

con	Está en la cama con *lumbago / gripe*. 腰痛／インフルエンザ**で**寝込んでいる。* Con el ruido que había no pudimos dormir. うるさかった**ので**眠れなかった。 Se rieron mucho con la película. 映画**に**大笑いした。** Se manchó con el helado. アイスクリーム**で**染みが付いた。 Con lo rápido que habla es difícil entender lo que dice. 彼はとても早く話す**ので**、言っていることを理解するのが難しい。 ➡ ＋lo＋副詞＋que＋直説法 ☞ P.48 3)
por	Lo supe por mi vecino. 近所の人から聞い**て**それを知った。 Conseguimos las entradas por Carmen. カルメンの**おかげで**入場券が手に入った。 Cancelaron el vuelo por problemas técnicos. 技術的な問題**で**飛行機がキャンセルになった。 Faltó al examen por estar enfermo. 病気**で**試験を受けられなかった。 ¿Por qué has comprado tanta leche? **どうして**そんなにたくさん牛乳を買ったのですか。 liquidación por cierre 閉店（**のための**）バーゲンセール

entre	**Entre la casa y el trabajo no me queda tiempo para salir.** 家の用事と仕事で、出かける時間がない。

* 病気の部位はdeで表します。**Se puso enferma del estómago / hígado / corazón.** 胃/肝臓/心臓の病気になった。

****reírse con...** は「〜が原因で笑う」、**reírse de...**は、「〜のことを笑う」。

(5) 譲歩・逆接

「〜なのに」「〜しても」の意味を表す前置詞です。

con	**Con lo bonita que es la casa me extraña que quieran venderla.** 家はあんなにきれいな**のに**、彼らはどうして売りたいなんて言うんだろう。 ➡ ＋**lo**＋形容詞＋**que**＋直説法、〜にもかかわらず ☞ P.48 3) **Con lo bien que estaríamos en la playa ahora mismo...** 今ビーチにいたらとても気持ちが良いだろう**に**…。 ➡ ＋**lo**＋副詞＋**que**＋直説法 ☞ P.48 3) **Con insultarle no conseguirás nada.** 彼を罵っ**ても**どうにもならないよ。 ➡ 〜しても **Solo con hacer ejercicio no adelgazarás.** 運動をしているだけ**では**痩せないよ。 ➡ 〜するだけでは
para	**Para ser tan joven ya tiene un doctorado.** あんなに若い**のに**もう博士号をとっている。 ➡ 〜なのに
por	**Por muy barato que sea, a mí no me gusta este restaurante.** どんなに安く**ても**このレストランは嫌いだ。 ➡ ＋形容詞＋**que**＋接続法、たとえ〜でも **Por mucho que trabaje, nunca tiene suficiente dinero.** どんなに働い**ても**いつもお金が足りない。 ➡ ＋副詞＋**que**＋接続法、どんなに〜でも

(6) 特徴・材料等

特徴や材料等を表す前置詞です。多くの場合名詞を修飾して使われます。スペイン語では英語の *security box* のように名詞を2つ並べることはできないので、前置詞を用いた表現が使われます。

a	una falda a cuadros 格子模様のスカート ➡ 名詞句
	mando a distancia リモコン ➡ 名詞句
	olor a chocolate チョコレートの匂い ➡ 名詞句
de	la joven del vestido azul 青いドレスの若い女性 ➡ 名詞句、洋服
	un coche de cuatro puertas 4ドアの車 ➡ 名詞句、型
	un huerto de olivos オリーブ畑 ➡ 名詞句、種類
	un anillo de platino プラチナの指輪 ➡ 名詞句、材料
	una memoria USB de 16 gigas 16ギガのUSBメモリー ➡ 名詞句、容量
	dolor de espalda 背中の痛み ➡ 名詞句、部位
	caja de seguridad セキュリティボックス ➡ 名詞句、目的
	máquina de coser ミシン ➡ 名詞句、目的
en	doctor en Física 物理学博士 ➡ 名詞句
sin	una camiseta sin mangas 袖なしのシャツ ➡ 名詞句

(7) 様態

文の補語として、状況を述べたりする場合に使われる前置詞です。

a	Huele a pescado. 魚の匂いがする。
	Circulaba a más de 150 kilómetros por hora. 時速150キロ以上で走っていた。 ➡ スピード
bajo	bajo los efectos del alcohol アルコールの影響下で
	bajo el socialismo 社会主義のもとで
con	trabajar con ahínco 熱心に働く
	visitar con frecuencia 頻繁に訪れる
de	Iban cogidos *de la mano / del brazo.* 手をつないで/腕を組んで歩いていた。

en	en pijama　パジャマ姿で *en / por* orden alfabético　アルファベット順に moverse en círculo　円を描いて動く Cortó el jamón en lonchas.　ハムを薄切りにした。
sin	Fumabas sin cesar. 君はたてつづけにタバコを吸っていたよ。

(8) 手段・道具

a	ir a *pie / caballo*　歩いて／馬で行く hecho a mano　手製の
con	La mancha se quita con leche. 染みは牛乳でとれるよ。 Puedes comértelo con las manos. 手で食べることができます。 Decoró la habitación con flores. 花で部屋を飾った。 Con seguir las indicaciones llegaréis sin problemas. 標識に従って進めば問題なく到着できるよ。➡ 〜すれば
de	Vive de la pensión de su madre. 彼は母親の年金で生活している。
en	hablar en español　スペイン語で話す ir en *tren / metro / coche**　電車／地下鉄／車で行く
mediante	Se orientaron *mediante / con* las estrellas. 星を見て方角を知った。 El problema se solucionará *mediante / con* el diálogo. 問題は直接話すことによって解決するだろう。
por	por correo　郵便／メールで por avión　航空便で　　por barco　船便で por teléfono　電話で　　por escrito　書面で por la radio　ラジオで　　por la televisión　テレビで
sin	sin ayuda de nadie　誰の助けもなしに Supo quién era sin verlo.　見なくても誰だか分かった。
vía	*vía / por* satélite　人工衛星経由で

*　「電車の中で本を読む」は leer en el tren。

（9）随伴・付加・持ち物

「～といっしょに」「～を持って」「～なしで」の意味を表す前置詞には次のようなものがあります。

con	Fui a la reunión con mi jefe. 上司といっしょに会議に行った。 Ha venido un chico con *perros* / *una mochila*. 男の子が犬を**連れて** / リュックを**持って**やってきた。 ¿Te tomas el café sin azúcar? Yo lo tomo con azúcar. 君は砂糖なしでコーヒーを飲むの？僕は砂糖**あり**だ。 un hombre con gafas　眼鏡をかけた男性　➡ 名詞句 una habitación con aire acondicionado y vistas al mar エアコン**がある**海が見える部屋　➡ 名詞句
sobre	Me cobró 150 euros sobre lo presupuestado. 予算より150ユーロ**余分**に取られた。
sin	No puedo hacerlo sin ti.　君なしにはできないよ。 No puedes pasar sin entrada.　入場券なしには入れない。

（10）相手・動作の対象

「～に対して」「～へ向けて」の意味を表す前置詞です。

a	amor a los padres　両親への愛　➡ 名詞句 respeto a los profesores　先生への敬意　➡ 名詞句 ataque a su persona　人格攻撃　➡ 名詞句
ante	Ante él todos sienten miedo. 彼の**前では**誰もが恐れを感じる。 Se rindió ante las adversas circunstancias. 不利な状況を**前に**降参した。
con	ser *crítico* / *cruel* / *amable* con… ～に対して批判的/残酷/親切だ
contra	una manifestación contra el terrorismo テロに**抗議する**デモ Coloca el sofá contra la pared. 壁につけてソファーを置く。 Apóyate contra el árbol.　木にもたれかかりなさい。
de	amante de los animales　動物を愛する人　➡ 名詞句 miedo del agua　水への恐怖　➡ 名詞句

hacia	respeto hacia las opiniones de otros 他人の意見の尊重 ➡ 名詞句 Muestra una indiferencia total hacia las críticas. 彼は批判をものともしない。
para	Esto es para ti. これは君のためです。 ☞ P.254 (3)
por	pasión por la *lectura/música* 読書/音楽への情熱 ➡ 名詞句

(11) 関連性

「〜にとって」「〜に関して言えば」の意味を表します。**para mí**「私にとっては」、**por mí**「私の意見を言うならば」、**según tú**「君によれば」のような意味の違いがあります。

para	Sus pacientes son lo más importante para ella. 彼女にとっては患者が一番だ。 Para mí, lleva mucha sal. 僕には塩辛いんだけど。 Para mí, que la culpa la tuvo él. 私は彼のせいだと思います。 Para su madre, nunca hace nada malo. 彼の母親によると、悪いことは絶対にしないそうだ。 Tomar el sol con moderación es bueno para los huesos. 適度に日光を浴びることは骨に良い。 Para vino, el de Rioja. ワインはリオハ産が良い。
por	Por mí, puede venir cualquier persona. 私に関して言えば、誰が来ても良いです。
según	Según tú, no debemos creer lo que dice la publicidad, ¿verdad? 君の考えでは宣伝は信じるなということだろう？ ➡ ＋主語代名詞

(12) 比較の対象と範囲

比較を表す文で、「〜より」「〜と比べて」は多くの場合、接続詞 **que** や **como** によって表されますが、形容詞や動詞によっては前置詞 **a** が使われます。また範囲を表す表現は主に **de** が使われます。

5.5 前置詞

a	inferior a ～より下の superior a ～より上の igual a ～と同じ Prefiero el té al café. コーヒーよりも紅茶のほうが良い。 Prefiero ir andando a esperar media hora el autobús. バスを30分待つより、歩いていったほうが良い。 La selección española ganó dos a cero. スペイン代表チームは2対0で勝った。 ➡ 数字＋a＋数字
de	Es el más alto de la familia. 家族で彼が一番背が高い。 Compró el más barato de los tres. 3つのうちで一番安いものを買った。 El azul es el que más me gusta de todos. 青が全部の中で一番好きだ。
entre	Se distinguió entre todos los aspirantes por su fluidez. すべての志願者の中で彼は流暢さで目立った。
versus	el campo versus la ciudad 田舎対都会

(13) 受け身の動作主

「～によって」の意味です。deは状態を、porは行為を表す動詞とともに使われることが多い傾向にあります。☞ P.185 (2) ☞ P.198 (3)
☞ P.205 (2)

de	La carne viene acompañada de patatas fritas. 肉にはポテトフライが付いてくる。 ➡ 状態 Estaba rodeado de gente. 人に囲まれていた。 ➡ 状態
por	diputado por León レオン選出の議員 ➡ 名詞句、行為 Este edificio fue diseñado por un arquitecto estadounidense. この建物はアメリカの建築家によって設計された。 ➡ 受け身構文、行為

(14) 範囲

「～につき」のような意味を表す前置詞です。

a	tres veces *al día / a la semana / al mes / al año* 日/週/月/年に3回

por	tres veces por *día* / *semana* / *mes* / *año* 日/週/月/年に3回 ➡ 先のaを用いた例と意味は同一 mil por metro cuadrado　1平方メートルにつき1000 Circulaban a 175 km por hora. 時速175キロで走っていた。 cinco euros por persona　1人当たり5ユーロ trabajar por dos　2人分働く

（15）数字

a）値段

- 次のような文では値段は前置詞を用いずに表します。

　　Son 1000 euros en total.　全部で1000ユーロだ。
　　Le costó 546 dólares americanos.　米ドルで546ドルかかった。

- 以下の文では、前置詞を用います。

por	Compró un coche por solo dos mil euros. たったの2000ユーロで車を買った。 ➡ ～と引き換えに No lo haría ni por todo el oro del mundo. 世界中の金をもらったってそんなことはやらない。 Se come bien por poco dinero en ese restaurante. そのレストランでは十分に安く食べられる。 un cheque *por* / *de* doscientos dólares 200ドルの小切手
en	Costaba 250 pero me lo dejaron en 200. 250（ユーロ）だったが、200にしてくれた。 ➡ 最初の値段と異なる値段で Han vendido la casa en cien mil euros. 10万ユーロで家を売った。
sobre	Los hoteles de calidad están sobre los 150 euros la noche. 高級ホテルは一泊150ユーロ程度だ。 ➡ およそ
de	un abrigo de mil euros　1000ユーロのコート
desde hasta	Los precios van desde los 6 hasta los 30 euros. 料金は6ユーロから30ユーロだ。 Puedo pagar hasta 50 000 yenes.　5万円までは払える。

b）数、計算式

con	2 con 8　2.8　➡ 小数＝2 coma 8　☞ P.104 3)
de	Esta mesa tiene tres metros de *largo / ancho / profundo / alto*. このテーブルは長さ/幅/奥行/高さが3メートルだ。 Este cable es de un metro y medio. このケーブルは1.5メートルだ。 Mañana la temperatura máxima será de 28 grados. 明日最高気温は28度だろう。 más de 5　5超 menos de 5　5未満＊ de 3 a 5　3時から5時に　➡ 時刻
desde hasta	desde las 3 hasta las 5　3時から5時に　➡ 時刻 desde el 3 hasta el 5 de diciembre 12月3日から5日に　➡ 日にち
entre	12 dividido entre 4 son 3.　12÷4＝3　➡ 割り算　☞ P.103 3. 1) (3)
por	6 por 4 son 24.　6×4＝24　➡ 掛け算　☞ P.103 3. 1) (4) dos partido por quince　2/15　➡ 分数　☞ P.103 2) Mide 5 por 8.　5×8の大きさだ。
sobre	Tenía sobre treinta años.　30歳ぐらいだった。　➡ 概数 Había sobre trescientas personas.　およそ300人いた。 ➡ 概数

＊　「5以上」はcinco o más、「5以下」はcinco o menosになります。

（16）出身・起源

「～の」「～からきた」の意味を表します。

de	Mi profesor es de México.　私の先生はメキシコ出身だ。 ¿De dónde vienes?　どこから来たの？ mangos de Filipinas　フィリピン産マンゴー　➡ 名詞句 un señor del norte　北部出身の男性　➡ 名詞句
desde	Ha venido desde lejos.　彼は遠くからやってきた。

（17）所有

英語の ...'s のような所有者を表す表現はありません。mi, mío のような人称代名詞を使う以外は、前置詞 de を用います。☞ P.63 3.

de	Este móvil es de Antonio. この携帯電話はアントニオ**の**ものだ。 ¿De quién es este móvil? この携帯電話は誰**の**ものですか。 el móvil de Antonio.　アントニオ**の**携帯電話 ➡ 名詞句

（18）話題

「〜について」といった意味を表します。

de	hablar **de** política　政治**について**話す No quiero hablar **de** ese asunto. そのこと**については**話したくない。 ¿**De** qué va esta película?　この映画は何**について**ですか。
sobre	Hoy vamos a hablar *sobre* / *de* los problemas medioambientales. 今日は環境問題**について**話しましょう。 una encuesta sobre las clases de español スペイン語のクラス**に関する**アンケート

（19）条件

「〜によって」といった意味を表します。

según	Le pagaremos según las horas que trabaje. 労働時間**によって**支払います。 Lo decidiré según lo que digan mis padres. 両親がどう言う**かによって**決めます。 ➡ ＋lo＋que＋接続法

（20）代理

「〜の代わりに」といった意味を表します。

por	Mañana es mi día libre pero trabajaré por Blas. 明日私は仕事がないが、ブラス**のために**（代わりに）働く。 dar gato por liebre　ウサギの**代わりに**猫を与える（騙す） Llévalo a la tienda y te lo cambiarán por otro. 店に持っていきなさい。ほかの**に替えて**くれますよ。

(21) 間

「〜の間で」といった意味を表します。

| entre | Este asunto se queda entre tú y yo.
この件は君と僕の間で収めておこう。
Lo hicimos entre amigos. それは友人同士でやった。 |

4. 動詞に付帯する前置詞句

前置詞の用法の中には、動詞に付帯するものと考えたほうが分かりやすいものがあります。こういった動詞は数が多いので、辞書等で意味を確認するようにしましょう。

次に特にいろいろな種類の前置詞を付帯し、前置詞によって意味がかなり変わる動詞の例を挙げてあります。☞ P.195 b)

1) acabar

動詞 acabar は、「終わる」という意味の動詞ですが、次のような前置詞を付帯します。

- acabar de... 〜し終える
    Acaban de comprarse un coche. 車を買ったばかりだ。
- acabar con... 〜を始末する、終わらせる
    Cuando llegó a casa **acabó con** todo el pastel que quedaba.
    家に着いたとき、残っていたケーキを全部食べた。
    Deja de quejarte o **acabarás con** mi paciencia.
    文句を言うのはやめなさい。私の辛抱にも限界がある。
- acabar en... 最後が〜の状態で終わる
    Su amistad **acabó en** matrimonio. 友情は結婚に行き着いた。
- acabar por... 結局〜することになる
    No quería cobrarle pero **acabó por** aceptar un regalo.
    彼からお金を取りたくなかったけれど、結局プレゼントを受け取った。

2) dar

動詞 dar は、「与える」という意味の動詞ですが、次のような前置詞を付帯します。

- dar por... 〜したくなる

Le ha **dado por** levantarse temprano y salir a correr todos los días.
彼は毎日早く起きて走ろうという気になった。

- darse por... 自分自身を〜とみなす
  Ya no hizo más esfuerzos porque **se dio por** vencido.
  降参だと考えたから、それ以上努力しなかった。
- dar(se) con... 〜にぶつかる
  Después de navegar por internet mucho tiempo, por fin **di con** el artículo que buscaba.
  長い間インターネットで探して、やっと探していた論文に行き着いた。
- dar de comer えさをやる
  Mi hijo **da de** comer al gato. 息子が猫に餌をやります。

3) estar ☞ P.208 3)

つなぎ動詞estarは次のような前置詞や前置詞句を付帯します。

- estar de... 〜中である
  El jefe **está de** viaje de negocios. 上司は出張中だ。
- estar para... 〜する準備ができている
  Acabamos de empezar el proyecto. No **estamos para** hacer una presentación.
  プロジェクトは始まったばかりだ。プレゼンなんてとんでもない。
- estar por... 〜するところだ（まだしていない）
  Ya he terminado el primero, **estoy por** empezar el segundo.
  最初のものは終わったので2番目を始めるところだ。
- estar a punto de... ちょうど〜するところだ
  El tren **está a punto de** llegar. 電車はちょうど到着するところだ。

5.6 接続詞

> **この項目の内容**
> 1. 等位接続詞と従位接続詞
>   　　　1）等位接続詞　2）従位接続詞
> 2. 等位接続詞　1）y　2）o　3）ni　4）pero　5）sino　6）o sea
> 3. 名詞節を作る従位接続詞
>   　　　1）que　2）si
> 4. 副詞節を作る従位接続詞
>   　　　1）時を表す副詞節　2）理由を表す副詞節
>   　　　3）条件や仮定を表す副詞節　4）様態を表す副詞節
>   　　　5）譲歩を表す副詞節

　接続詞は語句や文を結び、その関係を表す語です。接続詞が結びつけるのは、名詞、動詞、形容詞等の語や句、また名詞節等の節や文全体です。接続詞は複文や重文を作る際に重要な役割を果たします。

1. 等位接続詞と従位接続詞

　接続詞には、2つの要素を同等の関係で結びつける等位接続詞と、複文で名詞節、副詞節を作る従位接続詞があります。

1）等位接続詞

　等位接続詞は2つの語、句、節、文を対等な関係で接続します。要素を順番に結びつける順接の接続詞、「～または～」のような選択の接続詞、「～だが～」のような逆接の接続詞があります。　☞ P.244 3.

2）従位接続詞

　従位接続詞は、複文で従属節を導く働きをする接続詞です。形容詞節は、関係詞に導かれますので、ここでは名詞節を作る接続詞と副詞節を作る接続詞を扱います。　☞ P.277 5.7　☞ P.351 6.10

2. 等位接続詞

等位接続詞には次のような語があります。

1）y

yは「〜と〜」のように2つ以上の要素を結ぶ順接の接続詞です。

（1）接続詞yの形

yは次の語が[i]の音（i, hi）で始まる場合、eになります。ただし2重母音 [ie], [ia], [io], [iu] の音で始まる場合を除きます。　☞ P.8 2）

　　　japonés **e inglés** 日本語と英語 ➡ 名詞
　　　aguja **e hilo** 針と糸 ➡ 名詞
　　　fácil **e interesante** 簡単で面白い ➡ 形容詞
　　　Volví a casa **e hice** los deberes. 家に帰って宿題をした。 ➡ 動詞
　　　cinco vitaminas **y hierro** 5種類のビタミンと鉄分 ➡ 名詞

（2）yで接続する要素

接続詞 y は語と語や文と文等、さまざまな要素を結ぶ働きをします。

- 名詞 + 名詞
  Visito **España y Francia**. スペインとフランスに行く。
- 動詞 + 動詞
  Lo **compro y** me lo **llevo** a casa.
  それを買って家に持っていく。
- 文 + 文
  Voy a Ginza **y veo** la película. 銀座に行って映画を観る。

（3）そのほかの用法

yにはそのほかにも、次のような用法があります。

- yで文を始め、「〜はどうですか」
  Estoy muy bien. ¿**Y** tú? 私は元気です。君は？
  ¿**Y** María? ¿No ha venido? で、マリアは？来なかったのですか。
  ¿**Y** si vienes a mi casa? で、君が私の家に来るのはどう？
- 「〜分」
  Son las cuatro **y** media. 4時30分です。
- 30〜90の間の端数
  doscientos treinta **y** siete　237

- 同じ名詞を y で結び、「次々に」を表す
  Esperamos horas **y** horas. 私たちは何時間も待った。

2) o

接続詞 o は、「～または～」の意味を表します。

(1) 接続詞 o の形

o は、次の語が [o] の音で始まる場合、u になります。
   siete **u** ocho　7か8
   turrón **u** hojaldre　トゥロン（お菓子）かパイ

(2) o で接続する要素

接続詞 o は名詞と名詞や文と文等、さまざまな要素をつなぎ、その一方を選ぶ場合に使われます。

- 名詞 + 名詞
  Visito **España o Francia**. スペインかフランスに行く。
- 動詞 + 動詞
  ¿Se lo **vendo o** se lo **regalo**?
  それを彼に売る、それともあげる？
- 文 + 文
  ¿**Vamos a Ginza o nos quedamos en casa**?
  銀座に行きましょうか、家にいましょうか。

(3) o のそのほかの用法

o にはそのほかにも次のような用法があります。

a) 「すなわち」「つまり」の意味
   El ático, **o** piso más alto de un edificio, suele ser el más caro.
   ペントハウス、すなわち最上階の部屋は、普通は一番高い。

b) 命令文で「さもなければ」
   Estudia **o** suspenderás. 勉強しなければ落第しますよ。

c) ひとつ目の要素の前にも o を使うことがあります。
   El libro puede estar **o** en casa de la abuela **o** en tu habitación.
   その本は祖母の家か、でなければ君の部屋にあるだろう。

3）ni
「〜も〜もない」という意味で否定文で使われます。

（1）接続詞niの使われる文の形
　niは次のように使います。
 a）A ni B または ni A ni B でAとBの両方を否定します。
　　No como **ni** pan **ni** arroz.　私はパンもライスも食べない。
　　= **No** como pan **ni** arroz.
 b）niが動詞の前に置かれると、否定の**no**は省略されます。
　　No estudio **ni** trabajo.　私は勉強もしないし仕事もしない。
　　= **Ni** estudio **ni** trabajo.

（2）niで接続する要素
　接続詞 niは語と語や文と文等、さまざまな要素をつなぎ、どちらも否定する場合に使われます。
- 名詞＋名詞
  No visito (**ni**) España **ni** Francia.
  スペインにもフランスにも行かない。
- 動詞＋動詞
  No / *Ni* se lo **vendo ni** se lo **regalo**.
  それを彼に売りもしないし、あげもしない。
- 文＋文
  No / *Ni* fui a Ginza **ni** vi la película.
  銀座にも行かなかったし映画も観なかった。

（3）ni siquiera
　ni siquieraは「〜さえもない」の意味です。動詞の前に置かれたときは、否定の**no**は省略されます。
　　No se lo digas a nadie, **ni siquiera** a tu marido.
　　誰にも言わないで。君のご主人にもね。
　　Estaba tan abstraído en la lectura que **ni siquiera** nos oyó entrar.
　　彼は読書に没頭していて私たちが入ったのさえ聞こえなかった。

4) pero

pero は「～だけれども」「～だが」といった意味の逆接の接続詞です。

（1）peroで接続する要素

接続詞 pero は形容詞と形容詞や文と文を結ぶ場合に使われます。

- 形容詞 + 形容詞

    Es una chica **tímida pero muy inteligente**.

    引っ込み思案だけれどとても頭の良い女の子だ

- 文 + 文

    No había aire acondicionado, pero había un ventilador.

    冷房はなかったが、扇風機はあった。

    Me gustaría ayudarte, pero no sé cómo.

    君を助けたいんだがどうすれば良いか分からないんだよ。

（2）驚きを表すpero

pero を文頭に置き、驚きを表したり強調したりすることができます。

Pero ¡qué buena está esta comida! この食事はなんておいしいんだ！

Pero ¿no te dije que no lo volvieras a hacer?

もう2度とやるなって言っただろう？

（3）そのほかの逆接の接続表現

次のような表現も、逆接の接続詞と同じ役割を果たします。これらの表現は文の初めに置かれることもありますが、カンマで囲み、文の途中に挿入されることも多い表現です。

a) no obstante しかしながら

Llegamos con retraso. **No obstante**, tuvimos tiempo de verlo todo.

遅れて到着した。しかしすべてを見る時間はあった。

b) sin embargo しかしながら

La película no me gustó nada; a Jaime, **sin embargo**, le encantó.

その映画は私は全く好きではなかったが、ハイメは大好きだった。

c) al contrario 反対に

A Manolo no le importó que le pidiera ayuda, **al contrario,** se alegró.

マノロは助けを求めたのを気にしなかった、それどころか喜んだ。

d) en cambio 一方

A Carmen no le importa mucho la comida, a su marido, **en cambio**, le gusta comer bien.

カルメンは食事はあまり気にしないが、彼女の夫は良い食事をすることが好きだ。

5) sino

sinoは、「～ではなく」と否定された内容について、「～ではなく～だ」といった内容を付け加える接続詞です。

（1）sinoで接続する要素

名詞、形容詞、前置詞句などいろいろな要素を結びつけるために使えますが、文と文を結ぶ場合は、**sino que**「～ではなく～」が使われます。

a) 名詞＋名詞

Hoy **no** es **lunes sino martes**. 今日は月曜日ではなく火曜日だ

b) 副詞句＋副詞句

No vino **en avión sino en tren**. 飛行機ではなく電車で来た。

c) 文＋文

No se lo regalé, sino que se lo presté.

プレゼントしたのではなく、彼に貸したんです。

（2）例外を示すsino

sinoは否定文の後で例外を示し、「～だけ」の意味になります。

De ella **no** me queda **sino** el recuerdo.

彼女については思い出しか残っていない。

Los niños **no** hicieron **sino** jugar en la calle, pero disfrutaron mucho.

子どもたちは外で遊んだだけだったが、大いに楽しんだ。

（3）no solo... sino...

「～だけではなく～もそうだ」という場合は、**solo**を使います。

La invitación **no** es **solo** para mí **sino** para toda la familia.

招待は私だけではなく家族全員にだ。

No solo es inteligente **sino** que también es muy trabajador.

彼は頭が良いだけではなく働き者でもある。

No solo le dieron el trabajo **sino** que le nombraron director.
仕事を得ただけではなく、部長に任命された。

6）o sea

o sea は「すなわち」の意味で、前の文を言い換えたり説明したりする場合に使われます。es decir も同じ意味です。

La reunión es el veinte de octubre, **o sea**, el jueves que viene.
会議は10月20日、つまり来週の木曜日だ。

cinco millones de personas, **es decir**, el veinte por ciento de la población del país
500万人、すなわち国の人口の20%

3. 名詞節を作る従位接続詞

文中で名詞と同じ働きをする節を名詞節と呼びます。名詞節は、文に接続詞 que や si を付けて作ります。

1）que

（1）接続詞 que の使われる名詞節の形

文の前に接続詞 que を置くと、文を「〜のこと」という名詞句にすることができます。名詞句は、名詞同様、文の主語や目的語になります。

主語
que venga Juan

述語
es　posible

Es posible que venga Juan.
ファンが来る可能性がある。

上の文では、venga Juan という文が接続詞 que に導かれて名詞節になり、動詞 es の主語になっています。

Creo **que podemos terminarlo antes de las seis**.
私たちは6時よりも前に終わらせることができると思う。

No sabía **que tenías una hermana mayor**.
君にお姉さんがいるなんて知らなかったよ。

（2）名詞節の動詞の法と時制

従属節の動詞は主節の動詞の意味や時制によって形を変えます。

a）名詞節の中で使われる動詞は直説法が使われる場合、接続法が使われる場合があります。主となる文（主節）の動詞の意味などによって異なります。

Espero **que todo salga bien**. すべて上手くいくと良いのですが。

Quiero **que limpies tu habitación antes de salir**.
出かける前に自分の部屋を掃除してほしいんだけど。

b）主節の動詞（先の図で、2重枠の動詞）の時制によって、従属節である名詞節の動詞の時制も影響を受けます。

El profesor **dice** que el examen **será** difícil.
先生は試験は難しいと言う。

El profesor **dijo** que el examen **sería** difícil.
先生は試験は難しいと言った。

2）si

si は「〜かどうか」という意味の名詞節を作ります。

No sé **si podré usar este móvil en el extranjero**.
この携帯が海外で使えるかどうか分からない。

Me preguntaron **si quería quedarme a cenar**.
夕食を食べていかないかと尋ねられた。

4. 副詞節を作る従位接続詞

副詞節にはさまざまな意味があります。使われている接続詞の種類や、表されている時などによって、副詞節の動詞の法が異なってきます。詳細は第6章11の接続法：副詞節を参照してください。

1）時を表す副詞節　☞ P.355 2.

次のような接続詞が時を表す副詞節を作ることができます。

cuando	〜のとき	conforme	〜に従って
apenas	〜するとすぐ	mientras	〜の間
según	〜に従って		

Empezaron a servir el aperitivo **cuando** llegaron los invitados.

招待客が到着したとき、前菜が出され始めた。

2）理由を表す副詞節 ☞ P.357 3.

次のような接続詞が理由を表す副詞節を作ることができます。

| porque | なぜなら〜 | pues | なぜなら〜 |
| como | 〜なので | | |

Empecé a estudiar español **porque** tenía un amigo en Chile.

チリに友人がいたのでスペイン語の勉強を始めた。

3）条件や仮定を表す副詞節 ☞ P.358 4.

次のような接続詞が条件や仮定を表す副詞節を作ることができます。

| si | もし〜なら | como | なぜなら〜 |
| según | 〜よると | | |

Si no quieres hacerlo tú, lo haré yo.

君がやりたくないならば私がやるよ。

Según dice el periódico, el dólar va a subir.

新聞によるとドルは上がるそうだ。

4）様態を表す副詞節 ☞ P.360 5.

次のような接続詞が様態を表す副詞節を作ることができます。

| como | 〜のように | según | 〜に従って * |

* 前置詞としても使われます。 ☞ P.261 (11) ☞ P.265 (19)

Se lo di en la mano, **como** me habían dicho.

言われたように、彼にそれを手渡した。

5）譲歩を表す副詞節 ☞ P.361 6.

次のような接続詞が譲歩を表す副詞節を作ることができます。

| aunque | たとえ〜でも、〜だけれども |

Aunque me están ayudando mis amigos, no creo que pueda terminarlo hoy.

友人たちが手伝ってくれているけれど、今日終わるとは思わない。

5.7 関係詞

> **この項目の内容**
> 1. 関係詞の種類と特徴　1）関係詞の種類　2）関係詞の特徴
> 2. 限定用法と説明用法　1）限定用法　2）説明用法
> 3. それぞれの関係詞　1）que　2）cual　3）quien
>   　4）cuanto　5）cuyo　6）donde
>   　¡OJO! 関係詞 donde と疑問詞 dónde
>   　7）cuando　8）como

　ある文を、名詞を修飾できる形に変える働きをする語を関係詞と呼びます。日本語では、「私が買った本」のように、文がそのまま名詞を修飾することができますが、スペイン語では文を名詞と関係づける関係詞が必要です。関係詞が使われている節を関係節と呼びますが、その働きから形容詞節と呼ぶこともできます。

1. 関係詞の種類と特徴

1）関係詞の種類

　関係詞の大部分は、先行詞となる名詞の後に置かれる形容詞節として働きます。文の一部を関係詞に置き換えることによって関係節（形容詞節）になりますが、どういった語を関係詞にするかによって、次の3種類に分類することができます。

(1) 関係代名詞　que, quien(es), cual(es), cuanto/a(s)
　名詞の働きをする語を置き換える関係詞です。

　　Compré el libro.　Mi amigo me recomendó **el libro**.
　　　　　　　　　　que　←──────────── 名詞
　　Compré ***el libro*** que　me recomendó mi amigo.
　　　　　友人が私に推薦した本を買いました。

(2) 関係形容詞 cuyo/a(s), cuanto/a(s)

形容詞の働きをする語を置き換える関係詞です。

> Este es el chico.　　**Su** padre es un científico famoso.
> 　　　　　　　　　　所有形容詞
> 　　　　　　　　cuyo
> Este es *el chico* cuyo padre es un científico famoso.

彼が、その父親が有名な科学者である少年です。

(3) 関係副詞　donde, cuando, como, cuanto

> Visité el pueblo.　　Pasé mi infancia **en ese pueblo**.
> 　　　　　　　　donde ←──────── 副詞
> Visité *el pueblo* donde pasé mi infancia.

私が幼少期を過ごした村を訪れました。

2) 関係詞の特徴

関係詞には次のような特徴があります。

a) 関係詞はどれも疑問詞と同じ形をしていますが、アクセント記号は付きません。
b) 関係代名詞、関係形容詞には性数変化する語があります。
c) **cual** 以外の関係詞は弱勢語です。
d) 関係詞は省略できません。

2. 限定用法と説明用法

関係節には、限定と説明の2通りの修飾の方法があります。

1) 限定用法

関係節が名詞を修飾することによって、その名詞の意味の範囲が狭くなる用法です。関係詞の前にカンマを置きません。

Tengo dos abrigos **que me compró mi madre**.

私は母に買ってもらった2着のコートを持っている。

上の文では「コートは、ほかにあるかもしれないけれど、母親に買ってもらったのは2着ある」という意味です。この文では que 以下を省略し Tengo dos abrigos. と言うと、事実と異なる可能性もあります。

2）説明用法

関係節が名詞の意味を説明する用法です。関係詞の前にカンマを置き、従属節の前で一呼吸置いた発音になります。

　　　Tengo dos abrigos, **que me compró mi madre**.
　　　<small>私はコートを2着持っていて、それは母に買ってもらったものだ。</small>

上の文では関係節は**abrigos**の意味を説明しています。まず「私はコートを2着持っている」と伝え、「その2着のコートは母に買ってもらったものだ」と説明する言い方です。この文では、**que**以下を省略して**Tengo dos abrigos.** と言ってもそれは事実です。

3. それぞれの関係詞

それぞれの関係詞の用法を見てみましょう。

1）que 代名詞 人 物

queは最もよく使われる関係代名詞です。前置詞を伴って使われる場合と伴わない場合があります。

（1）前置詞を伴わない場合

次の場合、関係詞**que**は前置詞を伴いません。

　a）先行詞が、関係節の主語の場合

　　　No tenemos todavía **los libros que se han publicado este año**.
　　　<small>今年出版された本はまだ入荷していません。</small>

　b）先行詞が、関係節の直接目的語の場合

　　　Ahí está **el museo que visitan muchos turistas**.
　　　<small>多くの観光客が訪れる博物館はあそこだ。</small>

（2）前置詞を伴う関係詞

文中で前置詞を伴って使われる要素には、人を表す直接目的語、間接目的語、状況補語、属詞、動詞の補語等があります。

このような語が関係詞に置き換えられる場合、関係詞は「使われている前置詞＋先行詞の名詞の性数と同じ冠詞＋que」の語順で前置詞と冠詞を伴います。

　a）先行詞が、従属節の直接目的語の場合

従属節の直接目的語が**a**を伴う場合、関係詞は「a＋定冠詞」を伴っ

ても伴わなくてもかまいません。
　　　el chico que conocí ＝ el chico al que conocí
　　　　僕が昨日知り合った男の子
　b）先行詞が、従属節の間接目的語の場合
　「a+定冠詞」を伴います。間接目的語は重複して使えるため、従属節にも間接目的弱形代名詞が残ります。
　　　Voy a ver al señor **al que** le compraré el coche.
　　　　これから車を買う人（自分に車を売る人）に会います。
　c）先行詞が、従属節の状況補語の場合
　さまざまな前置詞が使われます。
- 先行詞が物事で、前置詞がcon, a, de, enのときはしばしば冠詞が省略されます。
　　el producto nuevo *del / de que* hablé ayer　昨日話した新製品
　　la chica **de la que** te hablé ayer　昨日君に話した女の子
- 前置詞enを伴い場所を表す場合、*donde*を使うこともできます。
　　el hospital *en el que / en que / donde* operaron a mi madre
　　　母が手術した病院
- 次のような前置詞も伴います。
　　Las habitaciones que dan al este son **desde las que** se ve el mar.　東向きの部屋が海が見える部屋だ。
　　Este es el tema **sobre el que** hablamos.
　　　私たちが話し合ったテーマはそれだ。
　　El arroz es un ingrediente **sin el que** no podemos hacer esta receta.　米はそれなしでは、その料理が作れない材料だ。

（3）名詞の省略
　一般に「定冠詞＋名詞＋修飾語句」の構文では名詞の意味が前後の文脈から明らかなとき、名詞を省略することができます。queに導かれた関係節によって修飾されている名詞も同様に、前後の文脈から明らかな場合は省略できます。 P.45 5.

　　Los que sobren, los guardo para mañana.
　　　余ったものは明日にとっておこう。

　　El que he traído es el más fácil de usar, pero tengo otros en casa.　私が持ってきたのは最も使いやすいけれど、家には別のものもあるよ。

次の点に注意しましょう。
- a) **lo que** は「～のこと」「～のもの」を意味します。
    Lo que más me importa es la felicidad de mi familia.
    私にとって一番大切なことは家族の幸せだ。
    Haz **lo que quieras**. 好きにしなさい。
- b) 指示している名詞がないのに、「冠詞＋que」が使われている場合は人を指します。名詞がない場合は人を指します。
    Los que pierdan el autobús tendrán que tomar un taxi.
    バスに乗り遅れた人はタクシーに乗らなければいけない。
    El que viene con Carlos es su primo.
    カルロスといっしょに来ているのは彼の従弟だよ。

2) cual 代名詞 数変化 人 物

cualは基本的にはqueと同じ様に使われますが、特に修飾語句を強調したい場合に使われます。cualは強勢語です。

(1) 関係詞queに置き換え可能なcualの用法

queでもcualでも使える文があります。この場合、cualは強調などのために使われます。

- a) **cual / cuales** は先行詞と同じ性数の冠詞を伴って使われます。また複数形の場合は**cuales**になります。
    Cometió un error muy grave, *el cual* / *que* le ha costado el empleo. 大きなミスをして、それが彼に職を失わせた。
    Me encontré en el aeropuerto con Yuki y Maiko, *las cuales* / *que* venían de Okinawa.
    由紀と麻衣子と空港で会った。彼女らは沖縄から来たところだった。
- b) **cual / cuales** は前置詞を伴うこともできます。
    En el centro estaba la mesa, **encima *de la cual*** / ***de la que*** había un florero grande.
    中心にテーブルがあり、その上には大きな花瓶があった。
- c) 先行詞が文や節等の場合、**lo cual**が使われます。
    Él quería hacer un crucero por el Caribe, *lo cual* / *lo que* resultó ser demasiado caro.
    彼はカリブ海のクルーズをしたかったが、それは高すぎた。

d) **cual / cuales** は先行詞の性数を表すことができるため、どの語が先行詞であるかを que よりもはっきりと表すことができます。
El profesor jubilado dejó muchos libros en su despacho, ***los cuales / que*** utiliza ahora uno de sus discípulos.

退職した教授は研究室にたくさんの本を置いていったが、その本を今弟子の1人が使っている。

➡ 先行詞は libros. 関係詞 que では先行詞が despacho の可能性もある

e) **cual / cuales** は説明用法のみで使われます。
El candidato, ***que / el cual*** había trabajado en el extranjero, causó muy buena impresión en la entrevista.

候補者は外国で働いた経験があったので、面接で好印象を与えた。

(2) 関係詞 que に置き換えできない cual の用法

関係詞 **cual / cuales** はその前に数量を表す語を伴うことができます。
Había muchos vinos, **algunos de los cuales** eran de España.

たくさんワインがあったが、そのうちのいくつかはスペイン産だった。

Escuchó las opiniones de todos, **pocas de las cuales** encontró de su agrado.

彼は皆の意見を聞いたが、彼が快く受けとめたものは少なかった。

3) quien　代名詞　人　数変化

quien は基本的には **que** と同じ様に使われますが、先行詞は人に限られます。

(1) 先行詞をとる quien

関係詞 **quien** は数変化し、強調したい場合や曖昧さを避けるときに使われます。また多くの場合、前置詞を伴います。
Los científicos, ***que / quienes*** llevan investigando muchos años, confían en encontrar una vacuna.

科学者たちは何年も研究を続けていて、ワクチンが見つかると信じている。

Se lo damos a la persona ***a la que / a quien*** le guste.

それを好きな人にあげよう。

Se casó con Alberto, ***al que / a quien*** había conocido hacía solo un mes.

彼女はアルベルトと結婚したが、1か月前に知り合ったばかりだった。

（2）先行詞を含む quien
関係詞 quien は先行詞を含んで、「〜の人」という意味になります。

No sabía nada. Fue Luis **quien** me lo dijo.
何も知らなかったよ。私にそれを言ったのはルイスだ。

El profesor felicitó a **quienes** habían aprobado el examen.
教師は試験に合格した人を褒めた。

慣用句や諺で多く使われます。

Sálvese **quien** pueda. 全員退避。 ➡ 慣用表現

Quien mal anda mal acaba. 普段が悪い人は終わりも悪い。 ➡ 諺

A **quien** madruga Dios le ayuda.
早起きの人は神が助ける。 ➡ 諺

4）cuanto 形容詞 人 物 性数変化
関係詞 cuanto/a(s) は性数変化する関係詞で、多くの場合先行詞を含んで「すべての」の意味で使われます。

No me importa repetirlo **cuantas** veces haga falta.
必要なだけ何回でも繰り返すよ。

Todos **cuantos** la leyeron pensaron que se trataba de su mejor obra. それを読んだ人はすべて彼の傑作だと思った。

5）cuyo 形容詞 人 物 性数変化
cuyo は「〜の」の意味で英語の *whose* に当たる関係詞です。口語ではあまり使われなくなっています。

（1）cuyo の形
cuyo は次に置かれる名詞の性と数に一致します。先行詞の性数には関係ありません。

Las casas **cuyas ventanas** tienen doble cristal ahorran energía.
窓が二重ガラスになっている家は、エネルギーの節約になる。

Lazarillo de Tormes es una novela **cuyo autor** se desconoce.
『ラサリージョ・デ・トルメス』は、著者不詳の小説だ。

(2) 前置詞を伴う用法

cuyo は前置詞を伴って使われることもあります。

Viven en un pueblo **de cuyo nombre** no puedo acordarme.
彼らが住んでいるのはある町だけど、その名前が思い出せない。

Es posible que el concierto termine tarde, **en cuyo** caso me quedaré en casa de Alba.
コンサートの終演が遅くなるかもしれないから、その場合はアルバの家に泊まるよ。

(3) 限定用法と説明用法

cuyo は限定用法、説明用法ともに使われます。

Los libros **cuyo** contenido se consideraba ofensivo fueron censurados.
内容が攻撃的だと考えられていた本は発禁になった。

El libro de ese profesor, **cuyo** contenido se consideró ofensivo, fue censurado.
その先生の本は、内容が攻撃的だと考えられ発禁になった。

6) donde 副詞

(1) 先行詞をとる donde

donde は場所を表す名詞を先行詞にします。「en + 冠詞 + 関係詞 que」で先行詞が場所を表す場合は、donde に置き換えることができます。

Ellos viven en la ciudad ***donde*** / ***en la que*** se conocieron.
彼らは知り合った町に住んでいる。

donde は限定用法、説明用法ともに使われます。

a) 限定用法

Visité las tiendas **donde** compraba cuando vivía en Madrid.
マドリッドに住んでいたときに買い物をしていた店を訪ねた。

b) 説明用法

Visité la casa de la calle Ferraz, **donde** viví un año.
私が1年を過ごしたフェラス通りの家を訪ねた。

(2) 先行詞を含む donde

donde は先行詞を含んで、「〜の場所」という意味を表すことがで

きます。前置詞を伴うことができます。

Fui a **donde** vivía antes.　昔住んでいた場所に行った。

Se perdieron porque no volvieron **por donde** les indiqué.
彼らは私が指示した場所を通って帰らなかったので道に迷った。

Caminaron **hacia donde** estaban los niños jugando.
彼らは子どもたちが遊んでいた場所に向かって歩いていった。

> **¡OJO!** 関係詞dondeと疑問詞dónde
>
> 関係詞dondeと疑問詞dóndeの違いに注意しましょう。
>
> a) 関係詞にはアクセント記号は付けられませんが、疑問詞にはアクセント記号が付きます。関係詞は弱勢語、疑問詞は強勢語です。
>
> b) 先行詞を含んだ関係詞dondeは「〜がある場所」の意味です。名詞節を構成する疑問詞dóndeは「どこにあるか」の意味になります。"el lugar donde"に置き換えられる場合は関係詞です。
>
> Iré a donde está la farola.　灯台のある場所に行く。 ➡ 関係詞
>
> ¿Dónde va Vicente? Donde va la gente.
> 「ビセンテはどこに行くの？」「人が行くところへ行く」（諺） ➡ 関係詞
>
> No sé dónde está la universidad.
> 私は大学がどこにあるか知らない。 ➡ 疑問詞
>
> Dime dónde está el libro.
> その本がどこにあるか教えてください。 ➡ 疑問詞

7) cuando 副詞

関係詞cuandoは次のように使われます。

(1) 先行詞をとるcuando

cuandoは時を表す名詞を先行詞にします。限定用法、説明用法ともに使われます。

a) 限定用法

Los años **cuando** hace mucho calor en verano, se venden muchos aparatos de aire acondicionado.
夏が暑い年はエアコンがよく売れる。

b) 説明用法

Ese año, **cuando** hizo mucho calor en verano, se vendieron muchos aparatos de aire acondicionado.

その年は夏が暑かったのでエアコンがよく売れた。

（2）先行詞を含むcuando
cuandoは先行詞を含み、「～のとき」の意味になります。
Este domingo es **cuando** se inaugura la exposición.
この日曜日が展示会の初日だ。

8）como 副詞
関係詞comoは次のように使われます。
（1）先行詞をとるcomo
comoは様態を表す名詞を先行詞にします。
No me gusta la manera **como** habla. 彼の話し方が嫌いだ。

（2）先行詞を含むcomo*
comoは先行詞を含み、「～の方法で」の意味になります。
Lo hice **como** me indicaste. 君の指示通りにやった。

* 副詞節を作る接続詞と捉えることもできます。

第6章 動詞の時制

スペイン語では現在、過去、未来の時制や、行動等が持続中か完了しているかは動詞の活用形によって表します。また事実をそのまま述べるか、感情を込めて述べるかを表すためには、直説法、接続法を使い分けて表現します。

6.1 動詞の法と時制

この項目の内容

1. 直説法と接続法
2. いろいろな時制の用法
    1) 行動、出来事を表す　2) 習慣を表す　3) 存在を表す
    4) 推量を表す　5) 条件を表す　6) 感情を表す
3. 時制の一致

1. 直説法と接続法

動詞には、**事実をそのまま事実として述べる直説法**と**願望等の感情を込めたり、勧告や命令を表したりするときに使われる接続法**があります。直説法は、事実を**直接**説明する法で、接続法は、主に主節に**接続**した従属節で使われる法です。またそれぞれに単純時制と、完了を表す複合時制があります。時制はさらに、現在、過去、未来に分けられます。

スペイン語の時制は、次のようにまとめることができます。例は動詞 **hablar** の yo を主語とした1人称単数の活用形です。

直説法 ||直説法|| 接続法 ||接続法
単純時制	複合時制	単純時制	複合時制
現在	現在完了	現在	現在完了
hablo	he hablado	hable	haya hablado
点過去	直前過去*	過去	過去完了
hablé	hube hablado	hablara	hubiera hablado

6.1 動詞の法と時制

	直説法		接続法	
	単純時制	複合時制	単純時制	複合時制
	線過去 hablaba	過去完了 había hablado		
	未来 hablaré	未来完了 habré hablado	未来* hablare	未来完了* hubiere hablado
	過去未来 hablaría	過去未来完了 habría hablado		

* 直説法直前過去、接続法未来、接続法未来完了は現代スペイン語ではほとんど使われません。

　それぞれの時制の持つイメージを見てみましょう。下向きの太い矢印は発話時点、「今」を指しています。

a) 直説法

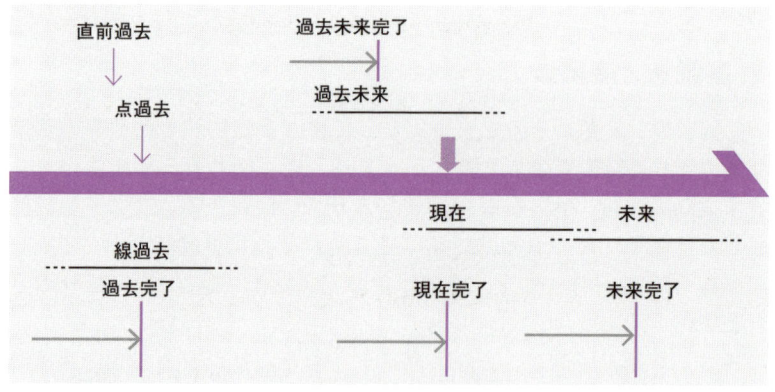

b) 接続法

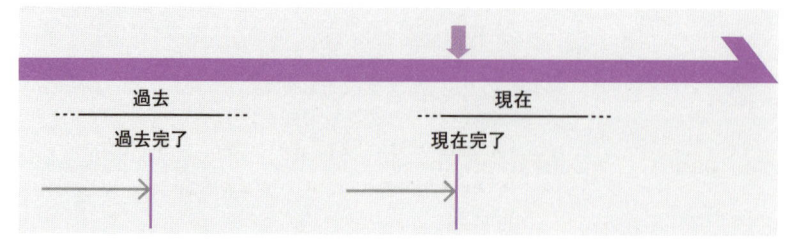

2. いろいろな時制の用法

いろいろな状況で、どの時制が使われるかまとめてみましょう。

1）行動、出来事を表す

行動や出来事を表す場合の各時制ごとの意味を **visitar a su abuela** 祖母を訪ねるを例に、図式化してみましょう。

- 直説法

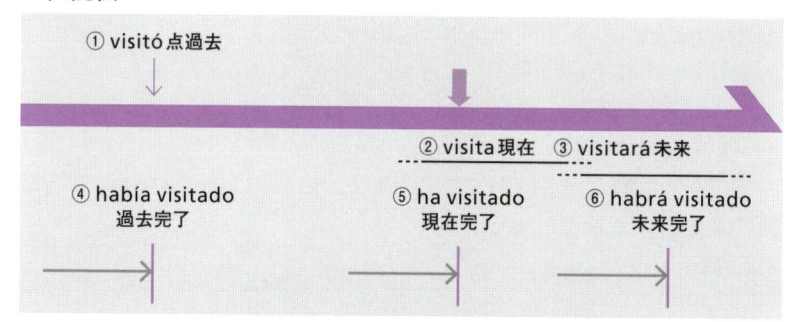

① visitó 点過去
② visita 現在　③ visitará 未来
④ había visitado 過去完了
⑤ ha visitado 現在完了
⑥ habrá visitado 未来完了

① El año pasado **visitó** a su abuela.　去年彼は祖母を訪ねた。
② Hoy **visita** a su abuela.　今日彼は祖母に会いに行く。
③ El mes que viene **visitará** a su abuela.　来月彼は祖母を訪ねる。
④ Cuando te vio en la calle hace un mes, estaba en Osaka porque **había visitado** a su abuela.
　彼は1か月前に君に会ったとき大阪にいたが、それは祖母を訪ねた後だったからだ。
⑤ Esta mañana **ha visitado** a su abuela.
　今朝彼は祖母を訪ねた。
⑥ Dentro de dos semanas te llevará el papel firmado, pues para entonces **habrá visitado** a su abuela.
　2週間後にサインした書類を君に渡すだろう。それまでには祖母を訪ねにいっているだろうから。

2）習慣を表す

習慣を表す場合の各時制ごとの意味を **visitar a su abuela una vez al mes** 祖母を1か月に1回訪ねるを例に図式化してみましょう。

- 直説法

| ① visitaba 線過去 | ② visita 現在 | ③ visitará 未来 |

① Cuando era pequeño, **visitaba** a su abuela una vez al mes.
彼は小さい頃祖母を1か月に1回訪ねていた。
② **Visita** a su abuela una vez al mes. 彼は1か月に1回祖母を訪ねる。
③ **Visitará** a su abuela una vez al mes.
彼は1か月に1回祖母を訪問するつもりだ。

3) 存在を表す

存在を表す場合の各時制ごとの意味を、estar Correos 郵便局があるを例に図式化してみましょう

- 直説法

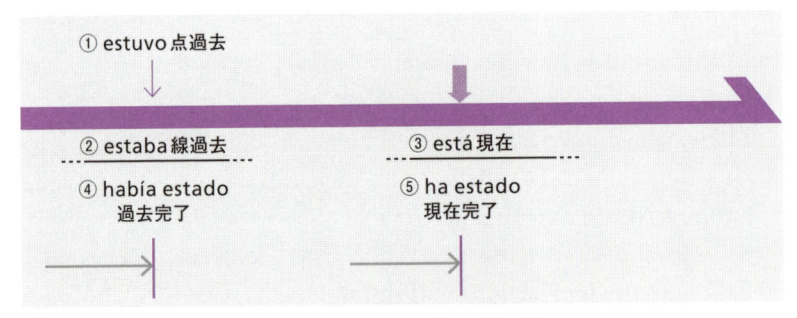

① estuvo 点過去
② estaba 線過去　③ está 現在
④ había estado 過去完了　⑤ ha estado 現在完了

① Correos **estuvo** muchos años en la calle Mayor.
郵便局は長年マイヨール通りにあった。
② Correos **estaba** antes en la calle Mayor.
郵便局は以前はマイヨール通りにあった。
③ Correos **está** en la calle Mayor. 郵便局はマイヨール通りにある。
④ Cuando abrieron la nueva oficina en la calle Quevedo, Correos **había estado** muchos años en la calle Mayor.
ケベド通りに新しく開いたときには郵便局は長年マイヨール通りにあった。
⑤ Correos **ha estado** en varias calles del pueblo antes de abrir la oficina actual en la calle Quevedo.
今の郵便局をケベド通りに開く前は、郵便局は村のいろいろな通りにあった。

4）推量を表す

推量を表す場合のそれぞれの時制での意味を、**vivir en China**中国に住むを例に図式化してみましょう。

- 直説法

① viviría 過去未来　　② vivirá 未来
③ habría vivido 過去未来完了　　④ habrá vivido 未来完了

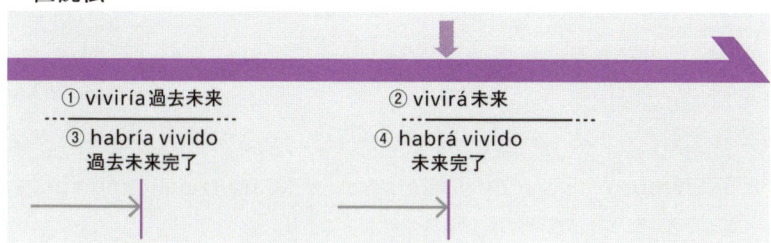

① En aquella época **viviría** en China.
その当時は中国に住んでいたのだろう。＊

② Su padre trabaja en Pekín, así que **vivirá** con él en China.
彼のお父さんは北京で仕事をしているから、お父さんと中国に住んでいるのだろう。

③ Hablaba muy bien el chino. **Habría vivido** en China.
中国語がとても上手だった。中国に住んだことがあったのだろう。

④ Habla muy bien el chino. **Habrá vivido** en China.
中国語が上手だ。中国に住んだことがあるのだろう。＊

＊ 過去未来も未来完了も過去の事実を推量するときに使われますが、過去未来は「推量でなければ線過去や点過去で表されるような事柄（～していただろう）」、未来完了は「推量でなければ現在完了で表されるような事柄（～しただろう）」の推量に使います。

☞ P.314 (2)　☞ P.316 (2)　☞ P.319 (2)　☞ P.322 (2)

5）条件を表す

条件を表す場合の各時制ごとの意味を、**terminar la carrera**大学を卒業するを例に図式化してみましょう。

- 直説法

① terminó 点過去
② terminaba 線過去　　③ termina 現在
④ había terminado 過去完了　　⑤ ha terminado 現在完了

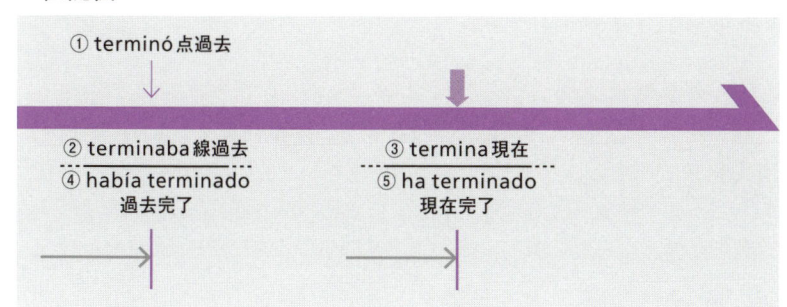

- 接続法

⑥ terminara 過去

⑦ hubiera terminado 過去完了

① Si **terminó** la carrera el año pasado, estará trabajando ahora.
去年卒業したなら、今は働いているだろう。

② Si casi **terminaba** la carrera, ¿por qué la dejó de repente?
ほとんど卒業だったのに、どうして急にやめたりしたんだ。

③ Si **termina** la carrera en marzo, podrá empezar a trabajar en abril.
3月に卒業したら、4月から働き始められるよ。

④ Si **había terminado** la carrera hace tres años, ¿por qué iba a la universidad el año pasado?
3年前に卒業していたなら、なぜ去年大学に行っていたんだい。

⑤ Si **ha terminado** ya la carrera, ¿por qué sigue yendo a la universidad?
卒業したというのに、なぜまだ大学に行っているんだい。

⑥ Si **terminara** la carrera en marzo, podría empezar a trabajar en abril.
もし3月に卒業できたら4月から働き始められるのに。

⑦ Si **hubiera terminado** la carrera cuando empezó a trabajar, su sueldo habría sido más alto.
働き始めたときに卒業していたら、給料はもっと高かっただろう。

6）感情を表す

　感情を表す場合の各時制ごとの意味を、行為を表す venir 来る を例に図式化してみましょう。

- 接続法

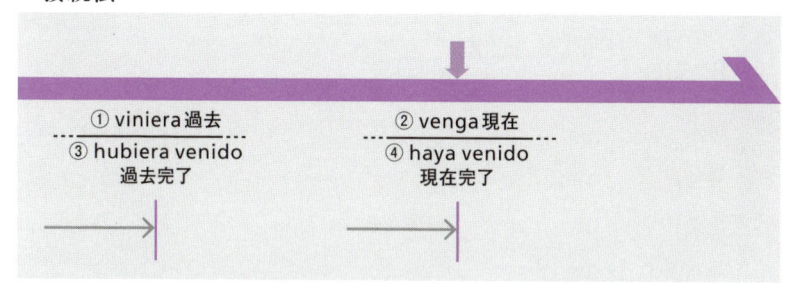

① viniera 過去
③ hubiera venido 過去完了
② venga 現在
④ haya venido 現在完了

① Me alegré de que **viniera** él. 私は彼が来てくれるのがうれしかった。
② Me alegro de que **venga** él. 私は彼が来てくれるのがうれしい。
③ Me alegré de que **hubiera venido** él.
   私は彼が来てくれたのがうれしかった。
④ Me alegro de que **haya venido** él. 私は彼が来てくれたのがうれしい。

3. 時制の一致

　名詞節を含む複文では、主節の時制が点過去、線過去、過去未来、過去完了、過去未来完了の場合、従属節の時制が次の表のように変わります。各時制の具体的な例は、次ページ以降のそれぞれの時制の項目を参照してください。

　ここでは、「行くと思う」のように主節に動詞 creer 思う、従属節に ir 行くを使う場合を例にまとめてあります。動詞 creer は肯定文では直説法、否定文では接続法が使われます。☞ P.347 3)(1)

a) 主節が現在
　　María cree que **va** su padre. マリアは彼女の父親が行くと思っている。
b) 主節が線過去
　　María creía que **iba** su padre. マリアは彼女の父親が行くと思っていた。

• 時制の一致

直説法	María cree que... su padre. マリアは、彼女の父親が〜と思っている。		María creía que... su padre. マリアは彼女の父親が〜と思った。	
現在	va	線過去	iba	行くと
線過去	iba			行っていたと
未来	irá	過去未来	iría	行くだろうと
現在完了	ha ido	過去完了	había ido	行ったと
点過去	fue			行ったと
過去完了	había ido			行っていたと
未来完了	habrá ido	過去未来完了	habría ido	行っただろうと
過去未来	iría			行っただろうと
過去未来完了	habría ido			行っていただろうと

接続法	María no cree que... su padre. マリアは、彼女の父親が〜と思わない。		María no creía que... su padre. マリアは彼女の父親が〜と思っていなかった。	
現在	vaya	過去	fuera	行くだろうと
現在完了	haya ido			行っただろうと
過去	fuera	過去完了	hubiera ido	行っただろうと
過去完了	hubiera ido			行っていただろうと

6.2 直説法現在と現在完了

この項目の内容

1. 直説法現在　　1) 動詞の形　2) 直説法現在の用法
   ¡OJO! ¿Qué haces? の意味
2. 直説法現在完了　1) 動詞の形　2) 直説法現在完了の用法

　直説法現在は、現在の事実や行為、また現在の習慣を表す時制ですが、近い未来も表すことができます。**直説法現在完了**は、現在の時点で完了した事実を表します。

294

1. 直説法現在

1）動詞の形 ☞ P.157 2）活用

直説法現在の規則活用は次のようになっています。規則的に活用する動詞、不規則活用の動詞があります。

動詞は強勢語で、文中で必ず強く発音されます。

- 直説法現在の規則活用

	-ar動詞 hablar 話す	-er動詞 comer 食べる	-ir動詞 vivir 住む
yo	hablo	como	vivo
tú	hablas	comes	vives
él	habla	come	vive
nosotros	hablamos	comemos	vivimos
vosotros	habláis	coméis	vivís
ellos	hablan	comen	viven

2）直説法現在の用法

直説法現在には次のような用法があります。

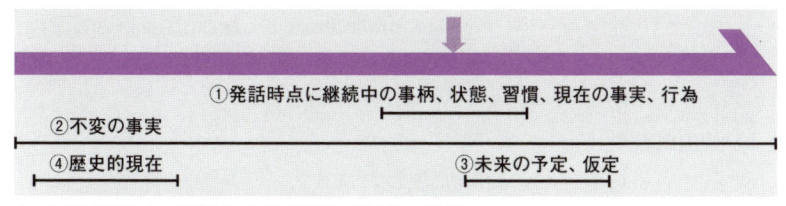

①発話時点に継続中の事柄、状態、習慣、現在の事実、行為
②不変の事実
④歴史的現在
③未来の予定、仮定

(1) 発話時点で継続中の事柄、状態、習慣

過去に始まり今も継続している事柄や、今の状態や習慣を表します。

a) 発話時点で継続中の事柄

　Vivo en Barcelona. 私はバルセロナに住んでいます。

b) 今の状態

　Hoy **está** nublado. 今日は曇っています。

c) 今も行っている習慣

　Los domingos **juego** al fútbol. 日曜日はサッカーをします。

（2）発話時点での事実、過去、未来ともに不変の事実

発話時点での事実や、過去や未来も含んで不変であると考えられる事柄を表します。

a）発話時点での事実

Ahora **son** las seis de la mañana en Argentina.
今アルゼンチンでは朝の6時です。

b）不変の事実

En verano en Japón, **hace** mucho calor.　日本の夏は暑い。

（3）発話時点での行為、未来の予定

現在を広く想定し、その間に行われる行為を表します。未来に行う意志や、かなり先の未来の予定まで含むことができます。

a）現在の行為

Mira, ahí **viene** Juan.　ほら、ファンが来るよ。

b）意志

No te preocupes, lo **hago** yo.　気にするな、僕がやるよ。

c）未来の予定

Esta tarde **hay** una conferencia del Dr. Jiménez.
今日午後ヒメネス博士の講演会がある。

En marzo, o sea, dentro de cuatro meses, **termino** la carrera.
3月に、つまり、4か月後に大学を卒業する。

（4）歴史的現在

歴史上の事柄を述べるために使われます。

Termina la Guerra Civil Española en 1939.
スペイン市民戦争は1939年に終わった。

（5）条件節

接続詞 si もしで始まる節で、発話時点及び未来の時点での条件を表します。**si で始まる節には、直説法未来や接続法現在は使うことができません。** ☞ P.359 2)

Si **vienes** conmigo, te lo daré.　私といっしょに来たら君にそれをあげよう。

（6）誘い、意志

1人称の疑問文で、単数では「私が〜しましょうか？」、複数では「（いっしょに）〜しましょう」の意味になります。英語の *Shall I...?, Shall we...?* に当たる表現です。

　¿Te lo **enseño** yo? 私があなたに教えましょうか。

　¿**Comemos** juntos? いっしょに食事する？

（7）命令

2人称の現在形を使い、強いイントネーションで発音すると、命令になります。強いニュアンスを伴うことが多い命令です。

　Tú **terminas** tu trabajo. 君は自分の仕事を終えなさい。

（8）現在進行形

「動詞 estar の現在形＋現在分詞」で、「〜をしている」という意味の現在進行形になります。現在まさに進行中の事柄を表します。

☞ P.201 3）（2）

　¿Pero qué **estás haciendo** aquí a estas horas?
　こんな時間にここで何をやっているんだ。

　Estoy pensando en cambiar de coche.
　私は車を買い替えることを考えている。

> **¡OJO!** ¿Qué haces? の意味
>
> 　現在形にはさまざまな用法があります。例えば、¿Qué haces? あなたは今何をやっていますか。という質問でも、次のようにいろいろな意味になります。文の意味は常に文脈から考えるようにしましょう。
> - 目の前にいる相手が何をやっているか分からない場合に、「今何をしているのですか」と聞く。
> - 電話の相手に、今何をしているのかを聞く。
> - 今やるべきではないことをやっている人に、「何をやっているのだ！」と責める。
> - 初対面の人や久しぶりに会った人に職業を聞く。（答えは Soy médico. 医者です。等）

2. 直説法現在完了

1）動詞の形 ☞ P.172 3. 活用

直説法現在完了の規則活用は次のようになっています。he, has, ha 等の haber の活用形の部分はすべての動詞に共通ですが、hablado 等過去分詞には規則的なものと、不規則のものがあります。

- 直説法現在完了の規則活用

hablar　話す	comer　食べる	vivir　住む
he hablado	he comido	he vivido
has hablado	has comido	has vivido
ha hablado	ha comido	ha vivido
hemos hablado	hemos comido	hemos vivido
habéis hablado	habéis comido	habéis vivido
han hablado	han comido	han vivido

2）直説法現在完了の用法

直説法現在完了は、主に現在の時点で完了している事柄を表します。次のような用法があります。

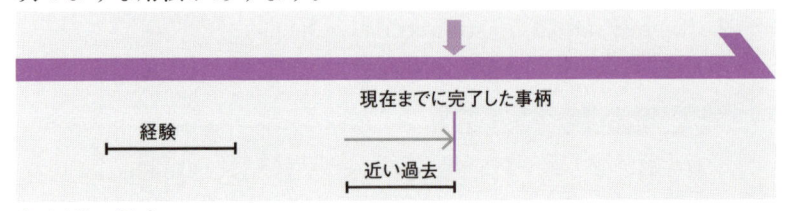

現在までに完了した事柄

経験　　　近い過去

（1）近い過去

話し手が近い過去と考える時点の行為や出来事を表します。「今週」、「今年」のような今の時点を含む表現が含まれているとき、スペインでは一般に現在完了が使われます。

- 今の時点を含む表現

hoy	今日	esta mañana	今朝
esta tarde	今日の午後	esta noche	今晩
esta semana	今週	este mes	今月
este año	今年	este siglo	今世紀

Hoy lo **he pasado** muy bien.　今日は僕は楽しく過ごした。
Esta mañana **he ido** al médico.　今朝医者に行った。
Este mes no **ha llovido** nada.　今月は全然雨が降っていない。

（2）現在までの経験

現在までの経験を表します。しばしば次のような表現とともに使われます。

algún ...	何か〜	alguna ...	何か〜
alguna vez	いつか	(no) nunca	決して〜ない
una vez	1回	dos veces	2回
varias veces	数回	muchas veces	何回も

A: ¿**Has comido** caracoles **alguna vez**?
B: No, no **he comido** caracoles **nunca**.
「エスカルゴを食べたことがありますか」「いいえ、一度もありません」

¿**Has leído algún** libro de Borges?
ボルヘスの本を何か読んだことはありますか。

Hemos estado muchas veces en el Prado.
私たちは何度もプラド美術館に行った。

（3）行為の完了

「もう〜しましたか」「まだ〜していません」のような会話で使われます。多くの場合todavíaまだ、yaもうを伴います。

A: ¿**Ha pasado** ya el cartero? B: Sí, ha pasado **ya**.
「もう郵便配達人は来ましたか」「ええ、もう来ました」

A: ¿No **has cenado todavía**?　B: No, **todavía** no **he cenado**.
「まだ夕食を食べていないの？」「いや、まだ食べていないんだ」

（4）現在完了進行形

「動詞estarの現在完了＋現在分詞」で、「〜をしていた」という意味の現在完了進行形になります。☞ P.201 3）(2)

Hasta hace poco **ha estado hablando** con sus amigos.
彼は今ちょっと前まで、友人と話していた。

6.3 直説法点過去、線過去と過去完了

> **この項目の内容**
>
> 1. 直説法点過去と線過去
>   1) 動詞の形
>   2) 点過去と線過去の基本的な使い分け
>   3) 直説法点過去の用法 4) 直説法線過去の用法
>   5) 注意すべき動詞
>   ¡OJO! 点過去、線過去の使い分けチャート
> 2. 直説法過去完了 1) 動詞の形 2) 直説法過去完了の用法
> 3. 過去を表す副詞表現

スペイン語には点過去と線過去と呼ばれる2種類の過去時制があります。点過去と線過去です。**点過去は主に過去の行為や出来事、線過去は主に過去の状態や習慣を表します。過去完了は、過去の時点で完了している事柄**を表します。

1. 直説法点過去と線過去

1) 動詞の形

直説法点過去及び線過去の動詞の規則活用は次のようになっています。規則的に活用する動詞、不規則活用の動詞があります。

a) 直説法点過去の規則活用　☞ P.161 3) 活用

	-ar動詞 hablar 話す	-er動詞 comer 食べる	-ir動詞 vivir 住む
yo	hablé	comí	viví
tú	hablaste	comiste	viviste
él	habló	comió	vivió
nosotros	hablamos	comimos	vivimos
vosotros	hablasteis	comisteis	vivisteis
ellos	hablaron	comieron	vivieron

b）直説法線過去の規則活用 ☞ P.164 4) 活用

	-ar動詞 hablar 話す	-er動詞 comer 食べる	-ir動詞 vivir 住む
yo	hablaba	comía	vivía
tú	hablabas	comías	vivías
él	hablaba	comía	vivía
nosotros	hablábamos	comíamos	vivíamos
vosotros	hablabais	comíais	vivíais
ellos	hablaban	comían	vivían

2）点過去と線過去の基本的な使い分け

直説法点過去及び直説法線過去には、次のような用法があります。

a）点過去

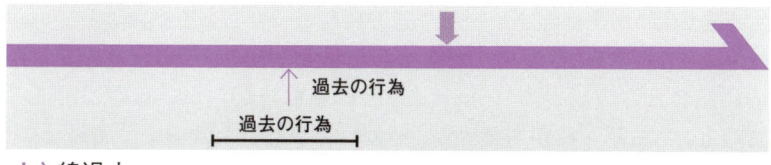

↑ 過去の行為
過去の行為

b）線過去

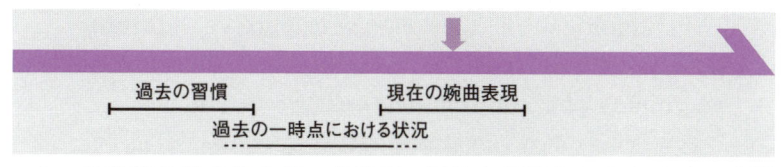

過去の習慣　現在の婉曲表現
過去の一時点における状況

2つの時制の基本的な使い分けは、行為か状況かによります。**点過去は主に行為や出来事を述べるため、線過去はその行為や出来事が起こったときの状況や、人や物等の様子を述べるために使われます。**

次の例文を使って実際に点過去と線過去のイメージを確認してみましょう。下線は点過去、網掛かっている語は線過去です。

Cuando **salí** de casa, **llovía**. 私が家を出たときは雨が降っていた。
➡ salí 点過去（行為）、llovía 線過去（状況）

Fui a Francia porque **quería** aprender francés.
私はフランス語を学びたかったのでフランスに行った。
➡ fui 点過去（行為）、quería 線過去（状況）

6.3 直説法点過去、線過去と過去完了

点過去（行為）、線過去（状況）による使い分けは、次のような文章にも見られます。ここでも先ほどと同様、下線を引いてある語が点過去、網掛けをしてある語が線過去です。

Cuando **se levantó**, como hacía sol, **decidió** dar un paseo por el campo. Cuando **salió** de casa el sol brillaba y la temperatura era muy agradable. **Llamó** a su amiga María, pero a ella le dolía la cabeza y no tenía ganas de salir. Así que **se fue** solo.

彼が起きたとき、太陽が出ていたので野原を散歩することに決めた。家を出たときには、太陽は輝いていて、とても気持ちの良い気温だった。友人のマリアに電話をしたが、彼女は頭痛がしていて、出かける気持ちがなかった。それで彼は1人で行った。

3）直説法点過去の用法

点過去は行為や出来事、事実を「完了したこと」として述べるときに使われます。

(1) 事実を完了したこととして述べる

点過去は、例えば物語や伝記で過去に起こったことを順に語っていったり友人にすでに行ったことを話したりするとき、その行為を表すために使われる時制です。「点過去」という用語から短い時間に起こったこと、と誤解されがちですが、その行為が続いた時間には関係なく、後からまとめて終わったこととして述べる場合は、点過去を使います。

La ceremonia de inauguración **se celebró** el 21 de junio.
開会式典は6月21日に行われた。

Cantamos y **bailamos** mucho en la fiesta anoche.
昨夜はパーティーで、たくさん歌って踊った。

La película **fue** aburrida. 映画はつまらなかった。

(2) 限定された時の範囲を表す表現が文中で使われている場合

一般に、過去の行為や事実を表し、「限定された時の範囲を表す表現」が文中で使われている場合、点過去＊が使われます。このような表現がある場合、たとえ長く続いた行為であっても、まとめて「終わったこと」とみされるからです。

＊ 現在完了が使われる場合もあります。

「限定された時を表す表現」とは、次の2つの条件を満たす表現です。

a） 範囲がはっきりと限定されている。
b） その範囲内のどこをとってもその行為が行われている。

　　　Estuve en casa **todo el día**. 私は一日中家にいた。

　上の文では、**todo el día** 一日中 は、限定された時の範囲を表しています。これは1日のどの一点をとっても（例えば朝の8時でも夕方の4時でも）その行為が行われていたことを示唆する表現だからです。
　次のような表現が限定された時の範囲を表します。

todo el día	一日中
toda la mañana	午前中ずっと
en toda mi vida	生まれてからずっと
diez años	10年間
más de dos horas	2時間より長く
durante ocho días	8日間
durante millones de años	何百万年ものあいだ

　これに対して例えば、ayer 昨日、en 1993 1993年に、a las cuatro 4時に 等は、限定した時の範囲を表しません。ayerは昨日の3時を指したり、5時を指したりすることはできますが、どの時点をとってもその行為が行われたというわけではありません。また a las cuatro は時の範囲を表しません。これらの語句がある場合は点過去が使われる文も線過去が使われる文もあります。
　また、限定された時を表す表現があってもその行為そのものが習慣として繰り返されているときは線過去になります。

　　　De niño, los domingos **jugaba** al fútbol todo el día.
　　　子どもの頃、日曜日は一日中サッカーをしていた。

（3）点過去進行形

　「動詞 estar の点過去＋現在分詞」で、「〜をしていた」という意味の点過去進行形になります。過去の進行形は主に線過去進行形が使われますが、点過去進行形では「〜していた」という動作を1つのまとまった行為とみなす場合に使われます。 P.201 3)(2)

　　　Ayer te **estuve llamando** todo el día, pero no cogiste el teléfono.
　　　昨日は一日中君に電話していたのに、出なかったじゃないか。

6.3 直説法点過去、線過去と過去完了

4）直説法線過去の用法

線過去は、過去の一時点における状況や過去の習慣を表したり、また、現在の事柄を婉曲に述べたりする場合に使われます。

（1）行為や出来事が起こったときの状況

過去の一時点に何か出来事があって、そのときの状況や、人や物などの様子を述べる場合、線過去を使います。

> Me **dormí** porque la película **era** muy aburrida.
> 映画が退屈だったので眠ってしまった。
> ⇒ 単に映画が退屈だったという場合は、点過去を使い la película fue muy aburrida. になりますが、ここでは「眠ってしまった」時の状況として述べられているため、線過去が使われます

> Cuando **llegaste**, **se celebraba** la ceremonia de inauguración.
> 君が着いたとき、開会式が行われていた。

動詞の中には、そもそもどのくらい続いたかという継続時間を表せない動詞があります。**empezar, terminar** のように行為の始まりや終わり、結果を表す動詞や、**salir** 出かけるのように、「出る」という行動のみを指すので、行為そのものはすぐに終ってしまう動詞です。このような動詞は、普通は点過去で使われますが、線過去で使われた場合には、「～しているところ」という意味で「状況」を表すことができます。

> Cuando **llegué** al cine, ya **empezaba** la película.
> 私が映画館に着いたとき、映画は始まるところだった。

> Cuando mi madre me **llamó**, ya **volvía** a casa.
> 母が電話したとき、家に帰るところだった。

（2）過去の習慣

線過去は、過去に継続していた行為や、繰り返し行われていた行為や習慣を表します。

> Cuando **era** estudiante **jugaba** al tenis. 学生の頃テニスをやっていた。
> Cuando yo **vivía** en Madrid **llamaba** a mi familia solo una vez al mes porque **era** muy caro.
> マドリッドに住んでいたときは高かったので1か月に1回しか家族に電話をしなかった。

線過去によって過去の習慣を述べるとき、線過去の動詞は現在もその行為や状態が続いているかどうかについては言及していません。しかし、現在も続いているなら現在形を使うことができるのに、わざわ

ざ過去形を使うという意味で、現在は続いていないと解釈できる場合が多くあります。下の例では、①も②も可能です。

> En aquella época **vivía** con mi familia.
> その当時は家族といっしょに住んでいた。
> ① Pero ahora vivo solo. でも今は一人暮らしだ。
> ② Después **viví** cuatro años solo, y ahora vivo otra vez con mi familia.
> そのあと4年間一人暮らしをしたが、今はまた家族と住んでいる。

（3）婉曲表現

線過去は丁寧に依頼したり、遠回しな言い方をしたりする場合に使われます。☞ P.320 3)

> **Deseaba** hablar con el director, por favor.
> 部長とお話ししたいのですが。
> Te **llamaba** para pedirte consejo.
> アドバイスがもらいたくて電話しているんだけど。

（4）時制の一致 ☞ P.293 3.

次のような構文で主節の時制が、過去時制のとき、従属節の動詞の時制は次のように変わります。このとき従属節の動詞に、点過去が使われることはありません。

従属節の動詞の時制	主節の動詞 現在 Dice que...	主節の動詞 過去時制 Dijo que...
	現在 線過去	線過去 線過去

- Su jefe le pregunta si **sabe** hablar inglés.
  上司は彼が英語が話せるかどうか聞く。 ➡ 現在
  Su jefe le preguntó si **sabía** hablar inglés.
  上司は彼が英語が話せるかどうか聞いた。 ➡ 線過去
- Yo creo que José **vivía** en España cuando **tenía** cinco años.
  私は彼が5歳の頃はスペインに住んでいたと思う。 ➡ 線過去
  Yo creía que José **vivía** en España cuando **tenía** cinco años.
  私は彼が5歳の頃はスペインに住んでいたと思っていた。 ➡ 線過去

（5）線過去進行形

「動詞 estar の線過去＋現在分詞」で、「～をしていた」という意味の線過去進行形になります。特に「～をしていた」のが、別の行為等の状況として述べられる場合に使われます。線過去そのものに「～をしていた」という意味があるので、進行形を使うときは、特に動作が進行していたことを強調したい場合です。☞ P.201 3)(2)

Cuando **llegué** a la estación mis amigos ya no me **estaban esperando**.
駅に着いたときは、友人たちはもう僕を待っていなかった。

5）注意すべき動詞

点過去、線過去の使い分けについて、個々の動詞に注目して考えたほうが良い場合もあります。

（1）時制によってかなり異なった意味になる動詞

動詞の中には、それぞれの動詞が点過去で使われるか線過去で使われるかによってかなり異なった意味になったり、日本語で別の訳語になったりする語があります。

a）acabar de

Acabé de trabajar pasadas las tres de la mañana.
私は、午前3時過ぎに仕事を終えた。 ➡ 点過去「～し終えた」

Acabábamos de salir cuando sonó el teléfono.
電話が鳴ったとき、出かけたばかりだった。 ➡ 線過去「～したばかりだった」

b）aprender

Aprendió a tocar el piano a los seis años.
6歳でピアノが弾けるようになった。 ➡ 点過去「～を学んでできるようになった」

En clase de doña Margarita **aprendíamos** mucho.
マルガリータ先生のクラスでは学ぶことがたくさんあった。 ➡ 線過去「～を学んでいた」

c）conocer

En el viaje **conocí** a mucha gente interesante.
旅行では多くの面白い人たちと知り合った。 ➡ 点過去「知り合った」

Estás muy cambiado. No te **conocía**.
君変わったね。誰だか分からなかったよ。 ➡ 線過去「知っていた、認識した」

Había gente a la que no **conocía** de nada.
私が全く知らない人たちもいた。

d) costar

¿Te gusta? Me **costó** solo veinte euros.

気に入った？ たった20ユーロだったんだよ。 ➡ 点過去「〜の値で購入した」

No lo **compré** porque **costaba** más de cincuenta euros.

50ユーロ以上していたから買わなかった。 ➡ 線過去「値段が〜だった」

e) gustar ☞ P.215 5.

No le **gustó** el regalo.

彼はプレゼントが気に入らなかった。 ➡ 点過去「気に入った」

A mi padre no le **gustaba** hablar de la guerra.

私の父は戦争の話をするのが好きではなかった。 ➡ 線過去「好きだった」

f) haber ☞ P.211 2)

El domingo **hubo** una manifestación en el centro.

日曜日町の中心地でデモがあった。 ➡ 点過去「出来事があった」

Solo **había** una habitación libre. 空室は1部屋しかなかった。
Antes **había** mucho tráfico en esta carretera.

昔はこの道は交通が激しかった。 ➡ 線過去「人がいた、物があった」

g) poder ☞ P.194 (7) a)

Me **encontraba** mal. No **pude** ir a la fiesta.

体調が悪かった。パーティーに行けなかった。

➡ 点過去「〜の可能性があったので実行した」

Me **dolía** la garganta y no **podía** hablar.

喉が痛くて話せなかった。 ➡ 線過去「〜できた」

h) querer ☞ P.194 (7) a)

La **invité** pero no **quiso** venir.

招待したけれど彼女は来たくなかったので来なかった。

➡ 点過去「〜したかったので実行した」

Fui a México porque **quería** practicar mi español.

私はスペイン語を練習したくてメキシコに行った。

➡ 線過去「〜したかった（実行したかどうかには言及しない）」

i) saber ☞ P.194 (7) a)

Ayer **supe** que Carlos había aprobado.

私は昨日カルロスが合格したことを知った。 ➡ 点過去「〜を知った」

¡Qué sorpresa! No lo **sabía**.

びっくりだ！ 知らなかったよ。 ➡ 線過去「〜を知っていた」

6.3 直説法点過去、線過去と過去完了

j) ir a＋不定詞 ☞ P.214 2)

El mes pasado **fui** a comer en el restaurante Granada.
先月私はレストラングラナダに昼食に行った ➡ 点過去「〜しに行った」、ir「行く」

Yo lo **iba** a hacer pero **llegué** tarde.
私がやるつもりだったが、遅刻してしまった。
➡ 線過去「〜するつもりだった」、未来を表す ir a+不定詞

Cuando me **encontré** con Ana en la calle, ella **iba** a trabajar.
道でアナに会ったとき、彼女は仕事に行くところだった。
➡ 線過去「〜行くところだった」、ir「行く」

De pequeño **iba** mucho a comer a casa de mis abuelos.
小さい頃祖父母の家によく食事に行っていた。 ➡ ir「行く」

k) tener que

El coche se **estropeó** y **tuvimos** que tomar un taxi.
車が壊れたので、タクシーに乗らなければいけなかった。
➡ 点過去「〜すべきだったので実行した」

No **salí** porque **tenía** que estudiar.
勉強しなければいけなかったので、出かけなかった。
➡ 線過去「〜すべきだった（実行したかどうかには言及しない）」

(2) どちらかの時制のみで使われる動詞

次のような動詞は点過去か線過去のどちらかでしか使われません。

a) 時刻を表す era / eran ☞ P.107 (3)

「〜時でした」という場合、動詞は必ず線過去で使われます。

Eran las cinco en punto de la tarde. 午後5時ちょうどだった。
Era la una y media más o menos cuando **empezó** a llover.
雨が降り始めたときは1時30分ごろだった。

b) 年齢を表す tenía

「〜歳でした」という場合、動詞は必ず線過去で使われます*。

Tenía cuatro años cuando nos **mudamos** de casa.
引越ししたとき、4歳だった。

* 「〜歳になる」はcumplirを使います。Mi hijo **cumplió** cinco años hace una semana.「息子は1週間前に5歳になった」

c) soler ☞ P.194 (7)

「よく〜したものだ」の意味で、点過去では使われません。

Solíamos pasear por ese parque.
私たちはその公園をよく散歩したものだった。

¡OJO! 点過去、線過去の使い分けチャート

　線過去と点過去の使い分けは日本語にないため、難しいと考えられがちです。次のチャートをヒントにすると良いでしょう。

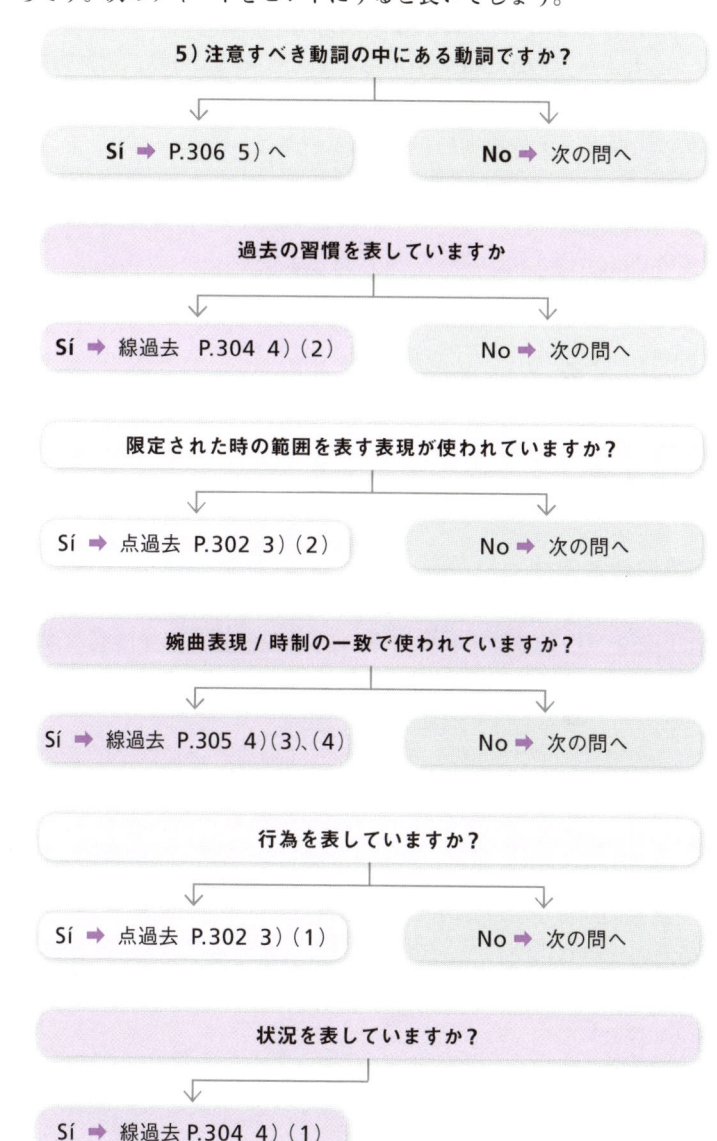

5）注意すべき動詞の中にある動詞ですか？
- Sí ➡ P.306 5）へ
- No ➡ 次の問へ

過去の習慣を表していますか
- Sí ➡ 線過去　P.304 4）(2)
- No ➡ 次の問へ

限定された時の範囲を表す表現が使われていますか？
- Sí ➡ 点過去　P.302 3）(2)
- No ➡ 次の問へ

婉曲表現／時制の一致で使われていますか？
- Sí ➡ 線過去　P.305 4）(3)、(4)
- No ➡ 次の問へ

行為を表していますか？
- Sí ➡ 点過去　P.302 3）(1)
- No ➡ 次の問へ

状況を表していますか？
- Sí ➡ 線過去 P.304 4）(1)

2. 直説法過去完了

1）動詞の形 ☞ P.172 3. 活用

直説法過去完了の規則活用は次のようになっています。**había, habías, había** 等の **haber** の活用形の部分はすべての動詞に共通ですが、**hablado** 等過去分詞には規則的なものと、不規則のものがあります。

- 直説法過去完了の規則活用

hablar 話す	comer 食べる	vivir 住む
había hablado	había comido	había vivido
habías hablado	habías comido	habías vivido
había hablado	había comido	había vivido
habíamos hablado	habíamos comido	habíamos vivido
habíais hablado	habíais comido	habíais vivido
habían hablado	habían comido	habían vivido

2）直説法過去完了の用法

直説法過去完了は、過去のある時点を基準にして、そのときに完了している行為、出来事、状態やそれまでの経験を表す時制です。次のような用法があります。

過去のある時点までに完了した事柄
過去のある時点までの経験

（1）過去の時点で完了している事柄

過去の一時点に注目し、その時点までに終わっている事柄を表します。

Cuando fui a España hace tres años, ya **había terminado** la carrera.

3年前にスペインに行ったときにはもう大学を卒業していた。

➡ 3年前という過去の一時点での卒業という行為が完了している

終わっているのが行為の場合も状態の場合も過去完了が使われます。

a）**過去の一時点より前に行われた行為**

Cuando me desperté, la película ya **había terminado**.

私が起きたときには映画はすでに終わっていた。

b）**過去の一時点までに終わった状態**

Hasta que empezó a ir a la universidad, Carlos **había sido** siempre muy tímido.

大学に行くようになるまではカルロスは常にとても内気だった。

(2) 過去の時点までの経験

過去の一時点に注目し、その時点での経験を述べます。

Cuando fui a Japón ya **había comido** *sushi* varias veces.

日本に行ったときにはもうその前に何度か寿司を食べたことがあった。

➡ **日本に行った時点よりも前の寿司を食べるという経験**

Hasta ese día nunca le **había oído** hablar francés.

その日まで彼がフランス語を話すのは聞いたことがなかった。

(3) 時制の一致　P.293 3.

主節の時制が過去時制のとき、従属節の動詞の時制は、次のように変わります。

	主節の動詞 現在Dice que...	主節の動詞 過去時制Dijo que...
従属節の動詞の時制	現在完了	過去完了
	点過去	過去完了
	過去完了	過去完了

- Creo que te lo **he dado** esta mañana.

  私はそれを今朝君に渡したと思う。　➡ 現在完了

  Creía que te lo **había dado** esta mañana.

  私はそれを今朝君に渡したと思っていた。　➡ 過去完了

- Creo que ya te lo **había dado** antes.

  私はそれをすでに君に渡していたと思う。　➡ 過去完了

  Creía que ya te lo **había dado** antes.

  私はそれをすでに君に渡していたと思った。　➡ 過去完了

3. 過去を表す副詞的表現

次のような時を表す表現が、過去を表す表現とともによく使われます。

a)「現在」を基準にするので、現在がいつであるかによって指している時が変わる表現　P.317 a)

ayer 昨日　　　　　　　　　　　　anteayer 一昨日
anoche 昨晩
hace veinticinco minutos 25分前　　hace una hora y media 1時間半前
hace dos horas 2時間前　　　　　　hace una semana 1週間前
hace dos meses y medio 2か月半前　hace un año y dos meses 1年2か月前
la semana pasada 先週　　　　　　el mes pasado 先月
el año pasado 去年　　　　　　　　el verano pasado この前の夏
el domingo pasado この日曜日に　　el fin de semana pasado 先週末
el lunes 月曜日に　　　　　　　　el fin de semana 週末に

b) 基準がないのでいつでも同じ時を指す表現

en 1998 1998年に
en agosto de 1998 1998年8月に
el 3 de agosto de 1998 1998年8月3日に

c) 過去の一時点を基準にして使われる表現

tres días después 3日後に　　　　dos semanas más tarde 2週間後に
el mismo día 同じ日に　　　　　　el mismo año 同じ年に
dos días antes 2日前に　　　　　　hacía un mes 1か月前に
el día anterior その前の日　　　　el mes anterior その前の月
el año anterior その前の年　　　　el / al día siguiente 次の日
(a) la semana siguiente 次の週　　el / al año siguiente 次の年

d) ～から

desde el lunes 月曜日から　　desde hace cuatro semanas 4週間前から

6.4 直説法未来と未来完了

> **この項目の内容**
> 1. 直説法未来　　　1）動詞の形　2）直説法未来の用法
> 2. 直説法未来完了　1）動詞の形　2）直説法未来完了の用法
> 3. 未来を表す副詞表現

　未来の事柄を表すために、スペイン語では、**直説法現在**、「**ir a＋不定詞**」、**直説法未来の3通りの方法**があります。直説法未来は未来の予定や意志、現在や未来の推量を表す時制です。また直説法未来完了は未来のある時点で完了している事柄を表します。 ☞ P.214 2)

1. 直説法未来

1）動詞の形 ☞ P.165 5) 活用

　直説法未来の規則活用は次のようになっています。語尾は共通ですが、語幹が規則的な動詞、不規則の動詞があります。語幹は、過去未来の活用と同じです。

・直説法未来の規則活用

	-ar動詞 hablar 話す	-er動詞 comer 食べる	-ir動詞 vivir 住む
yo	hablaré	comeré	viviré
tú	hablarás	comerás	vivirás
él	hablará	comerá	vivirá
nosotros	hablaremos	comeremos	viviremos
vosotros	hablaréis	comeréis	viviréis
ellos	hablarán	comerán	vivirán

2）直説法未来の用法

　直説法未来には次のような用法があります。

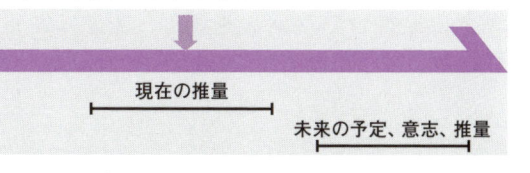

　　　　　　　　　　現在の推量
　　　　　　　　　　　　　　　　未来の予定、意志、推量

6.4 直説法未来と未来完了

(1) 未来の予定や意志

直説法未来は、「〜の予定だ」「〜するつもりだ」の意味で使われます。直説法現在も未来の予定を表すことができますが、現在形で言えることは、近い未来に限られます。

Mañana **vendrá** Marta a comer. 明日はマルタが食事に来る予定だ。
La conferencia preliminar **será** en el aula 302. 基調講演は302教室だ。
Si terminas pronto, **iremos** al cine.* 君が早く終えたら映画に行こう。
　* si で導かれる条件節は、直説法未来は使えないので、現在形を使います。

(2) 現在や未来の推量

直説法未来は、現在や、未来の行為や状況の推測の意味で使われます。

A: Este reloj es muy caro. B: Sí, **será** de oro.
「この時計は高いね」「うん、金なんじゃないかな」 ➡ 現在の推測

Seguro que Takeshi **irá** a la fiesta.
武は絶対にパーティーに行くと思うよ。 ➡ 未来の推測

(3) 命令

直説法未来は、命令の意味を持つことがあります。上げ調子の柔らかいイントネーションでは遠慮がちな依頼になりますが、イントネーションによっては非常に強い命令になるので注意しましょう。

☞ P.324 6.6

Lo **harás** tú sin falta, ¿de acuerdo? きっとやるんだよ。分かった？
No **matarás** 汝、殺すなかれ。

(4) 驚き

直説法未来は、驚きや非難を表すことができます。

¿**Será** imbécil? 大ばか者なんじゃないか。
¿**Será** posible? そんなことがあって良いものなのか。
¿**Tendrá** caradura? 全く図々しいんだから。

(5) 未来進行形

「動詞 estar の未来＋現在分詞」で表される、未来進行形は、現在や未来に進行中の事柄の推測や、未来に進行する意志を表します。

☞ P.201 3) (2)

Mi padre **estará viendo** el partido en la tele ahora.
父は今テレビで試合を見ていると思う。 ➡ 現在の推測

Cuando lleguemos, mis padres ya **estarán durmiendo**.
着く頃には両親はもう眠っているだろう。 ➡ 未来の推測

Mañana **estaré estudiando** cuando vuelvas.
明日君が帰ってくるときには私は勉強しています。 ➡ 意志

2. 直説法未来完了

1）動詞の形　☞ P.172 3. 活用

直説法未来完了の規則活用は次のようになっています。habré, habrás等のhaberの活用形の部分はすべての動詞に共通ですが、hablado等過去分詞には規則的なものと、不規則のものがあります。

・直説法未来完了の規則活用

hablar 話す	comer 食べる	vivir 住む
habré hablado	habré comido	habré vivido
habrás hablado	habrás comido	habrás vivido
habrá hablado	habrá comido	habrá vivido
habremos hablado	habremos comido	habremos vivido
habréis hablado	habréis comido	habréis vivido
habrán hablado	habrán comido	habrán vivido

2）直説法未来完了の用法

直説法未来完了は、主に未来の時点で完了している予定の事柄や、過去の行為の推量を表します。次のような用法があります。

6.4 直説法未来と未来完了

(1) 未来の時点で完了している予定の事柄

未来の一時点において、完了している予定の事柄を述べます。

El mes que viene **habré vivido** en esta casa dos años.
来月にはこの家に住んで2年になる。

Ya **se habrán acostado** cuando lleguemos.
私たちが着く頃には彼らはもう寝ているだろう。

Cuando termine este cuadro, ya **habrá pintado** cinco este año. この絵を描き終えたら今年は5作描いたことになる。

(2) 過去に起こった事柄の推量

過去に起こった内容を推量する場合に使われます。「〜しただろう」という推測で、「推量ではなく事実ならば現在完了で表されるような内容」を推測して言うときと考えると分かりやすいでしょう*。

* 「〜は〜していただろう」という過去に起きた事実ならば点過去や線過去で言われるような内容を推測して言うときには過去未来を使います。 ☞ P.319 (2)

José **habrá ido** a la estación. ホセは駅に行っただろう。
→ 推測ではなく「ホセは駅に行った」と言う場合は José **ha ido** a la estación. のように現在完了になる。

Están las plantas mojadas. **Habrá llovido** anoche.
植物が濡れている。昨日雨が降ったのだろう。

El coche está en la puerta. **Habrán ido** andando.
車は門のところにあるから、彼らは歩いて行ったんだろう。

3. 未来を表す副詞的表現

次のような時を表す表現が、未来を表す表現とともによく使われます。

a) 「現在」を基準にするので、現在がいつであるかによって指している時が変わる表現 ☞ P.312 3. a)

mañana* 明日
dentro de veinticinco minutos 25分後
dentro de una hora y media 1時間半後
dentro de una semana 1週間後
dentro de un año y dos meses 1年2か月後
el próximo mes 来月
la semana que viene 来週
el próximo fin de semana 来週末
el domingo que viene 次の日曜日に
el lunes 月曜日に

pasado mañana 明後日

el año próximo 来年
el año que viene 来年

el verano próximo 次の夏
el fin de semana 週末に

b) 基準がないのでいつでも同じ時を指す表現

en 2035 2035年に
en agosto de 2035 2035年8月に
el 3 de agosto de 2035 2035年8月3日に

c) 過去または未来の一時点を基準にして使われる表現

tres días después 3日後に
el mismo día 同じ日に
dos días antes 2日前に
el día anterior その前の日
el año anterior その前の年
(a) la semana siguiente 次の週

dos semanas más tarde 2週間後に
el mismo año 同じ年に
hacía un mes 1か月前に
el mes anterior その前の月
el / al día siguiente 次の日
el / al año siguiente 次の年

d) 〜までに、〜以内に

para el lunes 月曜日までに（月曜日より前の一点を指す）
hasta el lunes 月曜日まで（ずっと）
dentro de cuatro días o antes 4日後かその前
dentro de cuatro días como máximo 遅くとも4日後

* 朝を表す場合は名詞で、esta mañana, por la mañanaのように冠詞等を伴いますが、明日の意味の時は冠詞を伴いません。

6.5 直説法過去未来と過去未来完了

> **この項目の内容**
>
> 1. 直説法過去未来　　1）動詞の形　2）直説法過去未来の用法
>   3）婉曲表現
>   4）現在または過去の事実に反する条件文の帰結文
>   5）過去未来進行形
> 2. 直説法過去未来完了 1）動詞の形　2）直説法過去未来完了の用法
>   3）現在または過去の事実に反する条件文の帰結文
>   4）時制の一致

　直説法過去未来は、過去から見た未来や、過去の推量等を表す時制です。また、**直説法過去未来完了**は、過去から見た未来に完了している事柄を表します。これらの時制は、現実に反する仮定文の帰結文でも使われます。

1. 直説法過去未来

1）動詞の形　☞ P.165 6）活用

　直説法過去未来の規則活用は次のようになっています。語尾は共通ですが未来の活用と同じ語幹になりますので、語幹が規則的な動詞、不規則の動詞があります。

- 直説法過去未来の規則活用

	-ar動詞 hablar 話す	-er動詞 comer 食べる	-ir動詞 vivir 住む
yo	hablaría	comería	viviría
tú	hablarías	comerías	vivirías
él	hablaría	comería	viviría
nosotros	hablaríamos	comeríamos	viviríamos
vosotros	hablaríais	comeríais	viviríais
ellos	hablarían	comerían	vivirían

2）直説法過去未来の用法

過去未来には次のような用法があります。

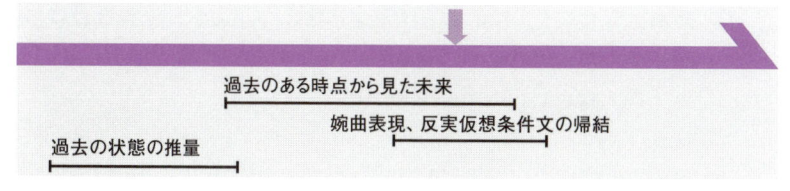

```
        過去のある時点から見た未来
           婉曲表現、反実仮想条件文の帰結
過去の状態の推量
```

（1）過去から見た未来

過去未来という名称が表す基本的な用法ですが、多くの場合、時制の一致によって使われます。主節の動詞が、点過去、線過去、過去完了、過去未来といった過去の時制のとき、従属節の動詞が主節よりも後の時を表す場合、過去未来が使われます。

従属節の動詞の時制	主節の動詞 現在 Dice que...	主節の動詞 過去時制 Dijo que...
	未来	過去未来

Kosuke fue a España hace una semana.
浩介は1週間前にスペインに行った。

① Decía que **iría** a Francia tres días después.
その3日後にはフランスに行くと言っていた。 ➡ フランスに行ったのは過去

② Decía que **iría** a Francia mañana.
明日にはフランスに行くと言っていた。 ➡ フランスに行くのは明日（未来）

従属節において、過去未来で表されている行為（上の①の例ではフランスに行くこと）が、発話時点（今）よりも前であるか（①）、後であるか（②）には言及していないので、どちらの場合も使えます。

- Me pregunta si yo **podré** ayudarle.
  私が彼を手伝うことができるかどうか彼は私に尋ねる。 ➡ 未来

  Me preguntó si yo **podría** ayudarle.
  私が彼を手伝うことができるかどうか彼は私に尋ねた。 ➡ 過去未来

（2）過去の推量

過去に起こった内容を推量する場合に使われます。「～していただろう」「～だっただろう」という推測で、点過去や線過去で表されるような実際に起きた事柄を推測すると考えると分かりやすいでしょう*。

* 「～しただろう」という、事実なら現在完了で言われるような内容の推量には未来完了を使います。 ☞ P.316 (2)

En aquella época **viviría** en España.
その頃はスペインに住んでいたのだろう。

➡ 推測ではなく「その頃はスペインに住んでいた」と言う場合はEn aquella época vivía en España.のように線過去になる

¿Qué hora **sería** cuando llegaron?
彼らが着いたのは何時頃だったのだろう。

Cuando vivías en Francia, **hablarías** muy bien francés, ¿no?
君がフランスに住んでいた頃は、フランス語を上手に話していたのだろうね?

3）婉曲表現

過去未来は、主に依頼や希望、忠告等を表す文で、直接的な言い回しを避けるために使われます。 ☞ P.305 (3)

以下のような表現はすべて現在形（/ の後）にしても同じような意味になるものがありますが、動詞を過去未来にすると遠慮がちな丁寧な表現になります。

a）依頼する ☞ P.324 6.6 ☞ P.328 ¡OJO!

¿**Podría** / *Puede* envolvérmelo para regalo?
プレゼント用に包んでいただけますか。

¿Te **importaría** / *importa* explicarlo otra vez?
もう1度説明してもらえる?

b）許可を求める

¿**Podría** / *Puedo* hacerte una pregunta? 質問しても良いですか。

¿Le **importaría** que le hiciéramos unas preguntas?
私たちがいくつか質問してもよろしいでしょうか。

c）希望を述べる

Querría / *Quiero* hablar con usted mañana.
明日あなたと話したいのですが。

Me **gustaría** jugar al tenis. テニスをしたいものだ。

➡ Me gusta jugar al tenis.「私はテニスをするのが好きだ」

d）アドバイスをする

Deberías / *Debes* estudiar más.
君はもっと勉強すべきなんじゃないかい。

Tendrías / Tienes que estudiar más.
君はもっと勉強しなければいけないのではないかい。

e) 遠慮がちに主張する

Yo **diría** / *digo* que sí. 私はそうだと思うのですが。

4) 現在または過去の事実に反する条件文の帰結文

現在または過去の事実に反する「今雨だけれども、もし雨が降っていなかったら」のような条件文は接続法過去、あるいは接続法過去完了が使われますが、「〜なのに」という帰結文には過去未来が使われます。条件文がなくても、同じような意味を表す場合は同様です。 ☞ P.359 2)

Si te esforzaras más, **obtendrías** mejores resultados.
君がもっと努力したらもっと良い結果になるのに。

Si no hubieras comido tanto, no te **dolería** el estómago.
君がそんなに食べなかったら、胃が痛くなったりしないのに。

Yo que tú no le **diría** nada a su madre.
私が君だったら彼のお母さんには何も言わない。

Yo no me **fiaría** de ese hombre, pero no sé si tú lo **harías**.
私だったらその人を信用しないけれど、君はどうだか分からない。

5) 過去未来進行形

「動詞estarの過去未来＋現在分詞」で、過去未来進行形になります。「〜していただろう」「(もし〜だったら)〜しているのに」のような文で使われます。 ☞ P.201 3)(2)

A: Te llamé a las ocho pero no cogiste el teléfono.
B: **Estaría viendo** la tele.
「8時に電話したのに出なかったじゃない」「テレビでも見ていたんだろう」

Cualquier otra persona ya **estaría preparándose** para el examen.
君以外の人なら誰でも、もう試験準備をやっているだろう。

2. 直説法過去未来完了

1）動詞の形 ☞ P.172 3.活用
　直説法過去未来完了の規則活用は次のようになっています。habría, habrías 等の haber の活用形の部分はすべての動詞に共通ですが、hablado 等過去分詞には規則的なものと、不規則のものがあります。

• 直説法過去未来完了の規則活用

hablar 話す	comer 食べる	vivir 住む
habría hablado	habría comido	habría vivido
habrías hablado	habrías comido	habrías vivido
habría hablado	habría comido	habría vivido
habríamos hablado	habríamos comido	habríamos vivido
habríais hablado	habríais comido	habríais vivido
habrían hablado	habrían comido	habrían vivido

2）直説法過去未来完了の用法
　過去未来完了は次のように使われます。

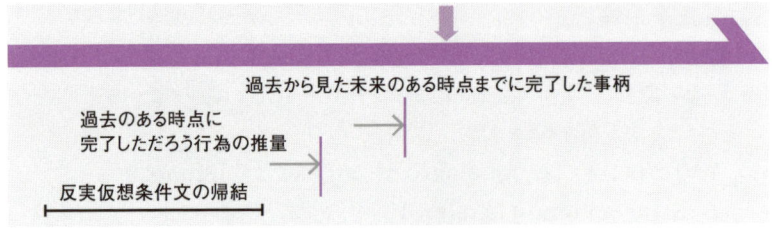

```
        ↓
━━━━━━━━━━━━━━━━━━━━━━━━▶
        過去から見た未来のある時点までに完了した事柄
   過去のある時点に
   完了しただろう行為の推量
  反実仮想条件文の帰結
```

(1) 過去から見た未来に完了している事柄
　過去の一時点に視点を移して、その時から見た未来に完了しているだろうと考える事柄を表す場合、過去未来完了を使います。

　En aquel entonces, creía que **habría ahorrado** un millón de yenes para el año 2015.
　その当時は、2015年までには100万円の貯金をしているだろうと思っていた。

(2) 過去の一時点で完了していると推量される事柄
　過去の一時点で、「すでに〜していたのだろう」のように、完了して

いたことを推測する場合に使われます。事実なら過去完了で表される事柄です。

　　Ya **habría salido** el tren cuando Juan llegó a la estación.
　　ファンが駅に着いたとき、電車はもう出ていたのだろう。
　　➡ 推測ではなく「…電車はもう出ていた」という場合は Ya había salido el tren... のように過去完了になる

3）現在または過去の事実に反する条件文の帰結文

　現在あるいは過去の事実に反した条件文は接続法過去あるいは、接続法過去完了が使われますが、「〜だったのに」という帰結文には、過去未来完了が使われます。条件文がなくても、同じような意味を表す場合も同様です。 P.359 2)

　　Si tuviéramos dinero, **nos habríamos cambiado** de casa.
　　もしお金があったら引っ越ししていたのに。
　　Si me hubieras avisado, **me habría ido** contigo a la playa.
　　もし君が私に知らせてくれていたら、君と一緒にビーチに行ったのに。
　　Si no me hubiera dejado el móvil en casa, te **habría llamado**.
　　家に携帯を忘れていなかったら電話をしていたのに。

4）時制の一致　P.293 3.

　主節の時制が過去時制のとき、従属節の動詞の時制は、次のように変わります。

	主節の動詞 現在 Dice que...	主節の動詞 過去時制 Dijo que...
従属節の動詞の時制	過去未来	過去未来完了
	過去未来完了	過去未来完了

　　María le pregunta si **pagaría** tanto dinero por ese coche.
　　マリアは彼に、その車にそんなにお金を払うかどうか聞く。 ➡ 過去未来
　　María le preguntó si **habría pagado** tanto dinero por ese coche.
　　マリアは彼に、その車にそんなにお金を払っただろうか聞いた。 ➡ 過去未来完了

6.6 命令

> **この項目の内容**
>
> 1. 肯定命令　　1) 動詞の形と用法　2) 代名動詞の命令
>   3) 弱形人称代名詞を伴う命令
> 2. 否定命令　　¡OJO! 依頼表現

　人に何かをするように働きかける表現では、命令形や、接続法現在の活用形を使います。実際に人に「命令」する場合もありますが、「ちょっと来て」「見て」といった軽い依頼にも使われます。命令は、**tú**や**usted**で話す相手に対するほかに、複数の**vosotros, ustedes**や、「～しましょう」の意味で**nosotros**に対する形もあります。

1. 肯定命令

「～しなさい」という働きかけの文を肯定命令と呼びます。

1) 動詞の形と用法

(1) tú と、vosotros に対する命令

　tú と、vosotros に対する肯定命令では、命令形と呼ばれる直説法にも接続法にも属さない形が使われます。

a) 規則的な形

　tú に対する命令は直説法現在3人称単数形と同じです。vosotros に対する命令は不定詞の最後の -r を -d にした形です。

	活用の種類	不定詞	túの命令	vosotrosの命令
-ar動詞	規則活用	trabajar 働く	trabaja	trabajad
	語幹母音変化	cerrar 閉める	cierra	cerrad
		recordar 思い出す	recuerda	recordad
-er動詞	規則活用	comer 食べる	come	comed
	語幹母音変化	atender 応対する	atiende	atended
		volver 戻る	vuelve	volved
-ir動詞	規則活用	escribir 書く	escribe	escribid
	語幹母音変化	dormir 眠る	duerme	dormid
		repetir 繰り返す	repite	repetid

- túに対する命令

    Descansa un poco. 少し休みなさい。

    Vuelve antes de las doce. 12時より前に帰りなさい。

- vosotrosに対する命令

    Buscad por toda la casa. 家中を探しなさい。

    Pensad bien lo que vais a hacer. 君たちがやることをよく考えなさい。

b）túに対する命令の不規則な形

túに対する命令形では下のような不規則な形があります。vosotrosに対する命令形には不規則な形はありません。

不定詞	命令形	不定詞	命令形
poner 置く	pon*	decir 言う	di
tener 持つ	ten**	hacer する、作る	haz
venir 来る	ven	ir 行く	ve
salir 出る	sal	ser〜 〜である	sé

* exponer さらす ⇒ expón
** mantener 維持する ⇒ mantén, obtener 獲得する ⇒ obtén

Sal lo antes posible. できるだけ早く出かけなさい。

Ten paciencia. 辛抱しなさい。

(2) usted, ustedes, nosotrosに対する命令

usted, ustedes, nosotrosに対する命令は、接続法現在のそれぞれの人称の活用形を使います。 ☞ P.166 7）

	不定詞	ustedの命令	ustedesの命令	nosotrosの命令
-ar 動詞	trabajar 働く	trabaje	trabajen	trabajemos
	cerrar 閉める	cierre	cierren	cerremos
	recordar 思い出す	recuerde	recuerden	recordemos
-er 動詞	comer 食べる	coma	coman	comamos
	atender 応対する	atienda	atiendan	atendamos
	volver 戻る	vuelva	vuelvan	volvamos
	hacer する、作る	haga	hagan	hagamos
-ir 動詞	escribir 書く	escriba	escriban	escribamos
	dormir 眠る	duerma	duerman	durmamos
	repetir 繰り返す	repita	repitan	repitamos
	decir 言う	diga	digan	digamos

- **usted に対する命令**
  Escoja el que más le guste. 一番好きなのをお選びください。
- **ustedes に対する命令**
  Traduzcan del japonés al español. 日本語からスペイン語に訳しなさい。
  Tomen un taxi en la estación. 駅でタクシーに乗ってください。
- **nosotros に対する命令：〜しましょう**
  Veamos lo que se puede hacer. 何ができるか考えてみましょう。
  Dejemos a los niños con los abuelos.
  子どもたちはおじいちゃんたちに預けましょうよ。

2）代名動詞の命令　P.180 4.3

代名動詞の命令は、再帰代名詞、すなわち te, os, se, nos を、動詞の後にスペースを空けずにくっつけます。次のような形になります。

不定詞	tú の命令 / vosotros の命令	usted の命令 / ustedes の命令	nosotros の命令
ducharse シャワーを浴びる	dúchate / duchaos	dúchese / dúchense	duchémonos
dormirse 眠り込む	duérmete / dormíos	duérmase / duérmanse	durmámonos
acostarse 寝る	acuéstate / acostaos	acuéstese / acuéstense	acostémonos
vestirse 着替える	vístete / vestíos	vístase / vístanse	vistámonos

次の点に注意しましょう。

a）再帰代名詞を後に付けても、高く（強く）発音される母音は変わりません。そのため、再帰代名詞を付けるとアクセント記号が必要になる語があります。

¡**Levántate** ya! もう起きなさい！ ⇒ tú
Relájese. リラックスして。 ⇒ usted
Quedaos a cenar. 夕食を食べていきなさいよ。 ⇒ vosotros

b）nosotrosに対する命令では、動詞の活用形の最後の-sがなくなります。例えば動詞ducharse シャワーを浴びる の場合は ×duchémosnos ではなく、duchémonosになります。
Tomémonos unas vacaciones. 休暇をとりましょう。 ⇒ nosotros

c）vosotrosに対する命令では、動詞の活用形の最後の-dがなくなります。すなわち ×duchados ではなく、duchaosになります。ただし、動詞irの場合はidosです。
Pasen y **siéntense**. お入りになって、おかけになってください。 ⇒ ustedes

3）弱形人称代名詞を伴う命令

「彼にそれを言いなさい」のように、目的人称代名詞を伴う命令では、弱形人称代名詞は動詞の後にスペースを置かずに書かれます。弱形人称代名詞の順番は肯定文と同じで、「再帰代名詞 ⇒ 間接目的人称代名詞 ⇒ 直接目的人称代名詞」の順番になります。 ☞ P.56 3）

Compra la chaqueta. ⇒ **Cómprala**.
上着を／それを買いなさい。 ⇒ túの命令、直接目的

Mire el reloj. ⇒ **Mírelo**.
時計を／それを見なさい。 ⇒ ustedの命令、直接目的

Escribamos a nuestra jefa. ⇒ **Escribámosle**.
上司に／彼女に手紙を書きましょう。 ⇒ nosotrosの命令、間接目的

Dadme esa hoja. ⇒ **Dádmela**.
その紙を／それを私にください。 ⇒ vosotrosの命令、間接目的、直接目的

Quítense los zapatos. ⇒ **Quítenselos**.
くつを／それをぬぎなさい。 ⇒ ustedesの命令、再帰、直接目的

「～しましょう」というnosotrosに対する命令で、次に間接目的のseが付く場合、語尾は-mossとはならず、-moseとなります。

Demos esa hoja a José. ⇒ **Démosela**.
その紙を／それをホセに／彼に渡しましょう。 ⇒ nosotrosの命令、間接、直接

2. 否定命令

「〜するな」「〜しないでください」という意味の否定命令は、tú, usted, nosotros, vosotros, ustedes のいずれの人称でも、接続法現在の活用形を使います。その際、目的人称代名詞や再帰代名詞は動詞の直前に置かれます。すなわち、普通の否定文で接続法現在の動詞を使うと、否定命令形になります。 ☞ P.166 7)

No **compres** la chaqueta ➡ No **la compres**.
上着を / それを買うな。 ➡ tú の命令

No **mire** el reloj. ➡ No **lo mire**.
時計を / それを見るな。 ➡ usted の命令

No **escribamos** a nuestra jefa. ➡ No **le escribamos**.
上司に / 彼女に手紙を書くのはやめましょう。 ➡ nosotros の命令

No me **deis** esa hoja. ➡ No **me la deis**.
その紙を / それを私に渡さないで。 ➡ vosotros の命令

No se **quiten** los zapatos. ➡ No **se los quiten**.
くつを / それをぬがないように。 ➡ ustedes の命令

¡OJO! 依頼表現

丁寧な依頼は、この項目で取り上げた命令表現ではなく、次のような表現を使います。いずれの場合も、過去未来のほうが現在より丁寧になります。 ☞ P.320 3)a) また、イントネーションや、…, por favor の有無によって、ニュアンスが大きく変わります。下の文はいずれも「窓を開けてください」という依頼です。

① ¿*Puedes* / *Podrías* abrir la ventana? ➡ tú に対する依頼

② ¿*Puede* / *Podría* abrir la ventana? ➡ usted に対する依頼

③ ¿*Quieres* / *Querrías* abrir la ventana? ➡ tú に対する依頼

④ ¿*Quiere* / *Querría* abrir la ventana? ➡ usted に対する依頼

⑤ ¿Te *importa* / *importaría* abrir la ventana? ➡ tú に対する依頼

⑥ ¿Le *importa* / *importaría* abrir la ventana? ➡ usted に対する依頼

6.7 接続法の時制

> **この項目の内容**
>
> 1. 接続法の使われる文の構成
>   1）単文　2）複文
> 2. 接続法現在　　　1）動詞の形　2）接続法現在の用法
> 3. 接続法現在完了　1）動詞の形　2）接続法現在完了の用法
> 4. 接続法過去　　　1）動詞の形　2）接続法過去の用法
> 5. 接続法過去完了　1）動詞の形　2）接続法過去完了の用法

接続法は、その名称が示すように、主として**主節に接続した従属節で使われる時制**です。従属節の時制は主節の時制によって変わります。この項目では、接続法のそれぞれの時制の使い方の概要をまとめてみましょう*。

* 接続法の活用は4.1を、詳しい用法は6.8〜6.11を参照してください。

1. 接続法の使われる文の構成

文には、主語と動詞の関係が1つだけある単文と、従属節を含む複文があります。接続法の動詞が使われるのは主に複文ですが、単文でも使うことができます。また2つ以上の単文や複文が結ばれた重文でも接続法が使われます。☞ P.241 5.4

1）単文

単文は多くの場合、直説法の動詞が使われますので、接続法が使われる構文は多くはありません。単文で接続法が使われる場合、その意味から次の3種類に分けることができます。☞ P.242 1.

（1）願望を表す文

　　Ojalá **pueda** ir a España este año. 今年スペインに行けるといいのに。

（2）疑念を表す文

　　Tal vez **llegue** el paquete mañana. 明日小包が着くかもしれない。

（3）usted, ustedes, nosotrosに対する肯定命令文と、すべての人称の否定命令文 ☞ P.325 (2) ☞ P.328 2.

Pase por aquí más tarde. 後ほどいらしてください。 ⇒ usted の肯定命令
No se lo **digas** a nadie. それを誰にも言わないで。 ⇒ tú の否定命令

2）複文

多くの複文の従属節で接続法が使われます。従属節には次の3種類があります。

（1）名詞節 ☞ P.339 6.9

Me alegro de **que estés con nosotros**.
君が私たちといっしょにいてくれてうれしい。

（2）形容詞節 ☞ P.351 6.10

No hay nadie **que me pueda ayudar**. 私を手伝える人はいない。

（3）副詞節 ☞ P.355 6.11

Te lo diré **cuando lo sepa**. それが分かったら君に言います。

2. 接続法現在

接続法現在は現在や未来の行為や状態を表します。

1）動詞の形 ☞ P.166 7) 活用

接続法現在では、規則的に活用する動詞、不規則活用の動詞があります。接続法現在の規則活用は次のようになっています。

・接続法現在の規則活用

	-ar動詞 hablar 話す	-er動詞 comer 食べる	-ir動詞 vivir 住む
yo	hable	coma	viva
tú	hables	comas	vivas
él	hable	coma	viva
nosotros	hablemos	comamos	vivamos
vosotros	habléis	comáis	viváis
ellos	hablen	coman	vivan

2）接続法現在の用法
（1）単文
単文で使われる接続法現在は、現在の願望や疑念等を表します。
☞ P.335 6.8

（2）複文
従属節に接続法が使われる文で次の場合は接続法現在を使います。

> 主節の動詞 ➡ 現在、現在完了、未来、未来完了のいずれか
> 従属節で表される事柄 ➡ 主節と同時点かそれ以降

次の例を見てみましょう。
　　Me alegro de que **vengas**. 君が来るのがうれしい。

```
主節
直説法現在         me alegro

従属節
接続法現在          vengas
```

上の図は、主節 me alegro 私が喜ぶ は発話時点（今）、従属節の vengas 君が来る はそれと同時、またはそれ以降であることを表しています。

3. 接続法現在完了

接続法現在完了は、主節の動詞が表す時点で完了している事柄を述べるために使われます。

1）動詞の形　☞ P.172 3. 活用
接続法現在完了の規則活用は次のようになっています。haya, hayas, haya 等の haber の活用形の部分はすべての動詞に共通ですが、過去分詞には規則的なものと、不規則のものがあります。

- **接続法現在完了の規則活用**

hablar 話す	comer 食べる	vivir 住む
haya hablado	haya comido	haya vivido
hayas hablado	hayas comido	hayas vivido
haya hablado	haya comido	haya vivido
hayamos hablado	hayamos comido	hayamos vivido
hayáis hablado	hayáis comido	hayáis vivido
hayan hablado	hayan comido	hayan vivido

2）接続法現在完了の用法

（1）単文

単文で使われる接続法現在完了は、完了した事柄についての願望や疑念等を表します。☞ P.335 6.8

（2）複文

従属節が接続法の文で次の場合は接続法現在完了を使います。

主節の動詞 ➡ 現在、現在完了、未来、未来完了のいずれか
従属節で表される事柄 ➡ 主節で表されている時より前

次の例を見てみましょう。
　Me alegro de que **hayas venido**. 君が来たのがうれしい。

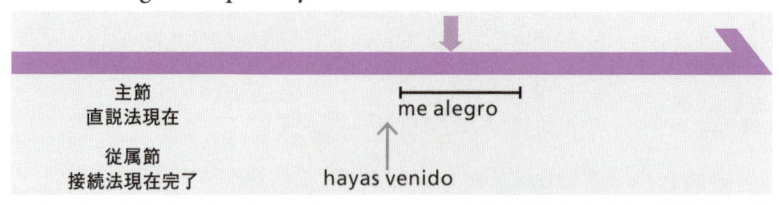

主節 直説法現在	me alegro
従属節 接続法現在完了	↑ hayas venido

上の図は主節の動詞 me alegro 私が喜ぶは発話時点（今）、従属節の動詞 **hayas venido** 君が来たはそれ以前であることを表しています。

4. 接続法過去

接続法過去は過去の行為や状態を表します。接続法には、点過去と線過去の区別はありません。

1）動詞の形

接続法過去では、規則的に活用する動詞、不規則活用の動詞があります。下の表のような ra 形のほかに、語尾が -ra の代わりに -se になる、se 形があります。☞ P.169 8)

• 接続法過去の規則活用（ra 形）

	-ar動詞 hablar 話す	-er動詞 comer 食べる	-ir動詞 vivir 住む
yo	hablara	comiera	viviera
tú	hablaras	comieras	vivieras
él	hablara	comiera	viviera
nosotros	habláramos	comiéramos	viviéramos
vosotros	hablarais	comierais	vivierais
ellos	hablaran	comieran	vivieran

2）接続法過去の用法

（1）単文

単文で使われる接続法過去は、現在の願望や疑念等を表しますが、接続法現在よりも可能性が低い場合に使われます。☞ P.336 1.

（2）複文

a）時制の一致 ☞ P.293 3.

従属節に接続法が使われる文で次の場合は接続法過去を使います。

主節の動詞 ➡ 点過去、線過去、過去完了、過去未来、過去未来完了のいずれか
従属節で表される事柄 ➡ 主節と同時点かそれ以降

次の例を見てみましょう。

　　Me alegré de que **vinieras**. 君が来るのがうれしかった。

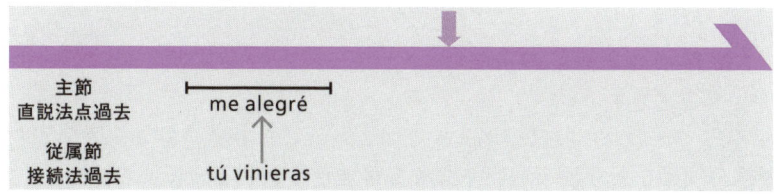

| 主節
直説法点過去 | me alegré |
| 従属節
接続法過去 | ↑
tú vinieras |

先のページの図は、主節の動詞 me alegré 私が喜んだ は発話時点（今）より前で、従属節の動詞 tú vinieras 君が来る は、それと同時あるいはそれ以降であることを表しています。

b）仮定

接続法過去は、また、今の事実に反した仮定「もし〜だったら」で使われます。

Si **vinieras**, me alegraría. (君は来ないけれど) もし来たらうれしいのに。

5. 接続法過去完了

接続法過去完了は主節の動詞が過去で、その時点で完了している事柄を述べるために使われます。

1）動詞の形　☞ P.172 3. 活用

接続法過去完了の動詞の規則活用は次のようになっています。**hubiese, hubieses** 等の **haber** の活用形の部分はすべての動詞に共通ですが、**hablado** 等過去分詞には規則的なものと、不規則のものがあります。下の表のような -se 形のほかに、語尾が -se の代わりに -ra になる、-ra 形があります。

• 接続法過去完了の規則活用（-se 形）

hablar 話す	comer 食べる	vivir 住む
hubiese hablado	hubiese comido	hubiese vivido
hubieses hablado	hubieses comido	hubieses vivido
hubiese hablado	hubiese comido	hubiese vivido
hubiésemos hablado	hubiésemos comido	hubiésemos vivido
hubieseis hablado	hubieseis comido	hubieseis vivido
hubiesen hablado	hubiesen comido	hubiesen vivido

2）接続法過去完了の用法

（1）単文　☞ P.335 6.8

単文で使われる接続法過去完了は、完了した事柄の願望や疑念等を表しますが、接続法現在完了よりも可能性が低い場合に使われます。

(2) 複文
a) 時制の一致 ☞ P.293 3.
従属節が接続法で次の場合は接続法過去完了を使います。

> 主節の動詞 ➡ 点過去、線過去、過去完了、過去未来、過去未来完了のいずれか
> 従属節で表される事柄 ➡ 主節で表されている時より前

次の例を見てみましょう。

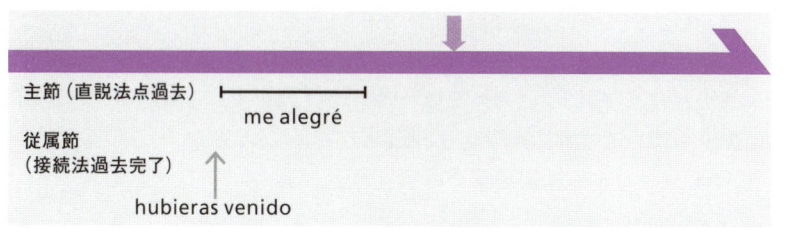

```
主節（直説法点過去）    ├── me alegré ──┤
従属節
（接続法過去完了）      ↑
              hubieras venido
```

上の図は、主節の動詞 me alegré 私が喜んだ は発話時点（今）より前で、従属節の動詞 tú hubieras venido 君が来た は、さらにそれ以前であることを表しています。

b) 仮定
接続法過去完了は、過去の事実に反した仮定「もし～だったら」で使われます。

> Si **hubieras venido**, me habría alegrado.
> （君は来なかったけれど）もし来ていたらうれしかったのに。

6.8 接続法：単文

> **この項目の内容**
> 1. 単文で使われる接続法
> 2. 願望を表す文　　1) que＋接続法現在　2) ojalá＋接続法
> 3. 疑念を表す文

接続法は主に複文で使われる法ですが、単文でも使われます。**接続法は主観を含めた表現で使われることが多く、単文で使われる場合は、願望や疑念を表す文になります**。接続法か直説法か、どの時制が使われるかには、表されている時のほかに、実現可能性など別の要因が影響してくる場合があります。また接続法は、命令でも使われます*。

* 命令で使われる接続法は ☞ P.324 6.6 を参照してください。

1. 単文で使われる接続法

単文で接続法が使われることは多くありません。主に次の3種類になります。
 a）願望を表す文
 b）疑念を表す文
 c）usted, ustedes で話す相手に対する肯定命令、nosotros の肯定命令、すべての人称の否定命令

このうち、a）と b）は接続法のすべての時制で、c）は接続法現在のみが使われます。a）と b）では、願望や疑念を表す quizá おそらくのような語を伴います。 P.325 (2) P.328 2.

2. 願望を表す文

接続法を使う願望を表す文には、「que＋文」と ojalá を伴う文の2種類があります。

1）que＋接続法現在

話し相手や第3者に対して、「～であるように」「～してほしい」「～すればいいのに」と言うときの表現です。アクセント記号のない que で、動詞は接続法現在を使います。次のような意味があります。

 a）話し相手に対して使う場合

話し相手に対して、「～であるように」という場合に使われます。名詞節の項目で扱う Espero que... の動詞が省略された意味と考えると分かりやすいでしょう。多くの場合主語は省略されます。これらの中には、決まり文句のように繰り返し使われる表現が多くあります。
 P.346 6)

Que **tengas** mucha suerte. 上手くいきますように。 ➡ tú
Que lo **pases** bien. 楽しく過ごしてね。 ➡ tú
Que **tenga** un buen día. 良い一日を。 ➡ usted
Que **se mejore**. お元気になりますように。 ➡ usted
Que **hagáis** buen viaje. 良いご旅行を。 ➡ vosotros

文法上の主語が話し相手ではない場合もあります。
>Que Dios te **acompañe**. 神のご加護を。 ➡ 主語は Dios
>Que **vaya** todo bien. すべてが上手くいきますように。 ➡ 主語は todo
>Que **aproveche**. 召し上がれ。 ➡ 食事中の人に言う決まり文句

b) 第3者に対して使う場合

話し相手以外の人について、「～さんが～ならいい」の意味で使われます。第3者に命令するという意味で間接命令とも呼ばれます。
>Si insiste tanto, que lo **haga** él mismo.
>>そんなに言い張るなら彼が自分でやればいいのに。

>Que **venga** a mi despacho si ella quiere hablar conmigo.
>>彼女が私と話したいなら、オフィスに来ればいい。

>Que no **hable** nadie, por favor. 誰も話さないようにお願いします。

2) ojalá + 接続法

「ojalá+文」で、「～であればいいのに」という意味で実現の可能性が低いときに使われます。以下に示すように、動詞は接続法のいろいろな時制が使われます。また「ojalá que+文」のように言われることもありますが、**que**の有無で意味は変わりません。

a) 接続法現在

まだ起こっていない事柄への願望を表します。
>Ojalá **haga** buen tiempo este fin de semana.
>>今週末良い天気ならいいけど。

>Ojalá **aprobemos** el examen. 私たちが試験に受かればいいけど。

b) 接続法現在完了

すでに起こっているが結果を知らない事柄についての願望を表します。
>Ojalá **haya preparado** ya la cena Luis.
>>ルイスがもう夕食を準備しているといいけど。

c) 接続法過去

実現不可能か、可能性が大変低い事柄についての願望を表します。
>Ojalá **pudieras** quedarte unos días más.
>>君がもう2、3日余分にいられればいいのだけれども。

d) 接続法過去完了

過去に起こった事実に反する願望を表します。

Ojalá no **hubiera dicho** que no.
私が断らなければ良かったのに（断ってしまった）。

¡Qué fiesta tan aburrida! Ojalá no **hubiera venido**.
退屈なパーティーだ。来なければ良かった。

3. 疑念を表す文

次のような疑念を表す副詞＊は、いずれも「多分」「おそらく」といった意味で、疑いの程度によって、直説法と接続法を使い分けます。**疑いの度合いが弱い場合は直説法、強い場合は接続法が使われます。**

quizás / quizá＊＊　tal vez　probablemente

＊　疑念を表す文でもa lo mejorは直説法の動詞を使います。
　　A lo mejor llegamos a tiempo de ver su actuación.
　　おそらく彼の出番には間に合うだろう。
＊＊　-sの有無によって意味も用法も変わりません。

a）直説法現在 / 接続法現在

発話時点で起こっている事柄や、未来の事柄について、「多分～だろう」の意味で使います。

El niño está muy caliente; quizá *tiene* / **tenga** fiebre.
この子は熱いね。熱があるのかもしれない。

Hace media hora que se fue; probablemente ya *está* / **esté** en casa. 彼は30分前に帰ったよ。もう家にいるだろう。

b）直説法現在完了 / 接続法現在完了

終わったばかりの事柄など、現在完了が使われる状況で、「多分～しただろう」の意味で使います。

A: ¿De quién es este paraguas?
B: Probablemente se lo *ha dejado* / **haya dejado** Felipe.
「この傘は誰のですか」「多分フェリペが忘れていったのだろう」

c）直説法点過去、線過去 / 接続法過去

過去に起こったこと、過去の状態について、「多分～しただろう」「多分～だっただろう」の意味で使います。

A: Ayer vi a Carmen en el centro. B: Tal vez *iba* / **fuera** al médico.
「昨日町でカルメンに会ったよ」「多分病院に行くところだったのだろう」

A: ¿Fuiste al concierto?
B: No. Yo no, pero tal vez *fue/ **fuera*** Lucía.
「コンサートに行ったかい」「いや、行かなかったけどルシアは行ったんじゃないかな」

d）直説法過去完了 / 接続法過去完了

過去のある時点より前に起こったことや状態について、「多分～しただろう」「多分～だっただろう」の意味で使います。

Cuando llegó a la estación tal vez *había salido /* ***hubiera salido*** ya el tren.
彼が駅に着いたときには、もう電車は出た後だっただろう。

6.9 接続法：名詞節

この項目の内容

1. **名詞節の構成と役割**
   1）名詞節の主語と不定詞の主語
   2）名詞節の文中での役割
2. **主語になる名詞節**　1）つなぎ動詞の主語になる名詞節
   2）gustar型の動詞の主語になる名詞節
3. **直接目的語として働く名詞節**
   1）文の構成
   2）動詞の意味による使い分け
   3）肯定か否定かによる使い分け
   ¡OJO!　動詞 decir の従属節の時制
4. **補語になる名詞節**　1）動詞の補語　2）名詞の補語
   3）形容詞の補語

　名詞節は文中で名詞の役割をする節です。文中で、主語、直接目的語、補語などの働きをしますが、主節の動詞の意味や時制によって、名詞節の動詞が**接続法**か**直説法**かが決まってきます。名詞節で接続法が使われるのは、主観や感情を込めた表現、否定など、一定の傾向がありますが、はっきりとした分類はできないため、この本では、意味的にではなく、名詞節の文中での役割別にまとめてあります。

1. 名詞節の構成と役割

名詞節は、接続詞 que を用いて作られます。文中で名詞と同じような役割を果たしますが、名詞節が使われるのは一般に従属節の主語が動詞の不定詞では表せない場合になります。☞ P.242 2. 1)

1) 名詞節の主語と不定詞の主語

文の主語や直接目的語になる要素で、動詞を使った表現には、名詞節のほかに、動詞の不定詞があります。

(1) 不定詞 ☞ P.190 2.

動詞の不定詞は主語が不定なので、その行為をその文全体の意味から想定したものになります。従属節の主語が一般的な人である場合や、主節の主語や目的語と同じ人の場合に使われます。

　　Es interesante ir de *camping*. キャンプに行くのは面白い。
　　➡ ir de *camping* の行為者は、一般的な「人」
　　Mi hijo quiere ir de *camping*. 私の息子はキャンプに行きたがっている。
　　➡ ir de *camping* の行為者は主動詞 querer の主語と同じ mi hijo
　　Les gusta ir de *camping*. 彼らはキャンプに行くのが好きだ。
　　➡ ir de *camping* の行為者は、les で表されている「彼ら」すなわち ellos

(2) 名詞節

主語が主節の意味から想定される主語ではない場合に使います。

　　Mi hijo quiere que su hermana **vaya** de *camping* con él.
　　私の息子は姉にいっしょにキャンプに行って欲しい。 ➡ 主語は su hermana
　　Les gusta que nosotros **vayamos** de *camping* con ellos.
　　彼らは私たちが彼らとキャンプに行くのが好きだ。 ➡ 主語は nosotros

2) 名詞節の文中での役割

名詞節は、名詞句同様、文中で主語、目的語等さまざまな役割を果たします。接続法が使われる名詞節を文中の役割によって分類すると、次の3つに分けることができます。 ☞ P.242 2. 1)

　a) 主語になる名詞節
　b) 直接目的語になる名詞節
　c) 補語になる名詞節

2. 主語になる名詞節

さまざまな文が名詞節を主語とすることができます。

1) つなぎ動詞の主語になる名詞節 ☞ P.176 2.

つなぎ動詞のser, estarやparecerはしばしば名詞節が主語になります。次の文を見てみましょう。

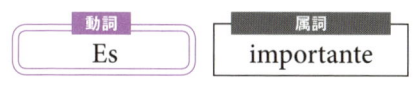

主語 que seas puntual
動詞 Es　**属詞** importante

君が時間を守ることは大切だ。

このような構文では、属詞として働く形容詞句や名詞句（ここではimportante）の意味によって、名詞節の動詞（ここではseas）が直説法か接続法かが決まります。

(1) 基本的な用法

「〜することが大切だ」のように、形容詞importanteを使った場合、次のような語が主語になります。

- Es importante **la puntualidad**. 時間を守ることが大切だ。
    - ➡ la puntualidadは名詞句。一般的な概念として述べる
- Es importante **ser puntual**. 時間を守ることが大切だ
    - ➡ serは不定詞。特定の人ではなく、一般的な人について述べる
- Es importante **que seas puntual**.
    君が時間を守ること/時間に几帳面であることが大切だ。
    - ➡ seasは接続法。具体的な人についてのみ述べる

(2) さまざまな時制

a)「〜したことが大切だ」のように、従属節で表されている行為が発話時点（今）より前に行われた場合、接続法現在完了になります。「〜であったことが大切だ」のように、従属節が過去の状態を表す場合は、接続法過去を使います。

Es importante que **hayas sido** puntual.
君が時間を守ったことが大切だ。 ➡ 接続法現在完了

Es importante que **fueras** puntual.
君が時間に几帳面であったことが大切だ。 ➡ 接続法過去

b）主節の動詞が過去の場合、従属節の動詞も時制の一致により、変化します。☞ P.293 3.

Es importante que seas puntual.
➡ Era importante que **fueras** puntual.
君が時間を守ること／君が時間に几帳面であることが大切だった。 ➡ 接続法過去

（3）属詞による直説法、接続法の使い分け

従属節で接続法を使うか、直説法を使うかは、属詞となる形容詞や名詞の意味によります。

a）常に接続法をとる形容詞や名詞

次のような語が属詞となったとき、**importante**同様、主語となる従属節の動詞は接続法になります。主に話者の判断を表す表現です。

・形容詞

conveniente 都合が良い	deseable 望ましい	ideal 理想的な
indispensable 不可欠な	inútil 無駄な	lamentable 嘆かわしい
lógico もっともな	mejor より良い	natural 自然な
necesario 必要な	normal 当然な	posible 可能な
preferible 好ましい	prohibido 禁じられた	raro 変な

・名詞

lástima 残念	mentira 嘘	vergüenza 恥

Es lógico que la gente ya no **vote** a ese partido.
人々がその政党にはもう投票しないのは当然だ。

Es necesario que todos **hayan leído** los capítulos anteriores.
皆がその前のチャプターを読んでいることが必要だ。

Era una pena que Pepe **dejara** la universidad.
ペペが大学を辞めたのは残念だった。

上の表の多くの形容詞は**ser**の属詞になりますが、**parecer**や**estar**の属詞になる語もあります。

Parece mentira que no lo **conozcas**.
君が彼を知らないなんて信じられない。

Está prohibido que los estudiantes **usen** dispositivos electrónicos en el aula.
学生が電子機器を教室で使うことは禁止されている。

b）肯定文では直説法、否定文では接続法をとる形容詞や名詞
　次のような語が属詞となったとき、従属節の動詞は、肯定文では直説法、否定文では接続法になります。主に事実を確認する表現です。

• 形容詞

cierto 確かな	claro 明らかな	demostrado 証明されている
evidente 明らかな	innegable 否定できない	indiscutible 議論の余地がない
obvio 明らかな	seguro 確実な	

• 名詞

verdad 真実

Era demasiado evidente que ella no **tenía** ni idea del tema.
彼女がそのテーマを全然知らないのは明らかすぎるほど明らかだった。　➡ 直説法

No es tan evidente que su amigo le **haya engañado**.
彼の友人が彼を騙したとそれほどはっきりしているわけではない。　➡ 接続法

No es cierto que le **haya dicho** que no quiero hacer el trabajo.
僕が彼に、その仕事をやりたくないと言っただなんて本当ではない。　➡ 接続法

2）gustar 型の動詞の主語になる名詞節
（1）基本的な用法
　動詞 gustar は、「好きなもの」を主語、好きだと思っている人を間接目的語として表します。gustar 型の動詞は、名詞節を主語にすることができます。☞ P.216 2)(3)

A mí me gusta que **aclares** las dudas conmigo.
私は君が私に聞いて疑問を解決するのが好きだ。

（2）さまざまな時制

a) 「〜したことが好きだ」のように、従属節で表されている行為が発話時点（今）より前に行われた場合、接続法現在完了になります。「〜であったことが好きだ」のように、従属節が過去の状態を表す場合は接続法過去を使います。

A mí me gusta que **hayas hecho** muchos amigos en el viaje.
私は君が旅行でたくさん友人を作ったことが好きだ。 ➡ 接続法現在完了

A mí me gusta que **tuvieras** muchos amigos en esa época.
私は君がその当時たくさん友人を持っていたことが好きだ。 ➡ 接続法過去

b) 主節の動詞が過去の場合、従属節の動詞も時制の一致により、変化します。

A mí me gustó que **hubieras hecho** muchos amigos en el viaje.
私は君が旅行でたくさん友人を作ったことが好きだった。 ➡ 接続法過去完了

（3）名詞節を主語とする動詞

gustar型のほかの動詞も名詞節を主語とすることができます。
☞ P.218 6)

No le importa que lo **llames** por teléfono.
君が彼に電話することを彼は気にしない。

Me interesa que me **conozcan**. 私は自分を知ってもらうことが有益だと思う。

Me sorprendió que no **hubieras podido** terminarlo a tiempo.
君が時間内に終了できなかったことが私には驚きだった。

3. 直接目的語として働く名詞節

名詞節は文の直接目的語として働くことができます。
1）文の構成
（1）基本的な用法
名詞節を直接目的語とする文は次のような構成になっています。

```
        主語
         Yo
動詞              直接目的
quiero        que seas puntual.
```

Yo quiero que seas puntual.
私は君に時間を守ってほしい。

a) 主動詞が間接目的語を伴わない場合

「〜を残念に思う」の意味の動詞 **sentir** は、感情を表していて、次のような語が目的語として働きます。主節の主語が従属節の主語と異なる場合接続法が使われます。

　　　Siento **la muerte de su padre**.
　　　私は彼のお父さんが亡くなったことを残念に思う。 ⇒ 名詞句
　　　Siento **no poder ir**. 私は行けないことが残念だ。 ⇒ 不定詞
　　　Siento que Ana no **pueda** ir.
　　　私はアナが行けないことを残念に思う。 ⇒ 接続法現在

b) 主動詞が間接目的語を伴う場合

主動詞が間接目的語を伴う場合は、直接目的語が不定詞であっても、その主語は間接目的語で表されている人だと想定することができます。多くの場合、名詞節を使うことも不定詞を使うこともできます。

　　　Te pido que **vayas**. 君に行くことをお願いする。 ⇒ 接続法
　　　= Te pido ir. ⇒ 不定詞

（2）さまざまな時制

a)「〜したことが残念だ」のように、従属節で表されている行為が発話時点（今）より前に行われた場合、接続法現在完了になります。「〜であったことが残念だ」のように、従属節が過去の状態を表す場合は、接続法過去を使います。

　　　Siento que Ana no **haya podido** ir.
　　　私はアナが行けなかったことが残念だ。 ⇒ 接続法現在完了
　　　Siento que Ana **estuviera** sola.
　　　私はアナが1人でいたことが残念だ。 ⇒ 接続法過去

b) 主節の動詞が過去（線過去、点過去等）の場合、従属節の動詞も時制の一致により、変化します。

　　　Yo sentía que Ana no **pudiera** ir.

私はアナが行けないことを残念に思っていた。 ➡ 接続法過去

Yo sentía que Ana no **hubiera podido** ir.
私はアナが行けなかったことを残念に思っていた。 ➡ 接続法過去完了

2）動詞の意味による使い分け

従属節に接続法をとる動詞は次のような語があります。

a）感情を表す動詞

disfrutar 楽しむ　　　　lamentar 残念に思う　　　odiar 憎む
sentir* 残念に思う　　　temerse 恐れる　　　　　tolerar 我慢する

* sentirは「〜を感じる」の意味では肯定文では直説法が、否定文では接続法が使われます。

Me temo que no **vaya** a ser posible alcanzar la meta.
ゴールに到達するのは可能ではないのではないかと恐れる。

No toleraba que no **cumplieras** con tus obligaciones.
君が義務を果たさないのは我慢ができなかった。

b）願望を表す動詞

esperar 期待する*　　　　preferir より好む　　　　querer 〜して欲しい

* esperarは前置詞aを伴わない場合は「期待する」、aを伴う場合は「待つ」の意味になります。

Espero que te **guste**. 君が気に入ると良いんだけれど。
Espero a que **llegues**. 君が到着するのを待つ。
Queremos que **hagan** más guarderías en la ciudad.
私たちはこの都市にもっと保育園を作ってほしい。

c）疑惑を表す動詞

dudar 疑う

Dudo que **cumplan** sus promesas. 彼らが約束を守るとは思えない。
否定命令では、直説法が使われます。
No dudes que Marta **es** capaz. マルタに能力があることを疑うな。

d）提案を表す動詞：間接目的語を伴う

aconsejar 勧める　　　　proponer 提案する　　　　recomendar 推薦する

Te aconsejo que **visites** Kioto cuando vayas a Japón.
=Te aconsejo **visitar** Kioto cuando vayas a Japón.
日本に行ったら京都に行くことを勧めるよ。

e) 依頼や命令を表す動詞：間接目的語を伴う

exigir 要求する　　　indicar 指示する　　　mandar 命じる
obligar 強制する　　ordenar 命じる　　　　pedir 依頼する
rogar 懇願する　　　suplicar 嘆願する

Le han pedido que no **mencione** ese tema en la reunión.
彼は会議でそのテーマを持ち出さないように頼まれた。

Nos obligó a que **firmáramos** un contrato.
彼は私たちに契約書にサインをするように強制した。

El policía me exigió que le **mostrara** mi carné de conducir.
警察は私に運転免許証を見せるように要求した。

f) 許可や禁止などを表す動詞：間接目的語を伴う

dejar 許可する　　　hacer 〜させる*　　　impedir 阻止する
perdonar 許す　　　permitir 許可する　　prohibir 禁ずる
decir** 〜するように言う

* hacerの使役用法　☞ P.220 3)
** decir ☞ P.349 ¡OJO!

El mal tiempo ha hecho que **se cancelen** muchos vuelos.
 = El mal tiempo ha hecho cancelar muchos vuelos.
悪天候で多くの空の便が欠航した。

No te perdono que **te olvidaras** de mi cumpleaños.
私の誕生日を忘れたことは許さないからね。

El médico me ha prohibido que **beba** alcohol.
医者は私にアルコールを飲むことを禁じた。

3) 肯定か否定かによる使い分け

(1) 基本的な用法

「考える」「信じる」の意味の動詞creerは、否定文では接続法を、肯定文では直説法を使います。

Creo que **va** a hacer muy buen tiempo mañana.
明日はとても良い天気になると思う。

No creo que **vaya** a hacer muy buen tiempo mañana.
明日はとても良い天気になるとは思わない。

(2) さまざまな時制

a) 「～したとは思わない」のように、従属節で表されている行為が発話時点（今）より前に行われた場合、接続法現在完了になります。「～であったとは思わない」のように、従属節が過去の状態を表す場合は、接続法過去を使います。

No creo que ella lo **haya** entendido.
私は彼女がそれを理解したとは思わない。 ➡ 接続法現在完了

No creo que ella **viviera** en España en aquella época.
私は彼女がその当時スペインに住んでいたとは思わない。 ➡ 接続法過去

b) 主節の動詞が過去（線過去、点過去等）の場合、従属節の動詞も時制の一致により、変化します。

No podía creer que Juana no **hablara** alemán.
私はファナがドイツ語を話せないのが信じられなかった。 ➡ 接続法過去

c) 否定命令は、直説法になります。

No creas que estoy enfadada.
私が怒っていると思わないでね。

(3) 肯定文で直説法、否定文で接続法が使われるほかの表現

- **parecer** 思われる
  名詞節は主語になり、間接目的語で思う人を表します。
  No me parece que **sea** caro. 私にはそれが高いとは思えない。

- **saber** 知る
  no saber que ～を知らない は接続法をとります。**no saber si** ～かどうか知らないや「**no saber + 疑問詞**」では直説法になります。 ☞ P.85 3)(1)
  No sabía que **fuera** tan inteligente.
  彼がそんなに頭が良いなんて知らなかった。

- **sentir** 感じる
  「残念に思う」の意味では常に接続法をとりますが、「感じる」の意味では肯定文では直説法、否定文では接続法になります。
  Sentía que llegaba la primavera. 春の訪れを感じていた。 ➡ 直説法
  No sentía que llegara la primavera.
  春の訪れを感じていなかった。 ➡ 接続法

> **¡OJO!** 動詞decirの従属節の時制
>
> 「言う」という意味の動詞decirは、直説法と接続法の使い分けが少し複雑です。まとめてみましょう。
>
> **1）肯定文**
>
> a）「～であると言う」直説法
> Te dije que Enrique **venía** conmigo.
> エンリケが私といっしょに来ると私は君に言った。
>
> b）「～するように言う」接続法
> Te dije que **vinieras** conmigo.
> 私は君に一緒に来るように言った。
>
> **2）否定文**
>
> 否定文ではa）もb）も接続法なので、意味は状況等で判断します。
>
> a）「～であると言わない」接続法
> No te dije que Enrique **viniera** conmigo.
> エンリケが私といっしょに来ると私は君に言わなかった。
>
> b）「～するように言わない」接続法
> No te dije que **vinieras** conmigo.
> 私は君にいっしょに来るように言わなかった。

4. 補語になる名詞節

名詞節は前置詞を伴って、動詞、名詞、形容詞の補語として使われます。

1）動詞の補語

動詞の補語となる名詞句では、直接目的語となる名詞句同様、主動詞が感情等を表す場合、接続法を使います。次の例のように、名詞節は、名詞句や不定詞と同じように使うことができます。

a) Desconfío de su sinceridad. 私は彼の誠実さを怪しむ。 ➡ 名詞句
b) Desconfío de poder hacerlo.
  私は自分がそれができないのではないかと怪しむ。 ➡ 不定詞
c) Desconfío de que ellos **hayan podido** hacerlo.
  私は彼らがそれができたということを怪しむ。 ➡ 名詞節

6.9 接続法：名詞節

次のような動詞の補語として働く場合接続法が使われます。

alegrarse de ～を喜ぶ	asombrarse de ～に驚愕する
contentarse con ～で満足する	desconfiar de ～を怪しむ
extrañarse de ～を不審に思う	sorprenderse de ～に驚く

Se extrañaron de que el hotel no **tuviera** aire acondicionado.
彼らはホテルにエアコンがないのを不審に思った。

Me alegré mucho de que **vinieran** tus hermanas.
君の兄弟が来ることがとてもうれしかった。

Se sorprendió de que los precios **hubieran subido** tanto.
彼は物価がこんなに上がったことに驚いた。

2）名詞の補語

名詞節は、前置詞 de を伴って、名詞の補語として働きます。感情や可能性、未来の時等を表す名詞を修飾する場合接続法が使われます。

Tengo miedo de que no **pueda** llegar a tiempo.
私は時間通りに着くことができないのではないかと恐れている。

ほかに次のような名詞の補語になる場合は接続法が使われます。多くは感情を表す名詞ですが、事実や可能性を表す名詞もあります。

alegría 喜び	duda 疑い*	esperanza 期待
hecho 事実	oportunidad 機会	posibilidad 可能性

* 否定文では直説法になります。

Existe la posibilidad de que **vayamos** a Italia este verano.
この夏に私たちはイタリアに行く可能性がある。

No pierdo la esperanza de que **encuentre** trabajo pronto.
すぐに仕事が見つかるという希望を失わない。

El hecho de que **se niegue** a contestar demuestra que es el culpable.
答えを拒否するということは、彼が犯人の証拠だ。

次のような時を表す名詞は、未来を表す場合接続法が使われます。

hora 時	momento 時

Es hora de que **te acuestes**. もう寝る時間ですよ。

3）形容詞の補語

名詞節は、前置詞を伴って形容詞の補語として働きます。形容詞 **contento** 〜がうれしいや、**convencido** 〜と信じているがこの例です。

a）Estoy contento de su llegada. 私は彼の到着がうれしい。 ➡ 名詞句
b）Estoy contento de haber llegado aquí.
　　私はここに自分が到着してうれしい。 ➡ 不定詞
c）Estoy contento de que Ema **haya llegado**.
　　私はエマが到着してうれしい。 ➡ 名詞節

6.10 接続法：形容詞節

この項目の内容
1. 形容詞節の構成と役割
2. 形容詞節の先行詞
　　1）必ず接続法が使われる先行詞
　　2）意味によって法が決まる先行詞

文中で形容詞の働きをする節は形容詞節です。関係詞を伴うため関係節とも呼ばれます。形容詞節は主に名詞修飾の働きをしますが、動詞が直説法で使われる場合と、接続法で使われる場合があります。

1. 形容詞節の構成と役割

形容詞節は次のような関係詞を用いて作られ、主に名詞を修飾して使われます。 ☞ P.243 2)　☞ P.277 5.7

- 関係代名詞 ➡ que, cual, quien
- 関係形容詞 ➡ cuyo, cuanto
- 関係副詞 ➡ donde, cuando, como

　No tengo abrigos que me **gusten**. 好きなコートは持っていない。
　Este no es el barrio donde se ha criado.
　　ここは彼が育った地域ではない。

quien, donde cuando como には先行詞を含む用法があります。
　Por favor, vengan quienes **puedan**. 来られる方は来てください。
形容詞節では、直説法が使われる場合、接続法が使われる場合があ

ります。形容詞節が修飾する名詞（先行詞）の種類によって次の2つに分けることができます。
- 必ず接続法が使われる先行詞
- 直説法が使われるか、接続法が使われるかで意味が異なる先行詞

2. 形容詞節の先行詞

1）必ず接続法が使われる先行詞

先行詞によっては、関係節の動詞が必ず接続法になる場合があります。次のような先行詞です。

（1）否定の意味を表す先行詞

否定の意味を表す語が、先行詞になった場合、その内容を具体的に知っていることはありえないので、常に接続法が使われます。次のような不定語や、不定語を伴った名詞です。 ☞ P.76 6)　☞ P.77 7)

nadie	誰も〜ない
nada	何も〜ない
ninguno, ninguna	ningún libro 本が何もない ➡ 形容詞用法
	ninguno 誰もいない人、何もない物 ➡ 代名詞用法

No conozco a nadie que **hable** árabe.
アラビア語を話す人を私は誰も知らない。

No nos sirvieron nada que nos **gustara**.
私たちが好きなものは何も出されなかった。

No encontramos ningún hotel que **aceptara** mascotas.
ペット可のホテルはひとつも見つからなかった。

（2）「〜なら何でも」の意味を表す先行詞

次のような語は「〜なら誰でも/何でも」の意味です。このような語が先行詞になる場合は、常に接続法が使われます。 ☞ P.81 11)

cualquier	どんな〜でも*	cualquiera	何でも
comoquiera	どんなふうでも	cuandoquiera	いつでも
dondequiera	どこでも	quienquiera	誰でも

* cualquier libro「どんな本でも」のように、名詞を伴って使われます。

En esta época del año dondequiera que **vayas** habrá mucha gente. 1年のこの時期にはどこに行っても人が多いよ。

Quienquiera que **llegue** tarde tendrá que esperar en el pasillo. 遅く着いた人は誰でも廊下で待っていなければいけない。

El pescado fresco comoquiera que lo **prepares** está bueno.
新鮮な魚はどんな方法で調理してもおいしい。

2）意味によって法が決まる先行詞
（1）基本的な用法
1）に取り上げた以外の語が先行詞の場合は、直説法を使うか接続法を使うかによって意味が異なります。一般に、先行詞で表されている語が何を指しているか話し手が特定できる場合は直説法、そうでない場合は接続法になります。次の例を見てみましょう。

a）エバが買う本が何であるか話し手が知っている場合
　el libro que **compra** Eva　エバが買う本 ➡ 直説法
b）エバが買う本が何であるか話し手が知らない場合
　el libro que **compre** Eva　エバが買う本 ➡ 接続法
c）エバが買ったばかりの本が何であるか話し手が知っている場合
　el libro que **ha comprado** Eva　エバが買った本 ➡ 直説法
d）エバが買ったばかりの本が何であるか話し手が知らない場合
　el libro que **haya comprado** Eva　エバが買った本 ➡ 接続法
e）エバが買った本が何であるか話し手が知っている場合
　el libro que **compró** Eva　エバが買った本 ➡ 直説法

（2）先行詞を含まない関係詞
先行詞が特定されている場合は直説法、そうでない場合、未知の場合は接続法になります。名詞が特定されているかどうかは、定冠詞の有無や、直接目的語の場合は前置詞aの有無でも表すことができます。
☞ P.37 2.　☞ P.229 2.

Busco al estudiante que **ha dado** el discurso.
スピーチをしたその学生を探している。 ➡ 直説法

Busco un estudiante que **haya dado** un discurso.
スピーチをした学生を1人探している。 ➡ 接続法

Me han regalado una cosa que **sirve** para llevar el móvil.
携帯を持ち運ぶのに役に立つものをプレゼントされた。 ➡ 直説法

6.10 接続法：形容詞節

Dame algo que **sirva** para abrir esta caja.
この箱をあけるために役に立つものを何かください。 ⇒ 接続法

（3）先行詞を含む関係詞

関係詞が先行詞を含む次のような場合も、特定されているかいないかで、直説法と接続法を使い分けます。

- Voy a donde me **has dicho**. 君が言った場所に行きます。 ⇒ 直説法
  Voy a donde me **digas**. 君が言う場所に行きます。 ⇒ 接続法
- Estas hojas son para quienes **han presentado** ya los documentos requeridos.
  これらの紙は必要な書類を出した人（特定）のためのものです。 ⇒ 直説法
- Estas hojas son para quienes **hayan presentado** ya los documentos requeridos.
  これらの紙は必要な書類を出した人（不特定）のためのものです。 ⇒ 接続法
- Te lo di cuando te **vi**. 君に会ったときにそれを渡したよ。 ⇒ 直説法
  Te lo doy cuando **quieras**. 君が良いときにいつでもそれを渡すよ。 ⇒ 接続法

（4）先行詞が省略された場合

先行詞の名詞が省略された次のような表現も同様です。

Se lo di al que **vino** a recogerlo.
それを取りに来た人（特定）に渡した。 ⇒ 直説法 P.45 5.

Dáselo al que **venga** a recogerlo.
それを取りに来る人（不特定）に渡しなさい。 ⇒ 接続法

Haré todo lo que me **has dicho**.
君が私に言ったこと（既知）は何でもやります。 ⇒ 直説法 P.46 6.

Haré todo lo que me **digas**.
君が私に言うこと（未知）は何でもやるよ。 ⇒ 接続法

6.11 接続法：副詞節

> **この項目の内容**
> 1. 副詞節の役割
> 2. 時を表す副詞節　　　1）接続法を使う表現　2）時制による使い分け
> 　　　　　　　　　　　　3）意味による使い分け
> 3. 理由を表す副詞節　　1）直説法を使う表現　2）接続法を使う表現
> 4. 条件、仮定を表す副詞節　1）接続法を使う表現　2）意味による使い分け
> 5. 様態を表す副詞節　　1）接続法を使う表現　2）意味による使い分け
> 6. 譲歩を表す副詞節　　1）直説法を使う表現　2）接続法を使う表現
> 　　　　　　　　　　　　3）意味による使い分け
> 7. 目的を表す副詞節
> 8. 結果を表す副詞節

　文中で副詞の働きをする節を副詞節と呼びます。副詞節は接続詞等の文を接続する語句を伴って作られ、時、理由、条件、様態、譲歩、結果、目的等を表します。副詞節は複文の従属節として働きますが、従属節の動詞が直説法になるか接続法になるかは、接続詞の種類や、動詞の時制等によって決まります。

1. 副詞節の役割　P.244 3)

　副詞節は従位接続詞等を用いて作られ、文中で状況補語として働きます。従位接続詞には次のような語があります。
- 時を表す接続詞 ➡ cuando, conforme, mientras…
- 理由を表す接続詞 ➡ porque, como, pues
- 条件を表す接続詞 ➡ si, como
- 様態を表す接続詞 ➡ aunque

2. 時を表す副詞節　P.275 1)

　時を表す副詞節では、一般に未来の事柄や不確定な事柄では接続法が、過去や確定している事柄では直説法が使われます。

6.11 接続法：副詞節

1) 接続法を使う表現

- **antes de que**

  antes de que は「〜の前に」の意味で、いつでも接続法を使います。

  Vámonos antes de que **empiece** a llover. 雨が降り始める前に行こう。

  Pudimos llegar a casa antes de que **empezara** a llover.
  私たちは雨が降り始める前に到着することができた。

2) 時制による使い分け

現在や過去の内容を表す場合は直説法、これから起こるだろう事柄を表す場合は接続法を使います。

(1) cuando, en cuanto

接続詞 **cuando** は「〜のとき」、**en cuanto** は「〜するとすぐに」の意味で、次のように使います。

Cuando **llegó** a Madrid, me llamó.
彼はマドリッドに着いたとき私に電話した。 ➡ 直説法

Cuando **llegues** a Madrid, llámame.
マドリッドに着いたら電話してください。 ➡ 接続法

En cuanto **terminó** la carrera, se fue a Londres.
彼は大学を卒業するとすぐにロンドンに行った。 ➡ 直説法

En cuanto **termine** la carrera, se va a Londres.
彼は大学を卒業するとすぐにロンドンに行く予定です。 ➡ 接続法

(2) 時を表すほかの接続表現

次のような表現が同じような使い方をします。

apenas	〜するとすぐ	mientras	〜の間
tan pronto como	〜するとすぐ	desde que	〜から
para cuando	〜するまでに	hasta que	〜まで
según	〜に従って	después de que	〜より後に
conforme	〜に従って	una vez que	一旦〜すると

Abriremos las botellas de vino mientras **lleguen** los invitados.
招待客が到着しつつある間に、ワインのボトルを抜こう。 ➡ 接続法

Nos quedaremos hasta que **vuelvan** sus padres.
彼女の両親が帰って来るまでここにいよう。 ➡ 接続法

Comenzó la música apenas **llegaron** los invitados.
招待客が着くやいなや音楽が始まった。 ➡ 直説法

Les indicaban dónde sentarse conforme **iban** llegando los invitados.
招待客が着くに従って座るところを指定していった。 ➡ 直説法

(3) 過去で使われる接続法
過去の事象でも接続法が用いられることがあります。

Dos años después de que **ocurriera** el terremoto, mucha gente seguía sin hogar.
地震の2年後も、多くの人は家を失ったままだった。

3) 意味による使い分け

- siempre que

siempre que は、時を表し「〜するときはいつも」の意味の場合、現在や過去では直説法、未来では接続法を使います。条件を表し「〜する限り」の意味では常に接続法になります。

Siempre que **estuviera** el jefe fingía estar trabajando.
彼は上司がいると働いているふりをしていた。 ➡ 接続法

3. 理由を表す副詞節　P.276 2)

1) 直説法を使う表現
理由を表す副詞節では一般に直説法を使います。

(1) 接続詞
次のような接続詞を使います。

| porque | なぜなら | pues | なぜなら |

porque と pues は同じような使い方をしますが、pues は軽い感じで理由を付け加えるニュアンスです。

No pude comprarlo porque no **llevaba** dinero.
お金を持っていなかったのでそれを買えなかった。

No pude comprarlo, **pues** no **llevaba** dinero.
お金を持っていなかったのでそれを買えなかった。

（2）理由を表すほかの表現

次のような表現も、理由を表す副詞節になり、直説法を使います。

puesto que	～なので	dado que	～なので
ya que	～なので	debido a que	～が原因で

Alquilamos un apartamento, dado que los hoteles **eran** muy caros.　ホテルはとても高かったのでアパートを借りた。

Ya que no **tienes** ganas de estudiar, al menos ayúdame a hacer la cena.　勉強したくないなら、少なくとも夕食の支度を手伝いなさいよ。

（3）como

接続詞 como は理由を先に述べるときに使います。　P.276 3) 4)

Como no llevaba dinero, no pude comprarlo.
お金を持っていなかったので私はそれを買えなかった。

2）接続法を使う表現

- no porque…

porque の前に no を置き、副詞節の動詞に接続法を使うと、「～だからといっても」という意味になります。

No porque le **ruegues**, vas a conseguir que venga.
彼に懇願したからと言っても、彼に来させることはできないよ。

Se lo comió porque la obligaron, no porque le **gustara**.
それを食べたのは無理強いされたからで、好きだったからではない。

4. 条件、仮定を表す副詞節　P.276 3)

条件や仮定を表す副詞節では多くの場合接続法が使われます。「もし」の意味の si は、どんな条件を述べるかによって法が決まります。

1）接続法を使う表現
（1）como

como は、接続法を伴い「～したら」の意味で条件を表します。

Como **sigas** trabajando así, acabarás enfermando.
そんな風に働き続けていたら病気になるよ。

（2）条件を表すほかの表現
次のような表現も、条件を表す副詞節を作ります。

a condición de que	～という条件で	con tal (de) que	～しさえすれば
a no ser que	～でないならば	en caso de que	～の場合は
con que	～すれば	siempre que	～する限り

Suele volver sobre las siete, a no ser que **tenga** una reunión.
会議がない限り普通7時頃には帰る。

Puedes usar las fotos, a condición de que **menciones** el autor.
作者の名前を書くなら写真を使っても良いです。

Te lo prestaré, siempre que **prometas** devolvérmelo.
返してくれると約束するなら、それを貸してあげよう。　➡ 接続法

2）意味による使い分け

接続詞 si は「もし～なら」という意味の副詞節を作ります。使われている時制によって意味が違います。si で始まる従属節では、直説法未来と、接続法現在の形は使われません。

（1）接続詞 si を使った現在や過去の条件や仮定
現在、未来、過去の条件や仮定では、直説法が使われますが、未来の意味では直説法現在が使われます。

Si **quieres**, te lo envío por correo electrónico.
もしよかったらメールで送りますよ。

Si **trabajabas** en esa empresa, seguramente lo conoces.
君がその会社で働いていたなら、彼を知っているに違いない。

（2）接続詞 si を使った、事実に反する仮定を表す副詞節
接続詞 si は、事実に反する仮定や、ほとんど可能性のない仮定を表す場合は、接続法過去や過去未来を伴います。

　a）接続法過去
現在の事実に反する仮定、ほとんど可能性のないことを表す場合、接続法過去を用います。「～なのに」「～だったのに」を続ける場合は、

それぞれ、直説法過去未来、過去未来完了を使います。
☞ P.321 4)　☞ P.323 3)

　　Si **tuviera** más tiempo libre, estudiaría otro idioma.
　　もっと時間があったら、別の言語を勉強するのに。

　　Si no **fuera** tan tímido, habría hecho muchos amigos cuando estuvo en España.
　　これほど引っ込み思案でなかったら、スペインにいたときもっとたくさん友人を作っただろうに。

b）接続法過去完了
　過去の事実に反する仮定を表す場合、接続法過去完了を用います。「〜なのに」「〜だったのに」を続ける場合は、それぞれ、直説法過去未来、過去未来完了を使います。

　　Si **hubieran encontrado** un apartamento barato, no vivirían con sus padres.
　　もし安いアパートを見つけていたら、今両親と一緒に住んでいないだろうに。

　　Si lo **hubiera explicado** mejor, todos lo habríamos entendido.
　　もっと上手に説明していたら、皆それを理解しただろうに。

（3）si のほかの用法
　si は文頭に置くと「〜なのに」のように抗議を表すことができます。この場合、pero を伴うこともよくあります。動詞は直説法になります。

　　¡**Si** ya se lo he dicho yo! 私がもうそれを彼に言ったのに！
　　A: Tienes que ir al médico.　B: Pero **si** ya fui.
　　「お医者に行かなければいけないよ」「もう行ったのに！」

5. 様態を表す副詞節 ☞ P.276 4)

1）接続法を使う表現

a）como si
　como si は、「まるで〜のように」の意味で、現在の意味では、接続法過去、過去の意味では接続法過去完了が使われます。

　　Lo querían como si **fuera** hijo suyo.
　　自分の息子であるかのように愛していた。

　　Me contestó como si yo le **hubiera ofendido**.
　　私が彼を怒らせたかのように返事をした。

2）意味による使い分け

次のような接続詞が様態を表す副詞節を作ることができます。話し手にとって既知の内容を示す場合は直説法、未知の内容を示す場合は接続法になります。

a) como

comoは「〜のように」の意味です。

Lo hice como **dice** el manual. マニュアル通りにやりました。 ➡ 直説法

Hazlo como a ti te **parezca** bien.
君が良いと思うようにしなさい。 ➡ 接続法

b) según

segúnは「〜に従って」の意味で使われます。

Lo hice según me lo **dijeron**. 言われたようにやりました。 ➡ 直説法

Según **vayamos** avanzando, iremos pensando en los detalles.
進行していくに従って、詳細を決めて行こう。 ➡ 接続法

c) tal como

Este verano nos vamos al Caribe, tal como te **prometí**.
君に約束したようにこの夏はカリブ海に行こう。 ➡ 直説法

Se irán tal como **lleguen**.
来たときと同じように去って行くだろう。 ➡ 接続法

6. 譲歩を表す副詞節　P.276 5)

「たとえ〜でも」や「〜にもかかわらず」といった譲歩を表す表現は、直説法を使うものも接続法を使うものもあります。

1）直説法を使う表現

a pesar de

「〜にもかかわらず」の意味で、直説法を使います。

A pesar de que no **estaba** de acuerdo con la decisión, se mantuvo callada. 決定に賛成でなかったにもかかわらず何も言わなかった。

2）接続法を使う表現

「接続法の動詞＋lo que＋接続法の動詞」で「どんなに〜しても」の意味になります。**lo**の代わりに名詞を置くこともできます。

Diga lo que **diga**, no me van a escuchar.
私が何を言っても聞いてもらえない。

6.11 接続法：副詞節

Hiciera el esfuerzo que **hiciera**, todo salía mal.
どんなに努力をしても何も上手くいかなかった。

3）意味による使い分け

接続詞 **aunque** は意味により直説法、接続法を使い分けます。

a)「〜だけれども」➡ 直説法

Aunque nunca **ha vivido** en un país hispanohablante, habla español muy bien.
彼はスペイン語圏には一度も住んだことがないがスペイン語を上手に話す。

b)「たとえ〜でも」➡ 接続法

Aunque no lo **creas**, Luis ha dejado de fumar.
君は信じないかもしれないが、ルイスは煙草をやめた。

c)「確かに〜かもしれないが」（現在や未来の事実を仮定的に述べる）
➡ 接続法現在

Aunque **sean** hermanos, no se parecen en nada.
彼らは兄弟なのだろうけれど、全く似ていない。

d)「たとえ〜であったとしても」（現在や未来で、事実と異なる可能性がとても大きい仮定）➡ 接続法過去

Aunque **fuera** gratis, no lo querría.
たとえただであったとしても私はそれはいらない。

e)「たとえ〜であったとしても」（過去の事実で、事実と異なる仮定）
➡ 接続法過去

Aunque **hubiera hecho** buen tiempo, no habría ido a la playa.
たとえ天気が良かったとしてもビーチにはいかなかっただろう。

por のあとに「*mucho / más / muy* 等 + 形容詞」を使うと、「どんなに〜であっても」の意味になります。事実なら直説法、仮定なら接続法を使います。

Por más que **pienso**, no me puedo acordar de su nombre.
どんなに考えても、彼の名前が思い出せない。

7. 目的を表す副詞節

次のような表現が、目的を表す副詞節を作ります。

para que	〜するために	a fin de que	〜する目的で
con el fin de que	〜する目的で		

これらの表現は、前置詞句にqueが伴ったものです。いずれも主節の主語と従属節の主語が異なる場合に使われます。

> Les han dado una subvención de 50 000 euros, a fin de que en cada aula **haya** un ordenador.
> すべての教室にコンピューターを置けるように、5万ユーロの補助金が支給された。

> Llamó a su marido para que **fuera** a recoger a los niños.
> 子どもを迎えに行くように、彼女は夫に電話をした。

8. 結果を表す副詞節

次のような表現が、結果を表す副詞節を作ります。

de forma que	従って	de ahí que*	従って
de manera que	従って		

* de ahí que は常に接続法を使います。

de forma que と de manera que は、「〜できるように」の意味では、接続法を使います。結果を表し、「従って」の意味では、直説法になります。

> Le duele el estómago, de ahí que no **quiera** comer.
> 胃が痛いので彼は食事をしたくない。

> Llegaron muy cansados, de forma que **se acostaron** inmediatamente.
> とても疲れて着いたので、すぐに寝た。

> Pusimos los folletos en la entrada de manera que los **pudieran** coger los clientes.
> 客が持っていけるように入口にパンフレットを置いた。

索引

文法事項索引

ア行

アクセント記号	**14-15**, 29, 82, 113
アルファベット	6
いいえ	128
依頼	305, 320, **328**, 347
イントネーション	**17**, 18
引用符	21
受け身用法	**184**-186
受け身	188, **198**, 205, 262
婉曲表現	305, 320
大きい数字	101
大文字	19, 22-23, 36, 41

カ行

外来語	10, 12, **26**-28
過去(接続法)	332-334, 359-360
過去活用(接続法)	169-171
過去完了(接続法)	334-335, 360
過去完了活用(接続法)	172-174
過去完了(直説法)	310-311
過去完了活用(直説法)	172-174
過去時制の使い分け	309
過去分詞	46, 172-**173**, 178, 180, 191, **196**-199, 200, 205, 207, 240
過去未来	318-321
過去未来活用	165-166
過去未来完了	322-323
過去未来完了活用	172-174
過去を表す副詞的表現	312
可算名詞	**23**, 40
括弧	21
活用	153-174, 付録
活用語尾	156
仮定	276, 334, 335, **358-360**, 362

関係形容詞	244, **278**
関係詞	151, **277-286**, 351-354
関係代名詞	243, **277**
関係副詞	278
冠詞	**35-48**, 149-151, 280
冠詞の使い分け	40-45
感情移入	189, 236
間接目的語	34, 56, 175, 177, **232-237**, 280, 345-348
間接目的語(自動詞)	178, 217
間接目的語(代名動詞)	188-189
間接目的語(他動詞)	179, 220
間接目的語(つなぎ動詞)	177
感嘆符	21
感嘆文	**18**, 87-88, 92, 95, 135, 148
願望	329, **336-338**, 346
カンマ	21
関連性	261
起源	206, 264
基数詞	96-102
疑念	126, 338-339
疑問(副詞)	126
疑問詞	15, 16, 18, 32, **82-95**, 247, 285
疑問詞(従属節)	**85-86**, 193, 243, 348
疑問詞＋不定詞	**85**, 193
疑問符	21
疑問文	17-18
逆接	257, **272**
強形代名詞	49-54
強勢	14-15
強勢語	15-17
強調形(形容詞)	115
許可	320, 347
疑惑	346
経験	299, 311
計算	**103**, 264

364

敬称	19, 20, 50
形容詞	111-115
形容詞句	116-122
形容詞修飾（副詞）	133
形容詞節	243, **351-354**
形容詞的用法（指示詞）	64-68
形容詞的用法（不定語）	69
形容詞の位置	117-119
形容詞の強調形	115
形容詞補語（冠詞）	45
結果	363
原因	202, **256-257**
言語	42
現在（接続法）	330-332
現在活用（接続法）	166-169
現在（直説法）	295-297
現在活用（直説法）	157-160
現在完了（接続法）	331-332
現在完了活用（接続法）	172-174
現在完了（直説法）	298-299
現在完了活用（直説法）	172-174
現在分詞	56-57, 182, **199-203**, 208, 214, 228, 241
限定形容詞	111
限定用法（関係詞）	278, **284**, **285**
肯定（副詞）	125
行動	289
語幹	156
国籍形容詞	113
語幹母音変化（接続法現在）	168-169
語幹母音変化（直説法現在）	157-159
語幹母音変化（直説法点過去）	161-162
語順	226
小文字	20
固有名詞	**22-23**, 41
固有名詞の性	26

コロン	21

サ行

再帰代名詞	49, 53, 56, 57, 176, **180-189**, 326, 327
再帰用法	183-184
最上級	37, 47, **149-152**
3重母音	9
算用数字	96
子音	9-13
使役	193, **220-221**, 241
時刻	42, **105-108**, 204, 252, 308
指示詞	32, 33, **64-68**
時制	154, **287-363**
時制の一致	**293-294**, 305, 311, 323, 333, 335, 342, 344, 345, 348
四則計算	103
自動詞	177-180
弱形代名詞	49, **54-57**, 228-235, 280
弱形代名詞（命令）	327
弱形代名詞の位置	56, 57, 231, 233
弱勢語	15-17
従位接続詞	268, 274-276
習慣	289-290, 295, 304-305
重複	183
重文	244-245
主格補語	121, 175, 198, **239-241**
主格補語（自動詞）	178
主格補語（代名動詞）	189
縮小辞	30
主語	155-156, **224**
主語（名詞節）	341-344
主語（位置）	224
主語（冠詞）	43-44
主語代名詞	51-54
主語代名詞の省略	52-53

365

索引

手段	259
述語	**224**
出身	264
状況補語	34, 93, 175, 224-226, **237-239**, 248
状況補語(自動詞)	178
状況補語(他動詞)	179
状況補語(つなぎ動詞)	177
状況補語(位置)	238
状況補語(冠詞)	44
条件	199, 265, 276, **291**, 296, 358-359
条件文(反実仮想)	321, 323, **359-360**
小数	104, 264
譲歩	257, 276, 361-362
省略	19, 21, **45-46**, 52-53
序数詞	102-103
女性名詞	23-27
所有	265
所有詞	32, **58-63**, 149
所有詞強形	61-62
所有詞弱形	58-60
進行形	**201**, 297, 299, 303, 306, 314-315, 321
親称	50
随伴	260
推量	**291**, 314, 316, 319-320, 322-323
数(名詞)	27-30
数詞	32, 96-110, 133
数字(前置詞)	263
数式	103, 264
数詞を使った表現	103-110
数量(副詞)	127, 133
スラッシュ	21
性(名詞)	23-27
性数一致	112
接続詞	268-276
接続法	154, 287-294, **329-363**
接続法過去	332-334, 359-360
接続法過去活用	169-171
接続法過去完了	334-335, 360
接続法過去完了活用	172-174
接続法現在	330-332
接続法現在活用	166-169
接続法現在完了	331-332
接続法現在完了活用	172-174
接続法未来活用	172
接続法未来完了活用	172-174
セミコロン	21
線過去	300-309
線過去活用	164
先行詞	352-354
前置詞＋名詞修飾(副詞)	133
前置詞	245-267
前置詞後置形	49, **53-54**
増大辞	31
相互用法	184
属詞	176, **227-229**, 342
属詞(形容詞)	121
属詞(冠詞)	45
属詞(名詞)	34
属詞代名詞	54-57
存在	290

タ行

代名詞用法(指示詞)	64-65
代名詞用法(不定語)	69
代名動詞	**180-189**, 191, 197, 200, 232, 235
代名動詞(活用)	181
代名動詞(命令)	326-327
ダッシュ	21
他動詞	**178-180**, 229-232

他動詞(間接目的語)	233-235
単純時制	156-172
男女同形	114
単数形と複数形	27-30
男性名詞	23-27
単複同形	114
単文	**241-242**, 329, **335-339**
単母音	8
知覚動詞	193, 201-202
中性定冠詞	46-48
直説法	154, **287-323**
直接目的語	34, 55, 175-176, **178-179**, 187-189, 229-237, 279-280
直接目的語(名詞節)	344-349
直前過去活用	172-174
つなぎ動詞	**176-177**, 227-229
つなぎ動詞(名詞節)	341-343
定冠詞	35-48, 149-151, 279-280
定冠詞中性	46-48
程度(形容詞)	116-117
程度(比較)	144-148
程度(副詞)	127, 129
点過去	300-309
点過去活用	161-164
点過去、線過去の使い分けチャート	309
天候表現	221
等位接続詞	268
道具	259
動詞修飾(副詞)	132
時	**252-254**, 275-276, 355-357
時(副詞)	126
時(冠詞)	42-43
独立構文(過去分詞)	198-199
独立構文(現在分詞)	202

ナ行

2重子音	9
2重母音	8-9
人称代名詞	33, **48-57**
値段	263

ハ行

はい	128
ハイフン	21
場所	**250-252**
場所(副詞)	127
発音	**8-18**
範囲	149, 261-262, 262-263
反実仮想	321, 323, **359-360**
比較	130, **134-148**, 261-262
比較の対象	136-137, 261-262
日付	43
日付表現	108-110
否定	**130-131**, 347-349
否定(比較)	139-140
否定(副詞)	128
否定語の位置	130-131
否定命令	328
日にち	108, **253-254**, 264
非人称形	190-203
ピリオド	21
品質形容詞	111, 112-115
不可算名詞	**23**, 40-41
複合時制	154, **172-173**, 196-197
副詞	123-128
副詞句	128-133
副詞修飾(副詞)	133
副詞節(接続法)	355-363
副詞節	244, 275-276
副詞の比較	137-140
副詞用法(不定語)	69

索引

複数形	27-30
複文	**242-245**, 330
符号	20-21
普通名詞	22-23
普通名詞の性	24-25
不定冠詞	35-46
不定語	32, 33, **68-81**, 116, 129, 247, 352
不定詞	33, **190-195**, 229, 241, **340**
分数	103-104
文の修飾	132
文の成り立ち	225
文の要素	224-226
平叙文	17
母音	8-9
法	287-288
補語	34, 45, **237-241**
補語 (形容詞)	121-122, 351
補語 (動詞)	349-350
補語 (名詞節)	350

マ行

紛らわしい数詞	110
未来 (直説法)	313-315
未来活用 (直説法)	165-166
未来活用 (接続法)	172
未来完了 (直説法)	315-316
未来完了活用 (直説法)	172-174
未来完了活用 (接続法)	172-174
未来を表す副詞的表現	316-317
無冠詞	40-42, 44
無人称用法	184-185
名詞	22-31
名詞句	31-34
名詞句 (不定詞)	192
名詞句の付帯要素	31-33
名詞節	242-243, 274-275, **339-351**
名詞節 (gustar)	216-217, **343-344**
名詞節 (接続法)	339-351
名詞の省略	45-46
名詞の数	27-30
名詞の性	23-27
名詞補語 (冠詞)	45
命令	18, 56, 194, 270, 297, 314, **324-328**, 336, 337, 347
命令 (代名動詞)	182-183
命令 (否定)	328
目的	254-256, 362
目的格補語	193, 198, 201-202, **240-241**
目的格補語 (形容詞)	122
目的格補語 (他動詞)	180
目的格補語 (名詞)	34

ヤ行

様態	258-259, 276, 360-361
曜日	43, 108-109
呼びかけ	34

ラ行

略語	27
理由	256-257, 276, 357-358
累乗	105
ルート	105
連続符	21
ローマ数字	96-97

スペイン語索引

A

a (目的語)	230
a condición de que	359
a fin de que	363
a lo mejor	126
a no ser que	359
a pesar de	361
a＋不定詞	194
acá	127
acabar	195, **202**, 266, 306
acaso	126
aconsejar	346
ahí	127
al	36, **246**
al＋不定詞	194
alegrarse	350
alegría	350
algo	**75-76**, 78, 127, 147
alguien	**75-76**, 78, 230
alguno	**74-75**, 78, 230
allá	127
allí	127
andar	203
anterior	312, 317
antes	356
apenas	275, 356
aprender	306
aquel	64
aquello	64
aquí	127
así	127
asombrarse	350
aunque	276, 362
ayer	126, 303

B

bajo	249
bastante	127, 147
bien	127
bueno	113

C

cada	80
cerca	127
ciertamente	125
claro	125
como	135, 139, 276, **286**, 358, 358-359, 361
cómo	**94**, 126
como si	360
comoquiera	352
con	249
con el fin de que	363
con que	359
con tal que	359
conforme	275, 356
conmigo	53, **246**
conocer	306
consigo	53, **246**
contentarse	350
contigo	53, **246**
continuar	203
contra	249
costar	307
creer	347
cual	281
cuál	88
cualquier	**81**, 352
cualquiera	352
cuando	275, **285-286**, 356
cuándo	**93-94**, 126

索引

cuandoquiera	352
cuanto	283
cuánto	**90-92**, 126
cuyo	283-284

D

dado que	358
dar	266-267
de	63, 249
de ahí que	363
de forma que	363
de manera que	363
de ningún modo	130
de ninguna manera	130
debajo	127
deber	195
debido a que	358
decir	347, 349
dejar	347
del	36, **246**
delante	127
demasiado	127
dentro	127
dentro (時)	317
deprisa	127
desconfiar	350
desde	**249**, 312, 356
despacio	127
después	126, 312, 356
detrás	127
disfrutar	346
donde	**284-285**, 351
dónde	**92**, 126
dondequiera	352
duda	350
dudar	346
durante	**249**, 303

E

efectivamente	125
el	35-46, 109
él	49, 51, 53
el que	280
ella	49, 51, 53
ellas	49, 51, 53
ello	49, 51-54
ellos	49, 51, 53
en	249
en absoluto	130
en caso de que	359
en cuanto	356
en su vida	130
encima	127
enfrente	127
entre	249
ese	64
eso	64
especialmente	127
esperanza	350
esperar	346
estar	**206-210**, 267
este	64, 230
esto	64
exigir	347
extrañarse	350

F

fuera	127

G

grande	114
gustar	**215-219**, 307, 343-344

H

haber	**210-213**, 307
haberとestar	212-213
hacer	**219-222**, 297, 347
hacer (期間)	221-222
hacer (時)	312
hacia	249
hasta	**249**, 317, 356
hecho	350
hora	350
hoy	126

I

impedir	347
indicar	347
ir	213-215
ir a＋不定詞	214-215, 308

J

jamás	128, 130

L

la (弱形代名詞)	54-57
la (定冠詞)	35-46
lamentar	346
las (弱形代名詞)	54-57
las (定冠詞)	35-46
lejos	127
les	55
libremente	127
llover	223
lo (属詞)	228-229
lo＋形容詞	47
lo más＋副詞	151
lo más＋形容詞	47
lo que	281
lo (弱形代名詞)	55, 228
lo (中性定冠詞)	46-48
lo＋形容詞＋que	48
lo＋副詞＋que	48
los (弱形代名詞)	55
los (定冠詞)	35-46
luego	126
lとrの区別	12

M

mal / malo	113, 127
mandar	347
más	127, 134-152
más de lo que	139
mayor	140-141
me	55, 181
mediante	249
mejor	127, 140, 150
menor	140-141
menos	107, 127, 134-152
-mente	124-125
mi	58
mí	53
mientras	275
mío	61-63
momento	350
mucho	**69-72**, 127
muy	**69-72**, 127, 138

N

nada	**77-78**, 128, 130, 152, 352
nadie	**77-78**, 152, 230, 352
ni	120, **271**
ni siquiera	130, 271
ninguno	78, 152, 230, 352
no	128, 130, 131

371

索引

nos	180
nosotros	49, 51, 53
nuestro	58, 61
nunca	128, 130, 152
nunca jamás	130

O

o	270
o sea	274
obligar	347
odiar	346
ojalá	337-338
oportunidad	350
ordenar	347
os	181
otro	80, 230

P

para	249, 317
para cuando	356
para que	363
parecer	348
pasado (時)	312
pedir	347
pensar	195
peor	127, 140, 150
perdonar	347
permitir	347
pero	120, **272**
poco	72-73, 127, 144-148
poder	194, 307
por	250
por qué	95, 126
porque	276, 357, 358
posibilidad	350
posiblemente	126
preferir	346
probablemente	338
prohibir	347
pronto	126
proponer	346
próximo	317
pues	276, 357
puesto que	358

Q

que	48, 134-148, **274-275**, **279-281**, 351-354
qué	86-88
quéとcuálの使い分け	89-90
que＋接続法	336
querer	194-195, 307, 346
quien	230, **282-283**
quién	90
quienquiera	352
quizá	126, 338

R

realmente	125
recomendar	346
rogar	347

S

saber	307
se	55, 181, 234
seguir	203
según	275, 276, 356, 361
seguramente	126
sentir	345, 346
ser	204-206
ser (時刻)	308
serとestar	209-210

serと冠詞	205
si	275, 276, 359-360
sí	53, 125
siempre que	357, 359
siguiente	312
sino	120, 273-274
sobre	250
soler	195, 308
solo	273-274
sorprenderse	350
su	58-59
suplicar	347
suyo	61-62

T

tal vez	126
también	125-126
tampoco	128, 130
tan	134-**148**
tan pronto como	356
tanto	141-144, **148**
te	55, 181
temerse	346
tener	230, 308
tener que	308
ti	53
todavía	126, 147
todo	79, 230, 303
tolerar	346
tras	250
tu	58
tú	49, 51
tuyo	61

U

un poco	73-74, 127, 145-147
una vez que	356
uno	230
usted	49, 50, 51, 53
ustedes	49, 50, 51, 53

V

vía	250
vos	50
vosotros	49, 50, 51
vuestro	59, 61

Y

y	106, 120, 269-270
ya que	358
yo	49, 51

付録

(1) -ar 動詞の規則活用 hablar 〜を話す

a) 直説法

	単純時制	複合時制
主語	現在	現在完了
yo	hablo	he hablado
tú	hablas	has hablado
él	habla	ha hablado
nosotros	hablamos	hemos hablado
vosotros	habláis	habéis hablado
ellos	hablan	han hablado
主語	点過去	直前過去
yo	hablé	hube hablado
tú	hablaste	hubiste hablado
él	habló	hubo hablado
nosotros	hablamos	hubimos hablado
vosotros	hablasteis	hubisteis hablado
ellos	hablaron	hubieron hablado
主語	線過去	過去完了
yo	hablaba	había hablado
tú	hablabas	habías hablado
él	hablaba	había hablado
nosotros	hablábamos	habíamos hablado
vosotros	hablabais	habíais hablado
ellos	hablaban	habían hablado
主語	未来	未来完了
yo	hablaré	habré hablado
tú	hablarás	habrás hablado
él	hablará	habrá hablado
nosotros	hablaremos	habremos hablado
vosotros	hablaréis	habréis hablado
ellos	hablarán	habrán hablado
主語	過去未来	過去未来完了
yo	hablaría	habría hablado
tú	hablarías	habrías hablado
él	hablaría	habría hablado
nosotros	hablaríamos	habríamos hablado
vosotros	hablaríais	habríais hablado
ellos	hablarían	habrían hablado

b) 接続法

主語	単純時制	複合時制
	現在	現在完了
yo	hable	haya hablado
tú	hables	hayas hablado
él	hable	haya hablado
nosotros	hablemos	hayamos hablado
vosotros	habléis	hayáis hablado
ellos	hablen	hayan hablado
主語	過去(-ra形)	過去完了(-ra形)
yo	hablara	hubiera hablado
tú	hablaras	hubieras hablado
él	hablara	hubiera hablado
nosotros	habláramos	hubiéramos hablado
vosotros	hablarais	hubierais hablado
ellos	hablaran	hubieran hablado
主語	過去(-se形)	過去完了(-se形)
yo	hablase	hubiese hablado
tú	hablases	hubieses hablado
él	hablase	hubiese hablado
nosotros	hablásemos	hubiésemos hablado
vosotros	hablaseis	hubieseis hablado
ellos	hablasen	hubiesen hablado
主語	未来	未来完了
yo	hablare	hubiere hablado
tú	hablares	hubieres hablado
él	hablare	hubiere hablado
nosotros	habláremos	hubiéremos hablado
vosotros	hablareis	hubiereis hablado
ellos	hablaren	hubieren hablado
主語	命令形	
tú	habla	
vosotros	hablad	
不定詞	現在分詞	過去分詞
hablar	hablando	hablado

（2）-er動詞の規則活用 comer ～を食べる
a）直説法

主語	単純時制 現在	複合時制 現在完了
yo	como	he comido
tú	comes	has comido
él	come	ha comido
nosotros	comemos	hemos comido
vosotros	coméis	habéis comido
ellos	comen	han comido

主語	点過去	直前過去
yo	comí	hube comido
tú	comiste	hubiste comido
él	comió	hubo comido
nosotros	comimos	hubimos comido
vosotros	comisteis	hubisteis comido
ellos	comieron	hubieron comido

主語	線過去	過去完了
yo	comía	había comido
tú	comías	habías comido
él	comía	había comido
nosotros	comíamos	habíamos comido
vosotros	comíais	habíais comido
ellos	comían	habían comido

主語	未来	未来完了
yo	comeré	habré comido
tú	comerás	habrás comido
él	comerá	habrá comido
nosotros	comeremos	habremos comido
vosotros	comeréis	habréis comido
ellos	comerán	habrán comido

主語	過去未来	過去未来完了
yo	comería	habría comido
tú	comerías	habrías comido
él	comería	habría comido
nosotros	comeríamos	habríamos comido
vosotros	comeríais	habríais comido
ellos	comerían	habrían comido

b) 接続法

	単純時制	複合時制
主語	現在	現在完了
yo	coma	haya comido
tú	comas	hayas comido
él	coma	haya comido
nosotros	comamos	hayamos comido
vosotros	comáis	hayáis comido
ellos	coman	hayan comido
主語	過去(-ra形)	過去完了(-ra形)
yo	comiera	hubiera comido
tú	comieras	hubieras comido
él	comiera	hubiera comido
nosotros	comiéramos	hubiéramos comido
vosotros	comierais	hubierais comido
ellos	comieran	hubieran comido
主語	過去(-se形)	過去完了(-se形)
yo	comiese	hubiese comido
tú	comieses	hubieses comido
él	comiese	hubiese comido
nosotros	comiésemos	hubiésemos comido
vosotros	comieseis	hubieseis comido
ellos	comiesen	hubiesen comido
主語	未来	未来完了
yo	comiere	hubiere comido
tú	comieres	hubieres comido
él	comiere	hubiere comido
nosotros	comiéremos	hubiéremos comido
vosotros	comiereis	hubiereis comido
ellos	comieren	hubieren comido
主語	命令形	
tú	come	
vosotros	comed	
不定詞	現在分詞	過去分詞
comer	comiendo	comido

（3）-ir 動詞の規則活用 vivir 暮らす
　a）直説法

主語	単純時制	複合時制
	現在	現在完了
yo	vivo	he vivido
tú	vives	has vivido
él	vive	ha vivido
nosotros	vivimos	hemos vivido
vosotros	vivís	habéis vivido
ellos	viven	han vivido
主語	点過去	直前過去
yo	viví	hube vivido
tú	viviste	hubiste vivido
él	vivió	hubo vivido
nosotros	vivimos	hubimos vivido
vosotros	vivisteis	hubisteis vivido
ellos	vivieron	hubieron vivido
主語	線過去	過去完了
yo	vivía	había vivido
tú	vivías	habías vivido
él	vivía	había vivido
nosotros	vivíamos	habíamos vivido
vosotros	vivíais	habíais vivido
ellos	vivían	habían vivido
主語	未来	未来完了
yo	viviré	habré vivido
tú	vivirás	habrás vivido
él	vivirá	habrá vivido
nosotros	viviremos	habremos vivido
vosotros	viviréis	habréis vivido
ellos	vivirán	habrán vivido
主語	過去未来	過去未来完了
yo	viviría	habría vivido
tú	vivirías	habrías vivido
él	viviría	habría vivido
nosotros	viviríamos	habríamos vivido
vosotros	viviríais	habríais vivido
ellos	vivirían	habrían vivido

b）接続法

主語	単純時制 現在	複合時制 現在完了
yo	viva	haya vivido
tú	vivas	hayas vivido
él	viva	haya vivido
nosotros	vivamos	hayamos vivido
vosotros	viváis	hayáis vivido
ellos	vivan	hayan vivido

主語	過去(-ra形)	過去完了(-ra形)
yo	viviera	hubiera vivido
tú	vivieras	hubieras vivido
él	viviera	hubiera vivido
nosotros	viviéramos	hubiéramos vivido
vosotros	vivierais	hubierais vivido
ellos	vivieran	hubieran vivido

主語	過去(-se形)	過去完了(-se形)
yo	viviese	hubiese vivido
tú	vivieses	hubieses vivido
él	viviese	hubiese vivido
nosotros	viviésemos	hubiésemos vivido
vosotros	vivieseis	hubieseis vivido
ellos	viviesen	hubiesen vivido

主語	未来	未来完了
yo	viviere	hubiere vivido
tú	vivieres	hubieres vivido
él	viviere	hubiere vivido
nosotros	viviéremos	hubiéremos vivido
vosotros	viviereis	hubiereis vivido
ellos	vivieren	hubieren vivido

主語	命令形	
tú	vive	
vosotros	vivid	

不定詞	現在分詞	過去分詞
vivir	viviendo	vivido

主要参考文献

文法書

上田博人「スペイン語文法ハンドブック」研究社 2011

小林一宏他「詳解スペイン語」上智大学出版 2003

西川喬「わかるスペイン語文法」同学社 2010

Butt, John and Benjamin, Carmen, A New Reference Grammar of Modern Spanish 5th Ed., New York, 2013.

Instituto Cervantes, Gramática práctica del español, Tercera edición, Madrid: Espasa Libros, 2010.

Moreno, Concha, Temas de gramática. Nivel Superior, Madrid: SGEL, 2008.

Real Academia Española, Nueva gramática de la lengua española: Manual, Madrid: Espasa Libros, 2010.

Real Academia Española, Ortografía de la lengua española. Madrid: Espasa Libros, 2010.

Sánchez, Aquilino et al. スペイン語基礎文法規則と用法 Madrid: SGEL, 1989.

辞書

小池和良他編「和西辞典」小学館 2014

高垣敏博他編「西和中辞典」小学館 2007

Real Academia Española, Diccionario de la lengua española 22ª ed., Madrid: Espasa Libros, 2001.

Real Academia Española, Diccionario de la lengua española 23ª ed., Madrid: Espasa Libros, 2014.

Real Academia Española, Diccionario panhispánico de dudas, Madrid: Santillana, 2005.

廣康 好美
ひろやす・よしみ

上智大学外国語学部イスパニア語学科卒業。同大学大学院外国語学研究科言語学専攻博士前期課程修了。スペイン語学専攻。現在、上智大学言語教育研究センター教授。NHKラジオ「スペイン語講座」2003年度応用編、2005年度入門編、「まいにちスペイン語」2010年度講師を担当。主な著書に『CDブック　ステップ30　1か月速習　スペイン語』（NHK出版）が、共編に『小学館　和西辞典』『小学館　西和中辞典』がある。

ブックデザイン
堀田 滋郎 (hotz design inc.)

例文作成
Josefa Vivancos Hernández

DTP協力
ドルフィン

校正
木越 勉

NHK出版　これならわかる
スペイン語文法　入門から上級まで

2016年2月20日　第1刷発行
2025年1月30日　第13刷発行

著　者　廣康 好美
　　　　©2016　Yoshimi Hiroyasu
発行者　江口貴之
発行所　NHK出版
　　　　〒150-0042 東京都渋谷区宇田川町10-3
　　　　電話 0570-009-321（問い合わせ）
　　　　　　 0570-000-321（注文）
　　　　ホームページ　https://www.nhk-book.co.jp
印　刷　壮光舎印刷／大熊整美堂
製　本　藤田製本

落丁・乱丁本はお取り替えいたします。定価はカバーに表示してあります。
本書の無断複写（コピー、スキャン、デジタル化など）は、
著作権法上の例外を除き、著作権の侵害となります。
Printed in Japan
ISBN 978-4-14-035140-6　C0087

NHK出版 CDブック

こんなとき、どう言う？
スペイン語
表現力 トレーニング

森本祐子

CD1枚付き

「例えば こんなとき、あなたなら どう言う？」

「待ち合わせに遅刻しちゃった！なんと謝ったら良いのだろう…」

「graciasだけじゃなく、もう少し丁寧にお礼を伝えたい…」

24の「こんなとき」×5つのパターンで、何でも言える！

日本語の「言いたいこと」を、24の目的別に分類し、スペイン語のしくみに沿ってパターン化。パターン練習で、万能の表現力を身につけましょう！

好評発売中！

NHK出版 CDブック
こんなとき、どう言う？ **表現力 トレーニング** シリーズ
CD1枚付き

こんなとき、どう言う？
フランス語
表現力トレーニング
藤田裕二

こんなとき、どう言う？
イタリア語
表現力トレーニング
中矢慎子

こんなとき、どう言う？
ドイツ語
表現力トレーニング
久保川尚子

こんなとき、どう言う？
ロシア語
表現力トレーニング
貝澤 哉

こんなとき、どう言う？
ハングル
表現力トレーニング
辻 弘範

こんなとき、どう言う？
中国語
表現力トレーニング
岩井伸子

NHK出版

スペイン語 対訳本シリーズ

語注、日本語対訳付きだから、辞書なしでさくさく読める!

日本語対訳 語句解説付き

スペイン語エッセイ
Me lo dijo un pajarito
Desde un pueblo de Asturias
メ・ロ・ディホ・ウン・パハリート　デスデ・ウン・プエブロ・デ・アストゥリアス

Pilar Lago
訳・語句解説：松井健吾

やさしく読める スペイン語の昔話
松下直弘

続 やさしく読める スペイン語の昔話
松下直弘

スペイン語で読む やさしいドン・キホーテ
ヘスス・マロト／粕谷てる子

NHK出版